LES AVANTURES DE TELEMAQUE FILS D'ULYSSE.

Par feu Meſſire FRANÇOIS DE SALIGNAC DE LA MOTTE FENELON, Précepteur de Meſſeigneurs les Enfans de France, & depuis Archevêque-Duc de Cambrai, Prince du ſaint Empire, &c.

PREMIERE EDITION conforme au Manuſcrit original.

TOME PREMIER.

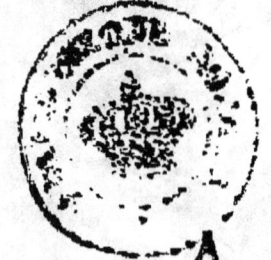 

A PARIS,

Chez FLORENTIN DELAULNE, rue Saint-Jacques, à l'Empereur.

───────────

M. DCCXVII.
AVEC PRIVILEGE DU ROY.

AU ROY.

IRE,

J'ai cru que voulant faire paroître cet Ouvrage dans toute

Tome I.   ã   ſa

EPITRE.

sa perfection, je devois commencer par avoir l'honneur de le présenter à VOTRE MAJESTÉ. Il eut le bonheur de plaire à votre auguste Pere, pour qui il fut composé. Et dans le tems que les rares vertus de ce grand Prince l'avoient rendu l'attente & l'admiration des peuples, il ne dédaignoit pas de faire une lecture sérieuse de ce qui avoit amusé son Enfance. Animé, SIRE, du même zele qui fit entreprendre cet Ouvrage, je viens vous l'offrir aujourd'hui. Il vous sera un gage des vœux que formoit l'Auteur pour un regne que nous voyons renaître sous vos Loix. Puisse, SIRE,

tout

EPITRE.

tout ce qui reluit déja dans VOTRE MAJESTÉ, & qui fait l'espérance de la Nation, faire longtems son bonheur. Ce sont les souhaits ardens de celui qui est avec un tres-profond respect,

SIRE,

de VOTRE MAJESTE',

Le tres-humble, tres-obéissant
& tres-fidele serviteur & sujet,
FENELON.

AVERTISSEMENT.

LA Famille de feu Monseigneur l'Archevêque de Cambrai donne ici une nouvelle Edition des Avantures de Télémaque, sur un Manuscrit original qui s'est trouvé parmi ses papiers. Toutes les Editions qu'on en a vû jusqu'à présent ont été tres-défectueuses, & faites sans l'aveu de l'Auteur. C'est une justice qu'on lui rend en faisant paroître son Ouvrage tel qu'il est sorti de ses mains.

Il l'avoit partagé en 24 Livres à l'imitation de l'Iliade. Outre cette division nouvelle, cette Edition se trouvera différente

AVERTISSEMENT.

férente en une infinité d'endroits, de toutes les autres qui ont paru. Souvent à la vérité ces différences ne regardent que le style, & ne font qu'ajouter quelque grace au discours par un arangement plus harmonieux des paroles : mais aussi l'on avoit omis des choses tres-prétieuses & assez étendues, qu'on a restitué fidellement ici sur l'original.

L'on a cru ne devoir pas laisser plus longtems à la tête de cet Ouvrage une Préface qui y a paru, & que l'Auteur de Télémaque n'a jamais approuvée. On a mis en sa place le Discours suivant, où l'on

tâche

AVERTISSEMENT.

tâche de déveloper les beautés de ce Poeme, sa conformité aux regles de l'art, & la sublimité de sa morale.

On a joint à la fin de cette Edition une Ode de l'Auteur composée dans sa jeunesse. Elle fera voir son talent naturel pour la versification.

On a cru devoir ôter l'histoire d'Aristonoüs : cette Fable n'avoit aucun raport au Poeme Epique de Télémaque ; & l'Auteur n'a jamais eu dessein de l'y joindre. On la donnera au Public dans un Recueil de Fables du même Auteur, qui paroîtra incessament.

DIS-

DISCOURS
DE LA
POESIE EPIQUE,
ET
DE L'EXCELLENCE
DU POEME
DE TELEMAQUE.

I l'on pouvoit goûter la Verité toute nue, elle n'auroit pas besoin pour se faire aimer des ornemens que lui prête l'imagination : mais sa lumiere pure & délicate ne flate pas assez ce qu'il y a de sensible en l'homme ; elle demande une attention qui gêne trop son inconstance naturelle. Pour l'instruire, il faut lui donner non seulement

Origine & fin de la Poesie.

lement des Idées pures qui l'éclairent, mais encore des Images sensibles qui l'arrêtent dans une vûe fixe de la Vérité. Voilà la source de l'Eloquence, de la Poesie, & de toutes les Sciences qui sont du ressort de l'Imagination. C'est la foiblesse de l'homme qui rend ces Sciences nécessaires. La beauté simple & immuable de la Vertu ne le touche pas toûjours. Il ne suffit point de lui montrer la vérité, il faut la peindre aimable (a).

Nous examinerons le Poeme de Telemaque selon ces deux vûes, d'instruire & de plaire, & nous tâcherons de faire voir que l'Auteur a instruit plus que les Anciens, par la sublimité de sa Morale; & qu'il a plû autant qu'eux en imitant toutes leurs beautez.

Deux sortes de Poesies heroïques. Il y a deux manieres d'instruire les hommes pour les rendre bons. La premiere, en leur montrant la difformité du vice, & ses suites funestes: c'est le dessein principal de la

---
(a) *Omne tulit punctum, qui miscuit utile dulci; Lectorem delectando, pariterque monendo.*
HOR. ART. POET.

la Tragedie. La seconde, en leur découvrant la beauté de la vertu, & sa fin heureuse : c'est le caractere propre *à l'Epopée*, ou Poeme Epique. Les passions qui appartiennent à l'une sont la terreur & la pitié. Celles qui conviennent à l'autre, sont l'admiration & l'amour. Dans l'une, les Acteurs parlent ; dans l'autre, le Poete fait la narration.

On peut définir le Poeme Epique *Une Fable racontée par un Poete pour exciter l'admiration, & inspirer l'amour de la vertu, en nous représentant l'action d'un Heros favorisé du Ciel, qui execute un grand dessein malgré tous les obstacles qui s'y opposent.* Il y a donc trois choses dans l'Epopée, *l'Action, la Morale,* & *la Poésie.* Definition & division de la Poésie Epique.

I. DE L'ACTION EPIQUE.

L'Action doit être *grande, une, entiere, merveilleuse,* & *d'une certaine durée.* Telemaque a toutes ces qualitez. Comparons-le avec les deux Modeles de la Poësie Epique, Homere, & Virgile, & nous en serons convaincus. Qualitez de l'Action Epique.

Nous ne parlerons que de l'Odyssée;

Dessein de l'Odyssée. sée, dont le plan a plus de conformité avec celui de Telemaque. Dans ce Poeme, Homere introduit un Roi sage revenant d'une guerre étrangere, où il avoit donné des preuves éclatantes de sa prudence & de sa valeur ; des tempêtes l'arrêtent en chemin, & le jettent dans divers Païs, dont il apprend les Mœurs, les Loix, la Politique. De-là naissent naturellement une infinité d'incidens & de périls. Mais sachant combien son absence causoit de desordres dans son Roiaume, il surmonte tous ces obstacles, méprise tous les plaisirs de la vie ; l'immortalité même ne le touche point : il renonce à tout pour soulager son Peuple, & revoir sa Famille.

Sujet de l'Eneïde. Dans l'Eneïde, un Heros pieux & brave, échapé des ruines d'un Etat puissant, est destiné par les Dieux pour en conserver la Religion, & pour établir un Empire plus grand & plus glorieux que le premier. Ce Prince choisi pour Roi par les restes infortunez de ces Concitoyens, erre longtems avec eux

eux dans plusieurs Païs, où il apprend tout ce qui est necessaire à un Roi, à un Legislateur, à un Pontife. Il trouve enfin un azile dans des terres éloignées, d'où ses Ancêtres étoient sortis. Il défait plusieurs ennemis puissans qui s'opposent à son établissement, & jette les fondemens d'un Empire, qui devoit être un jour le maître de l'Univers.

L'Action de Telemaque unit ce qu'il y a de grand dans l'un & dans l'autre de ces deux Poëmes. On y voit un jeune Prince animé par l'amour de la Patrie, aller chercher son Pere, dont l'absence causoit le malheur de sa Famille & de son Royaume. Il s'expose à toutes sortes de périls; il se signale par des vertus heroïques : il renonce à la Royauté, & à des Couronnes plus considerables que la sienne, & parcourant plusieurs terres inconnues, apprend tout ce qu'il faut pour gouverner un jour selon la prudence d'Ulysse, la pieté d'Enée, & la valeur de tous les deux, en sage Politique, en Prince religieux, en Heros accompli.

Plan de Telemaque.

L'action doit être une. L'Action de l'Epopée doit être une. Le Poëme Epique n'est pas une Histoire comme la Pharsale de Lucain, & la Guerre Punique de Silius Italicus; ni la vie toute entiere d'un Heros comme l'Achilleïde de Stace: l'unité du Heros ne fait pas l'unité de l'action. La vie de l'homme est pleine d'inégalitez. Il change sans cesse de desseins, ou par l'inconstance de ses passions, ou par les accidens imprévûs de la vie. Qui voudroit décrire tout l'homme, ne formeroit qu'un tableau bizare, un contraste de passions opposées sans liaison & sans ordre. C'est pourquoi l'Epopée n'est pas la louange d'un Heros qu'on propose pour modele, mais le recit d'une action grande & illustre qu'on donne pour exemple.

Des Episodes. Il en est de la Poesie comme de la Peinture, l'unité de l'action principale n'empêche pas qu'on n'y insere plusieurs incidents particuliers. Le dessein est formé dès le commencement du Poeme; le Heros en vient à bout en franchissant tous les obstacles. C'est le recit de ses oppositions

positions qui fait les Episodes : mais tous ces Episodes dépendent de l'action principale, & sont tellement liez avec elle, & si unis entre eux, que le tout ensemble ne presente qu'un seul tableau, composé de plusieurs figures dans une belle ordonnance & dans une juste proportion.

Je n'examine point ici s'il est vrai qu'Homere noye quelquefois son action principale dans la longueur & le nombre de ses Episodes; si son action est double; s'il perd souvent de vûe ses principaux personnages. Il suffit de remarquer que l'Auteur de Telemaque a imité par tout la regularité de Virgile, en évitant les défauts qu'on impute au Poete Grec. Tous les Episodes de notre Auteur sont continus, & si habilement enclavez les uns dans les autres, que le premier amene celui qui suit. Ses principaux personnages ne disparoissent point, & les transitions qu'il fait de l'Episode à l'action principale, font sentir toûjours l'unité du dessein. Dans les six premiers Livres où Telemaque parle & fait le recit de ses avantures

L'unité de l'action de Telemaque, & la continuité des Episodes.

à Calypso, ce long Episode à l'imitation de celui de Didon, est raconté avec tant d'art, que l'unité de l'action principale est demeurée parfaite. Le Lecteur y est en suspens, & sent dès le commencement que le sejour de ce Heros dans cette Isle, & ce qui s'y passe, n'est qu'un obstacle qu'il faut surmonter. Dans le XIII, & XIV Livre, où Mentor instruit Idomenée, Telemaque n'est pas present, il est à l'armée : mais c'est Mentor un des principaux personnages du Poeme qui fait tout en vûe de Telemaque & pour son instruction : de sorte que cet Episode est parfaitement lié avec le dessein principal. C'est encore un grand art dans notre Auteur, de faire entrer dans son Poeme des Episodes qui ne sont pas des suites de sa Fable principale, sans rompre ni l'unité, ni la continuité de l'action. Ces Episodes y trouvent place, non seulement comme des instructions importantes pour un jeune Prince, qui est le grand dessein du Poete, mais parce qu'il le fait raconter à son Heros dans le tems d'une inaction

tion pour en remplir le vuide. C'est ainsi qu'Adoam instruit Telemaque des mœurs & des Loix de la Betique pendant le calme d'une navigation : & Philoctete lui raconte ses malheurs, tandis que ce jeune Prince est au camp des alliez, en attendant le jour du combat.

L'Action Epique doit être entiere. Cette integrité suppose trois choses : la cause, le nœud, & le dénouement. La cause de l'action doit être digne du Heros, & conforme à son caractere. Tel est le dessein de Telemaque. Nous l'avons déja vû. *L'Action doit être entiere.*

Le Nœud doit être naturel, & tiré du fond de l'action. Dans l'Odyssée, c'est Neptune qui le forme. Dans l'Eneïde, c'est la colere de Junon. Dans Telemaque, c'est la haine de Venus. Le nœud de l'Odyssée est naturel, parce que naturellement il n'y a point d'obstacle qui soit plus à craindre pour ceux qui vont sur mer, que la mer même. L'opposition de Junon dans l'Eneïde comme ennemie des Troyens, est une belle fiction. Mais la haine de Venus contre un jeune Prince qui *Du Nœud.*

méprise

méprise la volupté par amour de la vertu, & dompte ses passions par le secours de la Sagesse, est une Fable tirée de la nature, qui renferme en même tems une Morale sublime.

Du dénouement. Le Dénouement doit être aussi naturel que le nœud. Dans l'Odyssée, Ulysse arrive parmi les Pheaciens, leur raconte ses avantures, & ces Insulaires amateurs des Fables, charmez de ses recits, lui fournissent un vaisseau pour retourner chez lui : le dénouement est simple & naturel. Dans l'Eneïde, Turnus est le seul obstacle à l'établissement d'Enée. Ce Heros, pour épargner le sang de ses Troyens, & celui des Latins, dont il sera bientôt Roi, vuide la querelle par un combat singulier. Ce denouement est noble. Celui de Telemaque est tout ensemble naturel & grand. Ce jeune Heros pour obeir aux ordres du Ciel, surmonte son amour pour Antiope, & son amitié pour Idomenée, qui lui offroit sa Couronne, & sa fille. Il sacrifie les passions les plus vives, & les plaisirs même les plus innocens au pur amour de la vertu. Il s'embarque

barque pour Ithaque sur des vaisseaux que lui fournit Idomenée, à qui il avoit rendu tant de services. Quand il est près de sa Patrie, Minerve le fait relâcher dans une petite isle deserte, où elle se découvre à lui. Après l'avoir accompagné à son insçu au travers des mers orageuses, de terres inconnues, de guerres sanglantes, & de tous les maux qui peuvent éprouver le cœur de l'homme, la Sagesse le conduit enfin dans un lieu solitaire. C'est là qu'elle lui parle, qu'elle lui annonce la fin de ses travaux, & sa destinée heureuse; puis elle le quitte. Sitôt qu'il va rentrer dans le bonheur & le repos, la Divinité s'éloigne, le merveilleux cesse, l'action heroïque finit. C'est dans la souffrance que l'homme se montre Heros, & qu'il a besoin d'un appui tout divin. Ce n'est qu'après avoir souffert, qu'il est capable de marcher seul, de se conduire lui-même, & de gouverner les autres. Dans le Poeme de Telemaque, l'observation des plus petites regles de l'art est accompagnée d'une profonde morale.

Outre

Qualitez generales du nœud & du denouement du Poeme Epique.

Outre le nœud & le denouement general de l'action principale, chaque Episode a son nœud & son dénouement propre. Ils doivent avoir tous les mêmes conditions. Dans l'Epopée, on ne cherche point les intrigues surprenantes des Romans modernes. La surprise seule ne produit qu'une passion très-imparfaite & passagere. Le sublime est d'imiter la simple nature, préparer les événemens d'une maniere si délicate qu'on ne les prévoye pas, les conduire avec tant d'art, que tout paroisse naturel. On n'est point inquiet, suspendu, détourné du but principal de la Poesie heroïque, qui est l'instruction, pour s'occuper d'un dénouement fabuleux, & d'une intrigue imaginaire. Cela est bon, quand le seul dessein est d'amuser: mais dans un Poeme Epique, qui est une espece de Philosophie morale, ces intrigues sont des jeux d'esprit audessous de sa gravité & de sa noblesse.

L'Action doit être merveilleuse.

Si l'Auteur de Telemaque a évité les intrigues des Romans modernes, il n'est pas tombé non plus dans le le merveilleux outré que quelques-uns reprochent aux Anciens. Il ne fait ni parler des chevaux, ni marcher des trépieds, ni travailler des ſtatues. L'action Epique doit être merveilleuſe, mais vraiſemblable. Nous n'admirons point ce qui nous paroît impoſſible. Le Poete ne doit jamais choquer la raiſon, quoiqu'il puiſſe aller quelquefois au-delà de la Nature. Les Anciens ont introduit les Dieux dans leurs Poemes, non ſeulement pour executer par leur entremiſe de grands événemens, & unir la vraiſemblance & le merveilleux : mais pour apprendre aux hommes que les plus vaillans & les plus ſages ne peuvent rien ſans le ſecours des Dieux. Dans notre Poeme, Minerve conduit ſans ceſſe Telemaque. Par là le Poete rend tout poſſible à ſon Heros, & fait ſentir que ſans la Sageſſe divine l'homme ne peut rien. Mais ce n'eſt pas là tout ſon art. Le ſublime eſt d'avoir caché la Déeſſe ſous une forme humaine. C'eſt non ſeulement le vraiſemblable, mais le naturel qui s'unit ici au merveilleux. Tout eſt divin,

&

& tout paroît humain. Ce n'eſt pas encore tout. Si Telemaque avoit ſçu qu'il étoit conduit par une Divinité, ſon mérite n'auroit pas été ſi grand, il en auroit été trop ſoûtenu. Les Heros d'Homere ſavent preſque toûjours ce que les Immortels font pour eux. Notre Poete, en dérobant à ſon Heros le merveilleux de la fiction, a fait admirer ſa vertu & ſon courage.

De la durée du Poeme Epique.

La durée du Poeme Epique eſt plus longue que celle de la Tragedie. Dans celle-ci les paſſions regnent. Rien de violent ne peut être de longue durée. Mais les vertus & les habitudes qui ne s'acquerent pas tout d'un coup ſont propres au Poeme Epique, & par conſequent ſon action doit avoir une plus grande étendue. L'Epopée peut renfermer les actions de pluſieurs années: mais ſelon les Critiques, le tems de l'action principale depuis l'endroit où le Poete commence ſa narration, ne peut être plus longue qu'une année, comme le tems d'une action tragique doit être au plus d'un jour. Ariſtote & Horace n'en diſent rien

pour-

pourtant. Homere & Virgile n'ont obfervé aucune regle fixe là-deffus. L'action de l'Iliade toute entiere fe paffe en cinquante jours. Celle de l'Odyffée depuis l'endroit où le Poete commence fa narration, n'eft que d'environ deux mois. Celle de l'Eneïde eft d'un an. Une feule campagne fuffit à Telemaque depuis qu'il fort de l'ifle de Calypfo jufqu'à fon retour en Ithaque. Notre Poete a choifi le milieu entre l'impetuofité & la vehemence avec laquelle le Poete Grec court vers fa fin, & la démarche majeftueufe & mefurée du Poete Latin, qui paroît quelquefois lent, & femble trop allonger fa narration.

Quand l'Action du Poeme Epique eft longue & n'eft pas continue, le Poete divife fa Fable en deux parties; l'une où le Heros parle, & raconte fes avantures paffées. L'autre où le Poete feul fait le recit de ce qui arrive enfuite à fon Heros. C'eft ainfi qu'Homere ne commence fa narration qu'après qu'Ulyffe eft parti de l'ifle d'Ogygie; & Virgile la fienne, qu'après que Enée

De la Narration Epique.

Enée est arrivé à Cartage. L'Auteur de Telemaque a parfaitement imité ces deux grands Modeles. Il divise son action comme eux en deux parties. La principale contient ce qu'il raconte, & elle commence où Telemaque finit le recit de ses avantures à Calypso. Il prend peu de matiere, mais il la traite amplement. Dix-huit Livres y sont employez. L'autre partie est beaucoup plus ample pour le nombre des incidens, & pour le tems: mais elle est beaucoup plus resserrée pour les circonstances. Elle ne contient que les six premiers Livres. Par cette division de ce que notre Poete raconte, & de ce qu'il fait raconter à Telemaque, il retranche les tems d'inaction; comme sa captivité en Egypte, son emprisonnement à Tyr, &c. Il n'étend pas trop la durée de sa narration, il joint ensemble la varieté & la continuité des avantures: tout est mouvement, tout est action dans son Poeme. On ne voit jamais ses Personnages oisifs, ni son Heros disparoître.

II. DE LA MORALE.

I. Des Mœurs.

On peut recommander la vertu par les exemples, & par les inſtructions, par les mœurs & par les préceptes. C'eſt ici où notre Auteur ſurpaſſe de beaucoup tous les autres Poetes.

On doit à Homere la riche invention d'avoir perſonnaliſé les Attributs divins, les paſſions humaines, & les cauſes phyſiques : ſource féconde de belles fictions, qui animent & vivifient tout dans la Poeſie. Mais ſa Religion n'eſt qu'un tiſſu de fables qui n'ont rien de propre, ni à faire reſpecter, ni à faire aimer la Divinité. Les caracteres de ſes Dieux ſont même au deſſous de ceux de ſes Heros. Pytagore, Platon, Philoſtrate, Payens comme lui, ne l'ont pas juſtifié d'avoir ravalé ainſi la Nature divine, ſous prétexte que ce qu'il en dit eſt allegorie, tantôt phyſique, tantôt morale. Car outre qu'il eſt contre la nature de la Fable de ſe ſervir des actions morales pour figurer des effets phyſiques, il leur parut très-dangereux de repreſenter les chocs des élémens, & les Phenomenes communs de la nature par des actions vicieuſes attribuées

Caracteres des Dieux d'Homere.

tribuées aux Puissances celestes, & d'enseigner la morale par des allegories, dont la lettre ne montre que le vice.

On pourroit peutêtre diminuer la faute d'Homere par les ténebres & les mœurs de son siecle, & le peu de progrès qu'on avoit fait de son tems dans la Philosophie. Sans entrer dans cette discussion, on se contentera de remarquer que l'Auteur de Telemaque, en imitant ce qu'il y a de beau dans les Fables du Poete Grec, a évité deux grands défauts qu'on lui impute. Il personnalise comme lui les Attributs divins, & en fait des Divinitez subalternes; mais il ne les fait jamais paroître qu'en des occasions qui meritent leur presence. Il ne les fait jamais parler ni agir que d'une maniere digne d'elle. Il unit avec *art la Poesie d'Homere & la Philosophie de Pytagore*. Il ne dit rien que ce que les Payens auroient pu dire; & cependant il a mis dans leurs bouches ce qu'il y a de plus sublime dans la Morale Chretienne, & a montré par-là que cette Morale est écrite en cara-

SUR LE POEME EPIQUE. XXV
earacteres ineffaçables dans le cœur de l'homme, & qu'il les y découviroit infailliblement, s'il fuivoit la voix de la pure & fimple raifon, pour fe livrer totalement à cette Verité fouveraine & univerfelle qui éclaire tous les efprits, comme le Soleil éclaire tous les corps, & fans laquelle toute raifon particuliere n'eft que tenebres & égarement.

Les idées que notre Poete nous donne de la Divinité font nonfeulement dignes d'elle, mais infiniment aimables pour l'homme. Tout infpire la confiance & l'amour : une pieté douce, une adoration noble & libre, dûe à la perfection abfolue de l'Eftre infini ; & non pas un culte fuperfticieux, fombre & fervile, qui faifit & abat le cœur, lorfqu'on ne confidere Dieu que comme un puiffant Legiflateur qui punit avec rigueur le violement de fes Loix.

Ses Idées de la Divinité.

Il nous reprefente Dieu comme amateur des hommes, mais dont l'amour & la bonté ne font pas abandonnez aux decrets aveugles d'une deftinée fatale, ni meritez par les pompeufes apparences d'un culte ex-

Tome I.   é   terieur,

terieur, ni sujets aux caprices bizares des Divinitez payennes, mais toujours reglez par la Loi immuable de la Sagesse, qui ne peut qu'aimer la vertu, & traiter les hommes, non selon le nombre des animaux qu'ils immolent, mais des passions qu'ils sacrifient.

Des mœurs des Heros d'Homere.

On peut justifier plus aisément les caracteres qu'Homere donne à ses Heros, que ceux qu'il donne à ses Dieux. Il est certain qu'il peint les hommes avec simplicité, force, varieté & passion. L'ignorance où nous sommes des coûtumes d'un païs, des ceremonies de sa Religion, du génie de sa langue, le défaut qu'ont la pluspart des hommes de juger de tout par le goût de leur siecle & de leur nation, l'amour du faste & de la fausse magnificence, qui a gâté la nature pure & primitive ; toutes ces choses peuvent nous tromper & nous faire regarder comme fade ce qui étoit estimé dans l'ancienne Grece.

Des deux sortes d'Epopées ; la Pathetique, & la Morale.

Quoiqu'il paroisse plus naturel & plus philosophe de distinguer la Tragedie de l'Epopée par la differenceference de leurs vûes morales, comme on a fait d'abord; on n'ose décider cependant, s'il ne peut pas y avoir, comme dit Aristote, deux sortes d'Epopées, l'une *Patetique*, l'autre *Morale*; l'une où les grandes passions regnent; l'autre, où les grandes vertus triomphent. L'Iliade & l'Odyssée peuvent être des exemples de ces deux especes. Dans l'une Achille est representé naturellement avec tous ses défauts; tantôt comme brutal, jusqu'à ne conserver aucune dignité dans sa colere; tantôt comme furieux jusqu'à sacrifier sa Patrie à son ressentiment. Quoique le Héros de l'Odyssée soit plus regulier que le jeune Achille bouillant & impétueux, cependant le sage Ulysse est souvent faux & trompeur. C'est que le Poete peint les hommes avec simplicité, & selon ce qu'ils sont d'ordinaire. La valeur se trouve souvent alliée avec une vengeance furieuse & brutale. La politique est presque toûjours jointe avec le mensonge & la dissimulation. Peindre d'après nature, c'est peindre comme Homere.

Ces deux especes d'Epopées sont unies dans le Telemaque.

Sans vouloir critiquer les vûes differentes de l'Iliade & de l'Odyssée, il suffit d'avoir remarqué en passant leurs differentes beautez pour faire admirer l'art avec lequel notre Auteur réunit dans son Poeme ces deux sortes d'Epopées, la Pathetique, & la Morale. On voit un mêlange, & un contraste admirable de vertus & de passions dans ce merveilleux tableau. Il n'offre rien de trop grand ; mais il nous represente également l'excellence & la bassesse de l'homme. Il est dangereux de nous montrer l'un sans l'autre, & rien n'est plus utile que de nous faire voir tous les deux ensemble; car la justice & la vertu parfaites demandent qu'on s'estime & se méprise, qu'on s'aime & se haïsse. Notre Poete n'éleve pas Telemaque audessus de l'humanité, il le fait tomber dans les foiblesses qui sont compatibles avec un amour sincere de la vertu ; & ses foiblesses servent à le corriger, en lui inspirant la défiance de soi-même, & de ses propres forces. Il ne rend pas son imitation impossible en lui donnant une perfection sans tache : mais il excite notre émulation en mettant devant les yeux l'exemple d'un jeune homme, qui avec les mêmes imperfections que chacun sent en soi, fait les actions les plus nobles & les plus vertueuses. Il a uni ensemble dans le caractere de son Heros, le courage d'Achille, la prudence d'Ulysse, & la piété d'Enée. Telemaque est colere comme le premier sans être brutal ; politique comme le second, sans être fourbe ; sensible comme le troisiéme, sans être voluptueux.

Une autre maniere d'instruire, c'est par les préceptes. L'Auteur de Telemaque joint ensemble les grandes instructions avec les exemples heroïques. La morale d'Homere avec les mœurs de Virgile. Sa morale a cependant trois qualitez qui manquent à celle des Anciens ; soit Poetes, soit Philosophes. Elle est *sublime* dans ses principes, *noble* dans ses motifs, *universelle* dans ses usages.

1°. Sublime dans ses principes. Elle vient d'une profonde connoissance de l'homme : on l'introduit dans

2°. Des préceptes & des instructions Morales.

Qualitez de la Morale de Telemaque. 1°. Elle est

sublime dans ses Principes.

dans son propre fonds ; on lui dévelope les ressorts secrets de ses passions, les replis cachez de son amour propre : la difference des vertus fausses d'avec les solides. De la connoissance de l'homme, on remonte à celle de Dieu même. L'on fait sentir par tout que l'Estre infini agit sans cesse en nous pour nous rendre bons & heureux : Qu'il est la source immediate de toutes nos lumieres, & de toutes nos vertus : Que nous ne tenons pas moins de lui la raison que la vie : Que sa Verité souveraine doit être notre unique lumiere, & sa volonté suprême regler tous nos amours : Que faute de consulter cette Sagesse universelle & immuable, l'homme ne voit que des fantômes séduisans; faute de l'écouter, il n'entend que le bruit confus de ses passions : Que les solides vertus ne nous viennent que comme quelque chose d'étranger qui est mis en nous ; qu'elles ne sont pas les effets de nos propres efforts, mais l'ouvrage d'une Puissance superieure à l'homme, qui agit en nous quand nous n'y mettons point d'obstacle,

&

& dont nous ne diſtinguons pas toûjours l'action, à cauſe de ſa délicateſſe. L'on nous montre enfin que ſans cette Puiſſance premiere & ſouveraine, qui éleve l'homme au-deſſus de lui-même, les vertus les plus brillantes ne ſont que des raffinemens d'un amour propre, qui ſe renferme en ſoi-même, ſe rend ſa Divinité, & devient en même tems & l'idolâtre & l'idole. Rien n'eſt plus admirable que le Portrait de ce Philoſophe que Telemaque vit aux Enfers, & dont tout le crime étoit d'avoir été idolâtre de ſa propre vertu.

C'eſt ainſi que la morale de notre Auteur tend à nous faire oublier notre être propre, pour le rapporter tout entier à l'Eſtre ſouverain, & nous en rendre les adorateurs: comme le but de ſa politique eſt de nous faire préferer le bien public au bien particulier, & nous faire aimer les hommes. On ſçait les ſyſtêmes de Machiavel, d'Hobbes, & de deux Auteurs plus moderez, Puffendorf, & Grotius. Les deux premiers, ſous le vain & faux pretexte que le bien

é 4 de

de la societé n'a rien de commun avec le bien essentiel de l'homme qui est la vertu, établissent pour seules maximes de gouvernement, la finesse, les artifices, les stratagêmes, le despotisme, l'injustice & l'irreligion. Les deux derniers Auteurs ne fondent leur politique que sur des maximes payennes, & qui même n'égalent ni celles de la République de Platon, ni celles des Offices de Ciceron. Il est vrai que ces deux Philosophes modernes ont travaillé dans le dessein d'être utiles à la Societé, & qu'ils ont rapporté presque tout au bonheur de l'homme consideré selon le civil. Mais l'Auteur de Telemaque est original, en ce qu'il a uni la politique la plus parfaite avec les idées de la vertu la plus consommée. Le grand principe sur lequel tout roule, est que le monde entier n'est qu'une Republique universelle, & chaque Peuple comme une grande famille. De cette belle & lumineuse idée naissent ce que les Politiques appellent les Loix *de Nature, & des Nations*, équitables, genereuses, pleines d'humanité.

manité. On ne regarde plus chaque païs comme indépendant des autres ; mais le genre humain comme un tout indivisible. On ne se borne plus à l'amour de sa Patrie ; le cœur s'étend, devient immense ; & par une amitié universelle embrasse tous les hommes. De-là naissent l'amour des Etrangers, la confiance mutuelle entre les Nations voisines, la bonne foi, la justice, & la paix parmi les Princes de l'Univers comme entre les particuliers de chaque Etat. Notre Auteur nous montre encore que la gloire de la Royauté est de gouverner les hommes pour les rendre bons & heureux : que l'autorité du Prince n'est jamais mieux affermie que lorsqu'elle est appuyée sur l'amour des peuples, & que la veritable richesse de l'Etat consiste à retrancher tous les faux besoins de la vie pour se contenter du necessaire, & des plaisirs simples & innocens. Par-là, il fait voir que la vertu contribue non seulement à préparer l'homme pour une félicité future, mais qu'elle rend la société actuellement heureuse dans cette vie, autant qu'elle le peut être.

2°. La Morale de Telemaque est noble dans ses motifs.

2°. La Morale de Telemaque est noble dans ses motifs. Son grand principe est qu'il faut préférer l'amour du *beau*, à l'amour du *plaisir*, comme disent Socrate & Platon: *l'honnête*, à *l'agreable*, selon l'expression de Ciceron. Voilà la source des sentimens nobles, de la grandeur d'ame, & de toutes les vertus heroïques. C'est par ces idées pures & élevées qu'il détruit d'une maniere infiniment plus touchante que par la dispute, la fausse Philosophie de ceux *qui font du plaisir le seul ressort du cœur humain*. Notre Poete montre par la belle morale qu'il met dans la bouche de ses Heros, & les actions genereuses qu'il leur fait faire, ce que peut l'amour du beau & du parfait sur un cœur noble, pour lui faire sacrifier ses plaisirs aux devoirs penibles de sa vertu. Je sçai que cette vertu heroïque passe parmi les ames vulgaires pour un fantôme, & que les gens d'imagination se sont déchaînez contre cette Verité sublime & solide par plusieurs pointes d'esprit fri-

frivoles & méprifables. C'eft que ne trouvant rien au-dedans d'eux qui foit comparable à ces grands fentimens, ils concluent que l'humanité en eft incapable. Ce font des Nains qui jugent de la force des Geants par la leur. Les efprits qui rampent fans ceffe dans les bornes étroites de l'amour propre, ne comprendront jamais le pouvoir & l'étendue d'une vertu qui éleve l'homme au-deffus de lui-même. Quelques Philofophes qui ont fait d'ailleurs de belles découvertes dans la Philofophie, fe font laiffez entraîner par leurs préjugez, jufqu'à ne point diftinguer affez entre l'amour de l'ordre, & l'amour du plaifir ; & à nier que la volonté puiffe être remuée auffi fortement *par la vûe claire de la verité*, que *par le goût naturel du plaifir.* On ne peut lire ferieufement Telemaque fans être convaincu de ce grand principe. L'on y voit les fentimens genereux d'une ame noble, qui ne conçoit rien que de grand ; d'un cœur defintereffé qui s'oublie fans ceffe ; d'un Philofophe qui ne fe

borne

borne ni à foi ni à fa Nation, ni à rien de particulier : mais qui rapporte tout au bien commun du genre humain, & tout le genre humain à l'Eftre fuprême.

3°. La Morale de Telemaque eft univerfelle dans fes ufages.

3°. La Morale de Telemaque eft univerfelle dans fes ufages, étendue, feconde, proportionnée à tous les tems, à toutes les Nations, & à toutes les conditions. On y apprend les devoirs d'un Prince, qui eft tout enfemble, Roi, Guerrier, Philofophe, & Legiflateur. On y voit l'art de conduire des Nations differentes; la maniere de conferver la paix au-dehors avec fes voifins, & cependant d'avoir toûjours audedans du Royaume une jeuneffe aguerrie prête à le défendre ; d'enrichir fes Etats fans tomber dans le luxe ; de trouver le milieu entre les excès d'un pouvoir defpotique, & les defordres de l'Anarchie. On y donne des préceptes pour l'agriculture, pour le commerce, pour les arts, pour la police, pour l'éducation des enfans. Notre Auteur fait entrer dans fon Poeme, nonfeulement les vertus heroïques & royales,

les, mais celles qui font propres à toutes fortes de conditions. En formant le cœur de son Prince, il n'instruit pas moins chaque particulier de son devoir.

L'Iliade a pour but de montrer les funestes suites de la desunion parmi les Chefs d'une armée. L'Odyssée nous fait voir ce que peut dans un Roi la prudence, jointe avec la valeur. Dans l'Eneïde on dépeint les actions d'un Heros pieux & vaillant. Mais toutes ces vertus particulieres ne font pas le bonheur du genre humain. Telemaque va bien au-delà de tous ces plans par la grandeur, le nombre & l'étendue de ses vûes morales; de sorte qu'on peut dire avec le Philosophe critique d'Homere: * *Le don le plus utile que les Muses ayent fait aux hommes, c'est le Telemaque; car si le bonheur du Genre humain pouvoit naître d'un Poeme, il naîtroit celui-là.*

* L'Abbé Terrason.

DE LA POESIE.

C'est une belle remarque du Chevalier Temple, que la Poesie doit réunir ce que la Musique, la Peinture, & l'Éloquence ont de force &
de

de beauté. Mais comme la Poesie ne differe de l'Eloquence, qu'en ce qu'elle peint avec entousiasme, on aime mieux dire que la Poesie emprunte son harmonie de la Musique, sa passion de la Peinture, sa force & sa justesse de la Philosophie.

L'Harmonie du Style de Telemaque.

Le stile de Telemaque est poli, net, coulant, magnifique. Il a toute l'abondance d'Homere sans avoir son intemperance de paroles. Il ne tombe jamais dans les redites ; & quand il parle des mêmes choses, il ne rappelle point les mêmes images, & encore moins les mêmes termes. Toutes ses periodes remplissent l'oreille par leur nombre & leur cadence. Rien ne choque, point de mots durs, point de termes abstraits, ni de tours affectez. Il ne parle jamais pour parler, ni simplement pour plaire. Toutes ses paroles font penser, & toutes ses pensées tendent à nous rendre bons.

Excellence des Peintures de Telemaque.

Les images de notre Poete sont aussi parfaites que son stile est harmonieux. Peindre, c'est non seulement décrire les choses, mais en representer les circonstances, d'une maniere

maniere si vive & si touchante, qu'on s'imagine les voir. L'Auteur de Telemaque peint les passions avec art. Il avoit étudié le cœur de l'homme, & en connoissoit tous les ressorts. En lisant son Poeme, on ne voit plus que ce qu'il fait voir; on n'entend plus que ceux qu'il fait parler. Il échauffe, il remue, il entraîne. On sent toutes les passions qu'il décrit.

Les Poetes se servent ordinairement de deux sortes de peintures, les comparaisons & les descriptions. Les comparaisons de Telemaque sont justes & nobles. L'Auteur n'éleve pas trop l'esprit au-dessus de son sujet par des metaphores outrées : il ne l'embarasse pas non-plus par une trop grande varieté d'images. Il a imité tout ce qu'il y a de grand & de beau dans les descriptions des Anciens, les combats, les jeux, les naufrages, les sacrifices, &c. sans s'étendre sur les minuties qui font languir la narration, sans rabaisser la majesté du Poeme Epique par la description des choses basses & desagreables. Il

Des Comparaisons & descriptions de Telemaque.

descend

descend quelquefois dans le détail: mais il ne dit rien qui ne merite attention, & qui ne contribue à l'idée qu'il veut donner. Il suit la nature dans toutes ses varietez. Il savoit bien que tout discours doit avoir ses inégalitez ; tantôt sublime, sans être guindé ; tantôt naïf, sans être bas. C'est un faux goût de vouloir toûjours embellir. Ses descriptions sont magnifiques, mais naturelles, simples, & cependant agreables. Il peint nonseulement d'après nature, mais ses tableaux sont aimables. Il unit ensemble la verité du dessein, & la beauté du coloris ; la vivacité d'Homere, & la noblesse de Virgile. Ce n'est pas tout, les descriptions de ce Poeme sont non seulement destinées à plaire, mais elles sont toutes instructives. Si l'Auteur parle de la vie pastorale, c'est pour recommander l'aimable simplicité des mœurs. S'il décrit des jeux & des combats, ce n'est pas seulement pour celebrer les funerailles d'un ami ou d'un pere, comme dans l'Iliade & dans l'Eneïde : c'est pour choisir un Roi qui surpasse tous les

autres

autres dans la force de l'esprit & du corps, & qui soit également capable de soutenir les fatigues de l'un & de l'autre. S'il nous represente les horreurs d'un naufrage, c'est pour inspirer à son Heros la fermeté de cœur, & l'abandon aux Dieux, dans les plus grands périls. Je pourrois parcourir toutes ces descriptions, & y trouver de semblables beautez. Je me contenterai de remarquer que dans cette nouvelle Edition, la sculpture de la redoutable Egide que Minerve envoya à Telemaque, est pleine d'art, & renferme cette morale sublime : Que le bouclier d'un Prince, & le soûtien d'un Etat, sont les sciences & l'agriculture : Qu'un Roi armé par la sagesse cherche toûjours la paix, & trouve des ressources fécondes contre tous les maux de la guerre, dans un peuple instruit & laborieux, dont l'esprit & le corps sont également accoûtumez au travail.

La Poesie tire sa force & sa justesse de la Philosophie. Dans Telemaque, on voit par-tout une imagination riche, vive, agreable, & nean-

Philosophie de Telemaque.

néanmoins un esprit juste & profond. Ces deux qualitez se rencontrent rarement dans la même personne. Il faut que l'ame soit dans un mouvement presque continuel pour inventer, pour passionner, pour imiter, & en même tems dans une tranquilité parfaite pour juger en produisant, & choisir entre mille pensées qui se presentent celle qui convient. Il faut que l'imagination souffre une espece de transport & d'entousiasme, pendant que l'esprit paisible dans son empire, la retient, & la tourne où il veut. Sans cette passion qui anime tout, les discours paroissent froids, languissans, abstraits, historiques. Sans ce jugement qui regle tout, ils sont faux & trompeurs.

Comparaison de la Poesie de Telemaque avec Homere & Virgile.

Le feu d'Homere, sur-tout dans l'Iliade, est impétueux & ardent comme un tourbillon de flâme, qui embrase tout. Le feu de Virgile a plus de clarté que de chaleur, il luit toûjours uniment & également. Celui de Telemaque échauffe & éclaire tout ensemble, selon qu'il faut persuader, ou passionner. Quand cette

cette flâme éclaire, elle fait sentir une douce chaleur, qui n'incommode point. Tels sont les discours de Mentor sur la politique, & de Telemaque sur le sens des Loix de Minos, &c. Ces idées pures remplissent l'esprit de leur paisible lumiere, l'entousiasme & le feu poetique seroient nuisibles, comme les rayons trop ardens du Soleil qui éblouissent. Quand il n'est plus question de raisonner, mais d'agir; quand on a vû clairement la verité, quand les reflexions ne viennent que d'irresolution, alors le Poete excite un feu, & une passion qui détermine, & qui emporte une ame affoiblie, qui n'a pas le courage de se rendre à la verité. L'Episode des amours de Telemaque dans l'isle de Calypso, est plein de ce feu.

Ce mêlange de lumiere & d'ardeur, distingue notre Poete d'Homere, & de Virgile. L'entousiasme du premier lui fait quelquefois oublier l'art, negliger l'ordre, & passer les bornes de la nature. C'étoit la force & l'essor de son grand

grand génie qui l'entraînoit malgré lui. La pompeuse magnificence, le jugement & la conduite de Virgile degenerent quelquefois en une regularité trop compassée, où il semble plûtôt Historien que Poete. Ce dernier plaît beaucoup plus aux Poetes philosophes & modernes, que le premier. N'est-ce pas qu'ils sentent qu'on peut imiter plus facilement par *art* le grand jugement du Poete Latin, que le beau feu du Poete Grec, que la *nature* seule peut donner?

Notre Auteur doit plaire à toutes sortes de Poetes, tant à ceux qui sont Philosophes, qu'à ceux qui n'admirent que l'entousiasme. Il a uni les lumieres de l'esprit avec les charmes de l'imagination. Il prouve la verité en Philosophe. Il fait aimer la verité prouvée par les sentimens qu'il excite. Tout est solide, vrai, convenable à la persuasion; ni jeux d'esprit, ni pensées brillantes qui n'ont d'autre but que de faire admirer l'Auteur. Il a suivi ce grand précepte de Platon, qui dit qu'en écrivant on doit toûjours se cacher,

cacher, disparoitre, se faire oublier pour ne produire que les veritez qu'on veut persuader, & les passions qu'on veut purifier.

Dans Telemaque tout est raison, tout est sentiment. C'est ce qui le rend un Poeme de toutes les Nations, & de tous les siecles. Tous les Etrangers en sont également touchez. Les traductions qu'on en a faites en des langues moins délicates que la Langue Françoise, n'effacent point ses beautez originales. La savante Apologiste d'Homere nous assure que le Poete Grec perd infiniment par une traduction, qu'il n'est pas possible d'y faire passer la force, la noblesse, & l'ame de sa Poesie. Mais on ose dire que Telemaque conservera toûjours en toutes sortes de Langues sa force, sa noblesse, son ame & ses beautez essentielles. C'est que l'excellence de ce Poeme ne consiste pas dans l'arrangement heureux & harmonieux des paroles, ni même dans les agrémens que lui prête l'imagination, mais dans un goût sublime de la vérité, dans des sentimens nobles & élevez,

élevez, & dans la maniere naturelle, délicate & judicieuse de les traiter. De pareilles beautez sont de toutes les Langues, de tous les tems, de tous les Païs, & touchent également les bons esprits, & les grandes ames dans tout l'Univers.

Premiere Objection contre Telemaque. On a formé plusieurs Objections contre Telemaque: 1°. Qu'il n'est pas en Vers.

Reponse. La versification, selon Aristote, Denys d'Halycarnasse, & Strabon, n'est pas essentielle à l'Epopée. On peut l'écrire en Prose, comme on écrit des Tragedies sans rimes. On peut faire des Vers sans Poesie, & être tout Poetique sans faire des Vers. On peut imiter la versification par art, mais il faut naître Poete. Ce qui fait la Poesie n'est pas le nombre fixe & la cadance reglée des syllabes; mais la fiction vive, les figures hardies, la beauté & la varieté des images. C'est l'entousiasme, le feu, l'impetuosité, la force, un je ne sçai quoi dans les paroles & les pensées, que la nature seule peut donner. On trouve toutes ces qualitez dans Telemaque.

L'Auteur a donc fait ce que Strabon dit de Cadmus, Phérecide, Hecatée: *Il a imité parfaitement la Poésie, en rompant seulement la mesure, mais il a conservé toutes les autres beautez poetiques.*

Notre âge retrouve un Homere
Dans ce Poeme salutaire,
Par la vertu même inventé;
Les Nymphes de la double Cime,
Ne l'affranchirent de la Rime,
Qu'en faveur de la vérité.*

De plus, je ne sçai pas si la gêne des rimes & la regularité scrupuleuse de notre construction Européenne jointe à ce nombre fixe & mesuré de pieds, ne diminueroient pas beaucoup l'essor & la passion de la Poésie heroïque. Pour bien émouvoir les passions, on doit souvent retrancher l'ordre & la liaison. Voilà pourquoi les Grecs & les Romains, qui peignoient tout avec vivacité & goût, usoient des inversions de frases; leurs mots n'avoient point de place fixe: ils les arrangeoient comme ils vouloient. Les Langues de l'Europe sont un composé du Latin, & des Jargons de tou-

_____
* Ode à Messieurs de l'Academie par M. de la Motte. Premiere Ode.

toutes les Nations barbares qui subjuguérent l'Empire Romain. Ces peuples du Nord glaçoient tout, comme leur climat, par une froide regularité de Syntaxe. Ils ne comprenoient point cette belle varieté de longues & de bréves, qui imite si bien les mouvemens délicats de l'ame. Ils prononçoient tout avec le même froid, & ne connurent d'abord d'autre harmonie dans les paroles, qu'un vain tintement de finales monotones. Quelques Italiens, quelques Espagnols ont tâché d'affranchir leur versification de la gêne des rimes. Un Poete Anglois y a réussi merveilleusement, & a commencé même avec succès d'introduire les inversions de frases dans sa Langue. Peutêtre que les François reprendront un jour cette noble liberté des Grecs & des Romains.

Seconde Objection contre Telemaque. Quelques uns par une ignorance grossiere de la noble liberté du Poeme Epique, ont reproché à Telemaque qu'il est plein d'Anacronismes.

Reponse. L'Auteur de ce Poeme n'a fait qu'imiter le Prince des Poëtes Latins, qui ne pouvoit ignorer que

Dido

Didon n'étoit pas contemporaine d'Enée. Le Pygmalion de Telemaque frere de cette Didon ; Sesostris qu'on dit avoir vécu vers le même tems, &c. ne sont pas plus des fautes que l'Anachronisme de Virgile. Pourquoi condamner un Poete de manquer quelquefois à l'ordre des tems, puisque c'est une beauté de manquer quelquefois à l'ordre de la nature ? Il ne seroit pas permis de contredire un point d'histoire d'un tems peu éloigné. Mais dans l'antiquité reculée dont les Annales sont si incertaines & nvelopées de tant d'obscuritez ; on doit suivre la vraisemblance, & non pas toujours la verité. C'est l'idée d'Aristote confirmée par Horace. Quelques Historiens ont écrit que Didon étoit chaste ; Penelope impudique ; qu'Helene n'a jamais vû Troye, ni Enée l'Italie. Homere & Virgile n'ont pas fait difficulté de s'écarter de l'Histoire, pour rendre leurs Fables plus instructives. Pourquoi ne sera-t-il pas permis à l'Auteur de Telemaque, pour l'instruction d'un jeune Prince ; de rassembler les Heros de l'Antiquité, Telemaque, Sesostris, Nestor, Idomenée, Pygmalion, Adraste, pour unir dans un même tableau les differens caracteres des Princes bons & mauvais, dont il faloit imiter les vertus, & éviter les vices.

Troisiéme Objection contre Telemaque.

On trouve à redire que l'Auteur de Telemaque ait inseré l'histoire des amours de Calypso & d'Eucharis dans son Poeme, & plusieurs descriptions semblables, qui paroissent trop passionnées.

Réponse.

La meilleure Réponse à cette Objection est l'effet qu'avoit produit Telemaque dans le cœur du Prince pour qui il avoit été écrit. Les personnes d'une condition commune n'ont pas le même besoin d'être précautionnées contre les écueils ausquels l'élévation & l'autorité exposent ceux qui sont destinez à regner. Si notre Poete avoit écrit pour un homme qui eut dû passer sa vie dans l'obscurité, ces descriptions ne lui auroient pas été si necessaires. Mais pour un jeune Prince, au milieu d'une Cour où la galanterie passe pour politesse, où

-cha-

chaque objet réveille infailliblement le goût des plaisirs, & où tout ce qui l'environne, n'est occupé qu'à le séduire. Pour un tel Prince, dis-je, rien n'étoit plus necessaire que de lui representer avec cette aimable pudeur, cette innocence & cette sagesse qu'on trouve dans le Telemaque, tous les détours séduisans de l'amour insensé. Lui peindre ce vice dans son beau imaginaire, pour lui faire sentir ensuite sa difformité réelle : lui montrer l'abîme dans toute sa profondeur pour l'empêcher d'y tomber, & l'éloigner même des bords d'un précipice si affreux. C'étoit donc une sagesse digne de notre Auteur, de précautionner son Elève contre les folles passions de la jeunesse, par la Fable de Calypso ; & de lui donner dans l'histoire d'Antiope l'exemple d'un amour chaste & legitime. En nous representant ainsi cette passion, tantôt comme une foiblesse indigne d'un grand cœur, tantôt comme une vertu digne d'un Heros, il nous montre que l'amour n'est pas au-dessous de la majesté

de

de l'Epopée, & réunit par-là dans son Poeme les passions tendres des Romans modernes avec les vertus heroïques de la Poesie ancienne.

Quatriéme Objection contre Telemaque. Quelques uns croyent que l'Auteur de Telemaque épuise trop son sujet par l'abondance & la richesse de son génie. Il dit tout, & ne laisse rien à penser aux autres. Comme Homere, il met la nature toute entiere devant les yeux. On aime mieux un Auteur, qui comme Horace renferme un grand sens en peu de mots, & donne le plaisir d'en déveloper l'étendue.

Réponse. Il est vrai que l'imagination ne peut rien ajoûter aux peintures de notre Poete : mais l'esprit en suivant ses idées, s'ouvre, & s'étend. Quand il s'agit seulement de peindre, ses tableaux sont parfaits, rien n'y manque. Quand il faut instruire, ses lumieres sont fécondes, & nous y dévelopons une vaste étendue de pensées, qui ne paroissent pas d'abord, & que toute son éloquence n'exprime pas. Il ne laisse rien à imaginer, mais il donne infiniment à penser. C'est ce qui con-
venoit

venoit au caractere du Prince pour qui seul l'Ouvrage a été fait. On démêloit en lui au travers de l'enfance, une imagination féconde & heureuse : un génie élevé, & étendu, qui le rendoient sensible aux beaux endroits d'Homere & de Virgile. Ce grand naturel inspira à l'Auteur le dessein d'un Poeme propre à le cultiver, & qui renfermeroit également les beautez de l'un & de l'autre Poete. Cette affluence de belles images y étoit essentielle, pour occuper l'imagination, former le goût du Prince, & lui donner la liberté de saisir comme de lui-meme les veritez préparées à son cœur, & de s'en nourrir. On voit assez que ces beautez n'auroient pas plus coûté à supprimer qu'à produire qu'elles coulent avec autant de dessein que d'abondance, pour répondre aux besoins du Prince & aux vûes de l'Auteur.

On a objecté que le Heros & la Fable de ce Poeme n'ont point de rapport à la Nation Françoise : Homere & Virgile ont interessé les Grecs & les Romains, en choisis-

Cinquiéme Objection contre Telemaque.

sant des actions & des Acteurs dans les Histoires de leurs Païs.

REPONSE. Si l'Auteur n'a pas interessé particulierement la Nation Françoise, il a fait plus, il a interessé tout le Genre humain. Son plan est encore plus vaste que celui de l'un & de l'autre des deux Poetes anciens. Il est plus grand d'instruire tous les hommes ensemble, que de borner ses préceptes à un païs particulier. L'amour propre veut qu'on rapporte tout à lui, & se trouve même dans l'amour de la Patrie. Mais une ame genereuse doit avoir des vûes plus étendues.

D'ailleurs quel interêt la France n'a t-elle point prise à un Ouvrage, si propre à lui former un Roi pour la gouverner un jour selon ses besoins & ses desirs, en pere des peuples & en Heros Chrétien. Ce qu'on a vû de ce Prince donnoit l'esperance & les prémices de cet Avenir. Les voisins de la France y prenoient déja part comme à un bonheur universel. La Fable du Prince *Grec* devenoit l'Histoire du Prince *François.*

L'Au-

L'Auteur avoit un deſſein plus pur que celui de plaire à ſa Nation ; il vouloit la ſervir à ſon inſçû en contribuant à lui former un Prince qui juſques dans les jeux de ſon enfance paroiſſoit né pour la combler de bonheur & de gloire. Cet auguſte Enfant aimoit les Fables & la Mythologie. Il faloit profiter de ſon goût, lui faire voir dans ce qu'il eſtimoit le ſolide & le beau, le ſimple & le grand, & lui imprimer par des faits touchans les principes generaux qui pouvoient le précautionner contre les dangers qui accompagnent la plus haute naiſſance, & la puiſſance ſuprême.

Dans ce deſſein un Heros Grec & une Poeſie d'après Homere & Virgile, les hiſtoires des païs, des tems, & des faits étrangers étoient d'une convenance parfaite & peutêtre unique pour mettre l'Auteur en pleine liberté de peindre avec verité & force tous les écueils qui menacent les Souverains dans toute la ſuite des ſiecles.

Il arrive par une conſequence naturelle & neceſſaire que ces veritez uni-

universelles ont souvent du rapport aux histoires du tems, & aux situations actuelles. Ces fictions indépendantes de toute application, & destinées à former l'enfance du jeune Prince, renferment des préceptes pour tous les momens de sa vie.

Cette convenance des moralitez generales, à toutes sortes de circonstances fait admirer la fécondité, la profondeur, & la sagesse de l'Auteur. Mais elle n'excuse pas l'injustice de ses ennemis qui ont voulu trouver dans son Telemaque certaines allegories odieuses, & changer les desseins les plus sages & les plus moderez en des Satyres outrageantes contre tout ce qu'il respectoit le plus. On avoit renversé les caracteres pour y trouver des rapports imaginaires & pour empoisonner les intentions les plus pures. L'Auteur pouvoit-il sans infidelité supprimer ces maximes fondamentales d'une morale & d'une politique si saine & si convenable, parce que la maniere de les dire, la plus sage ne pouvoit les mettre à couvert de la malignité des Critiques.

Notre

Notre illustre Auteur a donc réuni dans son Poeme les plus grandes beautez des Anciens. Il a tout l'entousiasme & l'abondance d'Homere, toute la magnificence & la regularité de Virgile. Comme le Poete Grec, il peint tout avec force, simplicité & vie, varieté dans la Fable, diversité dans les caracteres : ses reflexions sont morales, ses descriptions vives, son imagination feconde, par tout ce beau feu que la nature seule peut donner. Comme le Poete Latin, il garde parfaitement l'unité d'action, l'uniformité des caracteres, l'ordre & les regles de l'art. Son jugement est profond, & ses pensées élevées, tandis que le naturel s'unit au noble, & le simple au sublime. Par-tout l'art devient nature : mais le Heros de notre Poete est plus parfait que celui de l'un ou de l'autre : sa morale est plus pure, & ses sentimens plus nobles. Concluons de tout ceci que l'Auteur de Telemaque a montré par ce Poeme que la Nation Françoise est capable de toute la délicatesse des Grecs, & de tous les grands sentimens des Romains.

mains. L'Eloge de l'Auteur est celui de sa Nation.

FIN.

APPROBATION.

J'Ay lû par ordre de Monseigneur le Chancelier cet Ouvrage qui a pour titre, *Les Avantures de Telemaque*, avec une Préface qui en découvre toutes les beautez ; & j'ai crû qu'il ne méritoit pas seulement d'être imprimé, mais encore d'être traduit dans toutes les langues que parlent, ou qu'entendent les peuples qui aspirent à être heureux. Ce Poeme Epique, quoiqu'en Prose, met notre Nation en état de n'avoir rien à envier de ce côté-là aux Grecs, & aux Romains. La Fable qu'on y expose ne se termine point à amuser notre curiosité, & à flater notre orgueil. Les recits, les descriptions, les liaisons, & les graces du discours, éblouissent l'imagination sans l'égarer; les reflexions & les conversations les plus longues paroissent toujours trop courtes à l'esprit, qu'elles n'éclairent pas moins qu'elles l'enchantent. Entre tant de caracteres d'hommes si différens que l'on y trouve, il n'y en a aucun qui ne grave dans le cœur des Lecteurs, l'horreur du vice, ou l'amour de la vertu. Les mysteres de la politique la plus saine & la plus sûre y sont dévoilez. Les passions n'y présentent qu'un joug aussi honteux que funeste; les devoirs n'y montrent que des attraits qui les rendent aussi aimables que faciles. Avec Telemaque on apprend à s'attacher

tacher inviolablement à la Religion dans la mauvaise comme dans la bonne fortune ; à aimer son pere, & sa patrie ; à être Roi, Citoyen, ami, esclave même si le sort le veut Avec Mentor on devient bientôt juste, humain, patient, sincere, discret, & modeste. Il ne parle point qu'il ne plaise, qu'il n'interesse, qu'il ne remue, qu'il ne persuade. On ne peut l'écouter qu'avec admiration, & on ne l'admire point que l'on ne sente qu'on l'aime encore davantage. Trop heureuse la Nation pour qui cet Ouvrage pourra former quelque jour un Telemaque, & un Mentor A Paris, ce premier Juin 1716.

DE SACY.

Liv. 1.

Télémaque poussé par les flots sur les bords de l'isle de Calipso

LES AVANTURES DE TELEMAQUE, FILS D'ULYSSE.

LIVRE PREMIER.

SOMMAIRE.

Telemaque conduit par Minerve, sous la figure de Mentor, aborde après un naufrage dans l'Isle de la Déesse Calypso, qui regrettoit encore le départ d'Ulysse. La Déesse le reçoit favorablement, conçoit de la passion pour lui, lui offre l'immortalité, & lui demande ses avantures. Il lui raconte son voyage à Pylos & à Lacedemone; son naufrage sur la côte de Sicile : le péril où il fut d'être immolé aux manes d'Anchises; le secours que Mentor & lui donnérent à Aceste dans une incursion de Barbares, & le soin que *le Roi eut de reconnoître ce service, en leur donnant un vaisseau Tyrien pour retourner en leur païs.*

CALYPSO ne pouvoit se consoler du départ d'Ulysse. Dans sa douleur elle se trouvoit malheureuse d'être immortelle. Sa grotte ne resonnoit plus de son chant. Les Nymphes qui la servoient n'osoient lui parler; elle se promenoit souvent seule sur les gasons fleuris, dont un printems éternel bordoit son Isle. Mais ces beaux lieux loin de moderer sa douleur, lui faisoient rappeller le triste souvenir d'Ulysse qu'elle y avoit vû tant de fois auprès d'elle. Souvent elle demeuroit immobile sur le rivage de la mer qu'elle arrosoit de ses larmes, & elle étoit sans cesse tournée vers le côté où le vaisseau d'Ulysse fendant les ondes, avoit disparu à ses yeux. Tout-à-coup elle apperçût les débris d'un navire qui venoit de faire naufrage, des bancs des rameurs mis en pieces, des rames écartées çà & là sur le sable, un gouvernail, un mât, des cordages flotans sur la côte : puis elle découvre de loin deux hommes, dont l'un paroissoit âgé ; l'autre, quoique jeune, ressembloit à Ulysse. Il avoit sa douceur & sa fierté, avec sa taille & sa démarche majestueuse. La Déesse comprit que c'étoit Telemaque, fils de ce Heros; mais quoique les Dieux surpassent de loin en connoissance tous les hommes, elle ne put découvrir qui étoit cet homme vénérable dont Telemaque étoit accompagné. C'est que les Dieux superieurs cachent aux inferieurs tout ce qu'il leur plaît :

plaît : & Minerve qui accompagnoit Telemaque sous la figure de Mentor, ne vouloit pas être connue de Calypso. Cependant Calypso se réjouissoit d'un naufrage qui mettoit dans son Isle le fils d'Ulysse si semblable à son pere. Elle s'avance vers lui; & sans faire semblant de sçavoir qui il est : D'où vous vient, lui dit-elle, cette temerité d'aborder en mon Isle ? Sachez, jeune Etranger, qu'on ne vient point impunément dans mon Empire. Elle tâchoit de couvrir sous ces paroles menaçantes la joie de son cœur qui éclatoit malgré elle sur son visage.

Telemaque lui répondit : O vous, qui que vous soiez, mortelle ou Déesse, (quoiqu'à vous voir on ne puisse vous prendre que pour une Divinité) seriez-vous insensible au malheur d'un fils, qui cherchant son pere à la merci des vents & des flots, a vû briser son navire contre vos rochers? Quel est donc vôtre pere que vous cherchez, reprit la Déesse? Il se nomme Ulysse, dit Telemaque ; c'est un des Rois qui ont, après un siege de dix ans, renversé la fameuse Troye. Son nom fut celebre dans toute la Grece & dans toute l'Asie par sa valeur dans les combats, & plus encore par sa sagesse dans les conseils. Maintenant errant dans toute l'étenduë des mers, il parcourt tous les écüeils les plus terribles. Sa patrie semble fuir devant lui. Penelope sa femme, & moi qui suis son fils, nous avons perdu l'esperance de le revoir. Je cours avec les mêmes dangers que lui pour apprendre où il est : mais, que dis-je ! peutêtre qu'il est maintenant enseveli dans les profonds abîmes de la mer. Aiez pitié de nos malheurs ; & si vous sçavez, ô Déesse, ce que les destinées ont fait pour sauver ou pour perdre Ulysse, daignez en instruire son fils Telemaque.

Calypso étonnée & attendrie de voir dans une si vive jeunesse tant de sagesse & d'éloquence, ne pouvoit rassasier ses yeux en le regardant, & elle demeuroit en silence. Enfin elle lui dit : Telemaque, nous vous apprendrons ce qui est arrivé à vôtre pere, mais l'histoire en est longue. Il est tems de vous délasser de tous vos travaux, venez dans ma demeure, où je vous recevrai comme mon fils : venez, vous serez ma consolation dans cette solitude, & je ferai vôtre bonheur, pourvû que vous sachiez en jouir.

Telemaque suivoit la Déesse environnée d'une foule de jeunes Nymphes au-dessus desquelles elle s'élevoit de toute la tête, comme un grand chêne dans une forest éleve ses branches épaisses au-dessus de tous les arbres qui l'environnent. Il admiroit l'éclat de sa beauté, la riche pourpre de sa robe longue & flotante, ses cheveux nouez par derriere négligemment, mais avec grace; le feu qui sortoit de ses yeux, & la douceur qui temperoit cette vivacité. Mentor les yeux baissez gardant un silence modeste, suivoit Telemaque. On arriva à la porte de la Grote de Calypso, où Telemaque fut surpris de voir avec une apparence de simplicité rustique tout ce qui peut charmer les yeux. Il est vrai qu'on n'y voioit ni or ni argent, ni marbre, ni colonnes, ni tableaux, ni statues : mais cette Grote étoit taillée dans le roc en voutes pleines de rocailles & de coquilles ; elle étoit tapissée d'une jeune vigne qui étendoit également ses branches
souples

souples de tous côtez. Les doux Zephirs conservoient en ce lieu malgré les ardeurs du Soleil une délicieuse fraîcheur. Des fontaines coulant avec un doux murmure sur des prez semez d'amaranthes & de violettes, formoient en divers lieux des bains aussi purs & aussi clairs que le cristal. Mille fleurs naissantes émailloient les tapis verds dont la Grote étoit environnée: là on trouvoit un bois de ces arbres toufus qui portent des pommes d'or, & dont la fleur qui se renouvelle dans toutes les saisons, répand le plus doux de tous les parfums. Ce bois sembloit couronner ses belles prairies, & formoit une nuit que les rayons du Soleil ne pouvoient percer : là on n'entendoit jamais que le chant des oiseaux, ou le bruit d'un ruisseau, qui se précipitant du haut d'un rocher, tomboit à gros bouillons pleins d'écume, & s'enfuyoit au travers de la prairie.

La grote de la Déesse étoit sur le panchant d'une coline ; de-là on découvroit la mer quelquefois claire & unie comme une glace, quelquefois follement irritée contre les rochers, où elle se brisoit en gémissant, & élevant ses vagues comme des montagnes: d'un autre côté on voioit une riviere où se formoient des isles bordées de tilleuls fleuris, & de hauts peupliers qui portoient leurs têtes superbes jusques dans les nuées. Les divers canaux qui formoient les Isles sembloient se jouer dans la campagne ; les uns rouloient leurs eaux claires avec rapidité, d'autres avoient une eau paisible & dormante : d'autres par de longs détours revenoient sur leurs pas comme pour remonter vers leur source, & sembloient ne pouvoir

quitter ces bords enchantez. On apperce-
voit de loin des colines & des montagnes
qui se perdoient dans les nuées, & dont la
figure bizare formoit un horison à souhait
pour le plaisir des yeux. Les montagnes voisines étoient couvertes de pampre verd qui
pendoit en feston: le raisin plus éclattant
que la pourpre, ne pouvoit se cacher sous les
feuilles, & la vigne étoit accablée sous son
fruit. Le figuier, l'olivier, le grenadier, &
tous les autres arbres couvroient la campagne, & en faisoient un grand jardin.

Calypso aiant montré à Telemaque toutes ces beautez naturelles, lui dit: Reposez-
vous, vos habits sont mouillez, il est tems
que vous en changiez; ensuite nous vous
reverrons, & je vous raconterai des histoires
dont vôtre cœur sera touché. En même tems
elle le fit entrer avec Mentor dans le lieu le
plus secret & le plus reculé d'une grote voisine de celle où la Déesse demeuroit. Les
Nymphes avoient eu soin d'allumer en ce
lieu un grand feu de bois de cedre, dont la
bonne odeur se répandoit de tous côtez, &
elles y avoient laissé des habits pour les nouveaux hôtes. Telemaque voyant qu'on lui
avoit destiné une tunique d'une laine fine,
dont la blancheur effaçoit celle de la neige,
& une robe de pourpre avec une broderie
d'or; prit le plaisir qui est naturel à un jeune
homme en considerant cette magnificence.

Mentor lui dit d'un ton grave: Est-ce
donc là, ô Telemaque, les pensées qui doivent occuper le cœur du fils d'Ulysse? Songez plûtôt à soûtenir la réputation de vôtre pere, & à vaincre la fortune qui vous
persecute. Un jeune homme qui aime à se

parer

parer vainement comme une femme, est indigne de la sagesse & de la gloire. La gloire n'est dûe qu'à un cœur qui sçait souffrir la peine, & fouler aux pieds les plaisirs.

Telemaque répondit en soûpirant : Que les Dieux me fassent périr plûtôt que de souffrir que la molesse & la volupté s'emparent de mon cœur. Non, non, le fils d'Ulysse ne sera jamais vaincu par les charmes d'une vie lâche & effeminée : mais quelle faveur du Ciel nous a fait trouver après nôtre naufrage cette Déesse ou cette mortelle qui nous comble de biens?

Craignez, repartit Mentor, qu'elle ne vous accable de maux ; craignez ses trompeuses douceurs plus que les écueils qui ont brisé vôtre navire. Le naufrage & la mort sont moins funestes que les plaisirs qui attaquent la vertu : gardez-vous bien de croire ce qu'elle vous racontera : la jeunesse est présomptueuse, elle se promet tout d'elle-même ; quoique fragile, elle croit pouvoir tout, & n'avoir jamais rien à craindre : elle se confie legerement & sans précaution. Gardez-vous d'écouter les paroles douces & flâteuses de Calypso, qui se glisseront comme un serpent sous les fleurs : craignez ce poison caché ; défiez-vous de vous-même, & attendez toûjours mes conseils.

Ensuite ils retournérent auprès de Calypso qui les attendoit. Les Nymphes avec leurs cheveux tressez & des habits blancs, servirent d'abord un repas simple, mais exquis pour le goût & pour la propreté. On n'y voioit aucune autre viande que celle des oiseaux qu'elles avoient pris dans les filets, ou des bêtes qu'elles avoient percées de leurs

leurs fleches à la chasse; un vin plus doux que le nectar couloit des grands vases d'argent dans les tasses d'or couronnées de fleurs. On apporta dans des corbeilles tous les fruits que le Printems promet, & que l'Automne répand sur la terre. En même tems quatre jeunes Nymphes se mirent à chanter. D'abord elles chanterent le combat des Dieux contre les Geants, puis les amours de Jupiter & de Semelé, la naissance de Bachus & son éducation conduite par le vieux Silene, la course d'Atalante & d'Hypomenes, qui fut vainqueur par le moyen des pommes d'or cuillies au Jardin des Hesperides. Enfin la guerre de Troye fut aussi chantée, les combats d'Ulysse & sa sagesse furent élevés jusqu'aux Cieux. La premiere des Nymphes qui s'appelloit Leucothoé, joignit les accords de sa lyre aux douces voix de toutes les autres. Quand Telemaque entendit le nom de son pere, les larmes qui coulérent le long de ses joues, donnérent un nouveau lustre à sa beauté. Mais comme Calypso apperçut qu'il ne pouvoit manger & qu'il étoit saisi de douleur, elle fit signe aux Nymphes. A l'instant on chanta le combat des Centaures avec les Lapithes, & la descente d'Orphée aux Enfers pour en retirer Euridice.

Quand le repas fut fini, la Déesse prit Telemaque, & lui parla ainsi: Vous voyez, Fils du grand Ulysse, avec quelle faveur je vous reçois: je suis immortelle; nul mortel ne peut entrer dans cette Isle, sans être puni de sa témerité; & vôtre naufrage même ne vous garantiroit pas de mon indignation, si d'ailleurs je ne vous aimois. Vôtre Pere a eu le même bonheur que vous : mais helas ! il n'a pas sçû en profiter. Je l'ai gardé longtems dans cette Isle, il n'a tenu qu'à lui d'y vivre avec moi dans un état immortel : mais l'aveugle passion de retourner dans sa miserable patrie, lui fit rejetter tous ces avantages. Vous voyez tout ce qu'il a perdu pour Ithaque qu'il n'a pu revoir. Il voulut me quitter, il partit, & je fus vangée par la tempête. Son vaisseau après avoir été longtems le jouet des vents, fut enseveli dans les ondes. Profitez d'un si triste exemple : après son naufrage vous n'avez plus rien à esperer, ni pour le revoir, ni pour regner jamais dans l'Isle d'Ithaque après lui ; consolez-vous de l'avoir perdu, puisque vous trouvez une Divinité prête à vous rendre heureux, & un Royaume qu'elle vous offre. La Déesse ajoûta à ces paroles de longs discours pour montrer combien Ulysse avoit été heureux auprès d'elle : elle raconta ses avantures dans la caverne du Cyclope Polypheme, & chez Antiphates Roi des Lestrigons : elle n'oublia pas ce qui lui étoit arrivé dans l'Isle de Circé, fille du Soleil, & les dangers qu'il avoit courus entre Scylle & Charybde. Elle representa la derniere tempête que Neptune avoit excitée contre lui, quand il partit d'auprès d'elle. Elle voulut faire entendre qu'il étoit peri dans ce naufrage, & elle supprima son arrivée dans l'Isle des Pheaciens. Telemaque qui s'étoit d'abord abandonné trop promptement à la joie d'être si bien traité de Calypso, reconnut enfin son artifice & la sagesse des conseils que Mentor venoit de lui donner : il répondit en peu de mots : O Déesse, pardonnez à ma douleur, maintenant je ne puis que m'affliger; peutêtre que dans la suite j'aurai plus de force pour goûter la fortune que vous m'offrez : laissez-moi en ce moment pleurer mon Pere, vous sçavez mieux que moi comme il mérite d'etre pleuré.

Calypso n'osa d'abord le presser davantage, elle feignit même d'entrer dans sa douleur, & de s'attendrir pour Ulysse: mais pour mieux connoître les moyens de toucher le cœur du jeune homme, elle lui demanda comment il avoit fait naufrage, & par quelles avantures il étoit sur ses côtes. Le recit de mes malheurs, dit-il, seroit trop long : Non, non, répondit-elle, il me tarde de les sçavoir, hâtez-vous de me les raconter; elle le pressa longtems. Enfin il ne put lui résister, & il parla ainsi :

J'étois parti d'Ithaque pour aller demander aux autres Rois revenus du siege de Troye, des nouvelles de mon Pere. Les amans de ma mere Penelope furent surpris de mon départ; j'avois pris soin de le leur cacher, connoissant leur perfidie. Nestor, que je vis à Pylos, ni Menelas qui me reçût avec amitié dans Lacedemone, ne pûrent m'apprendre si mon Pere étoit encore en vie. Lasse de vivre toûjours en suspens & dans l'incertitude, je me résolus d'aller dans la Sicile, où j'avois oui dire que mon Pere avoit été jetté par les vents. Mais le sage Mentor que vous voyez ici present, s'opposoit à ce temeraire dessein : il me representoit d'un côté les Cyclopes, Geants monstrueux qui dévorent les hommes; de l'autre la flote d'Enée & des Troyens qui étoient sur ces côtes. Ces Troyens, disoit-il, sont
animés

animés contre tous les Grecs : mais sur tout ils répandroient avec plaisir le sang du fils d'Ulysse. Retournez, continuoit-il, en Ithaque, peut-être que votre Pere, aimé des Dieux, y sera aussitôt que vous : mais si les Dieux ont résolu sa perte, s'il ne doit jamais revoir sa patrie, du moins il faut que vous alliez le venger, délivrer vôtre mere, montrer vôtre sagesse à tous les peuples, & faire voir en vous à toute la Grece un Roi aussi digne de régner que le fut jamais Ulysse lui-même. Ces paroles étoient salutaires, mais je n'étois pas assez prudent pour les écouter, je n'écoutai que ma passion ; le sage Mentor m'aima jusqu'à me suivre dans un voyage témeraire que j'entreprenois contre ses conseils ; & les Dieux permirent que je fisse une faute, qui devoit servir à me corriger de ma présomption.

Pendant que Telemaque parloit, Calypso regardoit Mentor ; elle étoit étonnée, elle croyoit sentir en lui quelque chose de divin ; mais elle ne pouvoit démêler ses pensées confuses : ainsi elle demeuroit pleine de crainte & de défiance à la vûe de cet inconnu ; alors elle apprehenda de laisser voir son trouble. Continuez, dit-elle à Telemaque, & satisfaites ma curiosité. Telemaque reprit ainsi :

Nous eumes assez longtems un vent favorable pour aller en Sicile, mais ensuite une noire tempête déroba le Ciel à nos yeux, & nous fûmes envelopez dans une profonde nuit. A la lueur des éclairs nous apperçûmes d'autres vaisseaux exposés au même péril, & nous reconnûmes bientôt que c'étoient les vaisseaux d'Enée ; ils n'étoient pas moins à craindre pour nous que les rochers. Alors je compris, mais trop tard, ce que l'ardeur d'une jeuneſſe imprudente m'avoit empêché de conſiderer attentivement. Mentor parut dans ce danger non-ſeulement ferme & intrépide, mais plus gai qu'à l'ordinaire : c'étoit lui qui m'encourageoit, je ſentois qu'il m'inſpiroit une force invincible : il donnoit tranquilement tous les ordres, pendant que le Pilote étoit troublé. Je lui diſois : Mon cher Mentor, pourquoi ai-je refuſé de ſuivre vos conſeils ? Ne ſuis-je pas malheureux d'avoir voulu me croire moi-même dans un âge où l'on n'a ni prévoyance de l'avenir, ni experience du paſſé, ni moderation pour ménager le preſent ? O ! ſi jamais nous échapons de cette tempête, je me défierai de moi-même comme de mon plus dangereux ennemi ; c'eſt vous, Mentor, que je croirai toûjours.

Mentor en ſoûriant me répondit : Je n'ai garde de vous reprocher la faute que vous avez faite, il ſuffit que vous la ſentiez & qu'elle vous ſerve à être une autrefois plus moderé dans vos deſirs. Mais quand le péril ſera paſſé, la préſomption reviendra peutêtre : maintenant il faut ſe ſoûtenir par le courage ; avant que de ſe jetter dans le péril, il faut le prévoir & le craindre : mais quand on y eſt, il ne reſte plus qu'à le mépriſer. Soyez donc le digne fils d'Ulyſſe, montrez un cœur plus grand que tous les maux qui vous menacent.

La douceur & le courage du ſage Mentor me charmérent : mais je fus encore bien plus ſurpris, quand je vis avec quelle

quelle adresse il nous délivra des Troyens. Dans le moment où le Ciel commençoit à s'éclaircir, & où les Troyens nous voyant de près, n'auroient pas manqué de nous reconnoître, il remarqua un de leurs vaisseaux qui étoit presque semblable au nôtre, & que la tempête avoit écarté, la poupe en étoit couronnée de certaines fleurs. Il se hâta de mettre sur nôtre poupe des couronnes de fleurs semblables, il les attacha lui-même avec des bandelettes de la même couleur que celle des Troyens. Il ordonna à tous nos Rameurs de se baisser le plus qu'ils pourroient le long de leurs bancs, pour n'être point reconnus des ennemis. En cet état nous passâmes au milieu de leur flote; ils poussèrent des cris de joie en nous voyant, comme en voyant les compagnons qu'ils avoient crus perdus: nous fûmes même contraints par la violence de la mer d'aller assez longtems avec eux. Enfin nous demeurâmes un peu derriere; & pendant que les vents impetueux les poussoient vers l'Afrique, nous fîmes les derniers efforts pour aborder à force de rames sur la côte voisine de Sicile.

Nous y arrivâmes en effet, mais ce que nous cherchions n'étoit guéres moins funeste que la flote qui nous faisoit fuir. Nous trouvâmes sur cette côte de Sicile d'autres Troyens ennemis des Grecs; c'étoit-là que régnoit le vieux Aceste sorti de Troye. A peine fûmes-nous arrivés sur ce rivage, que les habitans crurent que nous étions, ou d'autres peuples de l'Isle armez pour les surprendre, ou des étrangers qui venoient s'emparer de leurs terres. Ils brûlent nôtre vaisseau

seau dans le premier emportement, ils égorgent tous nos compagnons, ils ne réservent que Mentor & moi pour nous présenter à Aceste, afin qu'il pût sçavoir de nous quels étoient nos desseins, & d'où nous venions. Nous entrons dans la ville les mains liées derriere le dos,& nôtre mort n'étoit retardée que pour nous faire servir de spectacle à un peuple cruel, quand on sçauroit que nous étions Grecs.

On nous presenta d'abord à Aceste, qui tenant son sceptre d'or en main, jugeoit les peuples & se préparoit à un grand sacrifice. Il nous demanda d'un ton sévere quel étoit nôtre païs,& le sujet de nôtre voyage. Mentor se hâta de répondre, & lui dit : Nous venons des côtes de la grande Hesperie, & nôtre patrie n'est pas loin de-là, ainsi il évita de dire que nous étions Grecs. Mais Aceste sans l'écouter davantage, & nous prenant pour des étrangers qui cachoient leur dessein, ordonna qu'on nous envoyât dans une forest voisine, où nous servirions en esclaves sous ceux qui gouvernoient les troupeaux. Cette condition me parut plus dure que la mort. Je m'écriai : O Roi ! faites-nous mourir plûtôt que de nous traiter si indignement, sçachez que je suis Telemaque, fils du sage Ulysse, Roi des Ithaciens ; je cherche mon Pere dans toutes les mers : si je ne puis ni le trouver, ni retourner dans ma patrie, ni éviter la servitude, ôtez-moi la vie que je ne sçaurois supporter. A peine eus-je prononcé ces mots, que tout le peuple émû s'écria, qu'il faloit faire périr le fils de ce cruel Ulysse, dont les artifices avoient renversé la ville de Troye. O fils d'Ulysse, me dit Aceste,

Aceste, je ne puis refuser vôtre sang aux manes de tant de Troyens que vôtre Pere a précipités sur les rivages du noir Cocyte; vous & celui qui vous mene, vous périrez. En même tems un vieillard de la troupe proposa au Roi de nous immoler sur le tombeau d'Anchise. Leur sang, disoit-il, sera agréable à l'ombre de ce Heros, Enée même, quand il sçaura un tel sacrifice, sera touché de voir combien vous aimez ce qu'il avoit de plus cher au monde. Tout le peuple applaudit à cette proposition, & on ne songea plus qu'à nous immoler. Déja on nous menoit sur le tombeau d'Anchise; on y avoit dressé deux Autels, où le feu sacré étoit allumé; le glaive qui devoit nous percer étoit devant nos yeux; on nous avoit couronnés de fleurs, & nulle compassion ne pouvoit garantir nôtre vie; c'étoit fait de nous, quand Mentor demanda tranquilement à parler au Roi; il lui dit:

O Aceste, si le malheur du jeune Telemaque qui n'a jamais porté les armes contre les Troyens, ne peut vous toucher; du moins que vôtre propre interêt vous touche. La science que j'ai acquise des présages & de la volonté des Dieux, me fait connoître qu'avant que trois jours soient écoulés, vous serez attaqué par des peuples barbares qui viennent comme un torrent du haut des montagnes pour inonder vôtre ville, & pour ravager tout vôtre païs: hâtez-vous de les prévenir, mettez vos peuples sous les armes, & ne perdez pas un moment pour retirer au-dedans de vos murailles les riches troupeaux que vous avez dans la campagne: si ma prédiction est fausse, vous

serez

ferez libre de nous immoler dans trois jours : si au contraire elle est veritable, souvenez-vous qu'on ne doit pas ôter la vie à ceux de qui on la tient.

Aceste fut étonné de ces paroles que Mentor lui disoit avec une assurance qu'il n'avoit jamais trouvée en aucun homme. Je vois bien, répondit-il, ô étranger, que les Dieux qui vous ont si mal partagé pour tous les dons de la fortune, vous ont accordé une sagesse qui est plus estimable que toutes les prosperités. En même tems il retarda le sacrifice, & donna avec diligence les ordres nécessaires pour prévenir l'attaque dont Mentor l'avoit menacé: on ne voioit de tous côtés que des femmes tremblantes, des vieillards courbés, des petits enfans les larmes aux yeux qui se retiroient dans la Ville. Les bœufs mugissans & les brebis bélantes venoient en foule, quittant les gras pâturages, & ne pouvant trouver assez d'étables pour être mis à couvert. C'étoit de toutes parts des bruits confus de gens qui se poussoient les uns les autres, qui ne pouvoient s'entendre, qui prenoient dans ce trouble un inconnu pour leur ami, & qui couroient sans savoir où tendoient leurs pas. Mais les principaux de la Ville se croyant plus sages que les autres, s'imaginoient que Mentor étoit un imposteur qui avoit fait une fausse prédiction pour sauver sa vie.

Avant la fin du troisiéme jour, pendant qu'ils étoient pleins de ces pensées, on vit sur le panchant des montagnes voisines un tourbillon de poussiere; puis on apperçut une troupe innombrable de barbares armés:

més : c'étoient les Hymeriens, peuples feroces, avec les Nations qui habitent sur les monts Nebrodes, & sur le sommet d'Agragas, où regne un hyver que les Zephirs n'ont jamais adouci. Ceux qui avoient méprisé la prédiction de Mentor perdirent leurs esclaves & leurs troupeaux. Le Roi dit à Mentor : J'oublie que vous êtes des Grecs; nos ennemis deviennent nos amis fideles, les Dieux vous ont envoyés pour nous sauver; je n'attens pas moins de votre valeur que de la sagesse de vos conseils, hâtez-vous de nous secourir.

Mentor montre dans ses yeux une audace qui étonne les plus fiers combattans. Il prend un bouclier, un casque, une épée, une lance : il range les soldats d'Aceste, il marche à leur tête, & s'avance en bon ordre vers les ennemis. Aceste, quoique plein de courage, ne peut dans sa vieillesse le suivre que de loin : je le suis de plus près, mais je ne puis égaler sa valeur ; sa cuirasse ressembloit dans le combat à l'immortelle Egide. La mort couroit de rang en rang par tout sous ses coups. Semblable à un lion de Numidie que la cruelle faim devore, & qui entre dans un troupeau de foibles brebis, il déchire, il égorge, il nage dans le sang ; & les bergers loin de secourir le troupeau, fuyent tremblans pour se dérober à sa fureur.

Ces Barbares qui esperoient de surprendre la ville, furent eux-mêmes surpris & déconcertés. Les sujets d'Aceste animés par l'exemple & par les paroles de Mentor, eurent une vigueur dont ils ne se croyoient point capables : de ma lance je renversai le fils du Roi de ce peuple ennemi ; il étoit de mon âge, mais il étoit plus grand que moi: car ce peuple venoit d'une race de Geants, qui étoient de la même origine que les Cyclopes. Il méprisoit un ennemi aussi foible que moi : mais sans m'étonner de sa force prodigieuse, ni de son air sauvage & brutal, je poussai ma lance contre sa poitrine, & je lui fis vomir en expirant des torrens d'un sang noir. Il pensa m'écraser dans sa chûte; le bruit de ses armes retentit jusqu'aux montagnes : je pris ses dépouilles, & je revins trouver Aceste. Mentor ayant achevé de mettre les ennemis en desordre, les tailla en pieces, & poussa les fuyards jusques dans les forêts.

Un succès si inesperé fit regarder Mentor comme un homme cheri & inspiré des Dieux. Aceste touché de reconnoissance, nous avertit qu'il craignoit tout pour nous si les vaisseaux d'Enée revenoient en Sicile : il nous en donna un pour retourner sans retardement en notre païs, nous combla de presens, & nous pressa de partir pour prévenir tous les malheurs qu'il prévoyoit : mais il ne voulut nous donner ni un pilote, ni des rameurs de sa nation, de peur qu'ils ne fussent trop exposés sur les côtes de la Grece. Il nous donna des Marchands Pheniciens, qui étant en commerce avec tous les peuples du monde, n'avoient rien à craindre, & qui devoient ramener le vaisseau à Aceste quand ils nous auroient laissés en Ithaque. Mais les Dieux qui se jouent des desseins des hommes nous réservoient à d'autres dangers.

Fin du premier Livre.

LES

Liv 2.ᵉ

Telemaque rencontre Termosiris dans les deserts d'Egypte

LES AVANTURES DE TELEMAQUE, FILS D'ULYSSE.

LIVRE SECOND.

SOMMAIRE.

Telemaque raconte qu'il fut pris dans le vaisseau Tyrien par la flote de Sesostris, & emmené captif en Egypte. Il dépeint la beauté de ce païs & la sagesse du gouvernement de son Roi. Il ajoûte que Mentor fut envoyé esclave en Ethiopie: que lui-même Telemaque fut réduit à conduire un troupeau dans le desert d'Oasis: que Termosiris Prêtre d'Apollon le consola, en lui apprenant à imiter Apollon, qui avoit été autrefois Berger chez le Roi Admete: que Sesostris avoit enfin appris tout ce qu'il faisoit de merveilleux parmi les Bergers; qu'il l'avoit rappellé étant persuadé de son innocence, & lui avoit promis de le renvoyer à Ithaque: mais que la mort de ce Roi l'avoit replongé dans de nouveaux malheurs:

heurs : qu'on le mit en prison dans une tour sur le bord de la mer, d'où il vit le nouveau Roi Boccoris qui périt dans un combat contre ses Sujets révoltez & secourus par les Tyriens.

LEs Tyriens par leur fierté avoient irrité contre eux le Roi Sesostris qui régnoit en Egypte, & qui avoit conquis tant de Royaumes. Les richesses qu'ils ont acquises par le commerce & la force de l'imprenable ville de Tyr située dans la mer, avoient enflé le cœur de ces peuples : ils avoient refusé de payer à Sesostris le tribut qu'il leur avoit imposé en revenant de ses conquêtes, & ils avoient fourni des troupes à son frere, qui avoit voulu le massacrer à son retour au milieu des réjouissances d'un grand festin.

Sesostris avoit résolu pour abattre leur orgueil, de troubler leur commerce dans toutes les mers. Ses vaisseaux alloient de tous côtez cherchans les Pheniciens. Une Flote Egyptienne nous rencontra, comme nous commencions à perdre de vûe les montagnes de la Sicile ; le port & la terre sembloient fuir derriere nous & se perdre dans les nuës. En même tems nous voyons approcher les navires des Egyptiens semblables à une Ville flotante. Les Pheniciens les reconnurent, & voulurent s'en éloigner ; mais il n'étoit plus tems. Leurs voiles étoient meilleures que les nôtres, le vent les favorisoit ; leurs rameurs étoient en plus grand nombre : ils nous abordent, nous prennent, & nous emmenent prisonniers en Egypte.

Et

En vain je leur representai que nous n'etions pas Pheniciens ; à peine daignerent-ils m'écouter, ils nous regarderent comme des esclaves dont les Pheniciens trafiquoient, & ils ne songerent qu'au profit d'une telle prise. Déja nous remarquons les eaux de la mer qui blanchissent par le mêlange de celles du Nil, & nous voyons la côte d'Egypte presqu'aussi basse que la mer. Ensuite nous arrivons à l'Isle de Pharos, voisine de la ville de No. De-là nous remontons le Nil jusqu'à Memphis.

Si la douleur de notre captivité ne nous eût rendus insensibles à tous les plaisirs, nos yeux auroient été charmés de voir cette fertile terre d'Egypte semblable à un jardin délicieux arrosé d'un nombre infini de canaux. Nous ne pouvions jetter les yeux sur les deux rivages, sans appercevoir des villes opulentes, des maisons de campagne agréablement situées, des terres qui se couvroient tous les ans d'une moisson dorée sans se reposer jamais, des prairies pleines de troupeaux, des Laboureurs qui étoient accablés sous le poids des fruits que la terre épanchoit de son sein ; des Bergers qui faisoient repeter les doux sons de leurs flûtes & de leurs chalumeaux à tous les Echos d'alentour.

Heureux, disoit Mentor, le peuple qui est conduit par un sage Roi ! Il est dans l'abondance, il vit heureux, & aime celui à qui il doit tout son bonheur. C'est ainsi, ajoûtoit-il, ô Telemaque, que vous devez regner, & faire la joie de vos peuples, si jamais les Dieux vous font posseder le Royaume de votre pere: aimez vos peuples comme

vos

vos enfans, goûtez le plaisir d'être aimé d'eux, & faites qu'ils ne puissent jamais sentir la paix & la joie, sans se ressouvenir que c'est un bon Roi qui leur a fait ces riches presens. Les Rois qui ne songent qu'à se faire craindre & qu'à abattre leurs sujets pour les rendre plus soûmis, sont les fleaux du genre humain; ils sont craints comme ils le veulent être, mais ils sont haïs, détestés, & ils ont encore plus à craindre de leurs sujets, que leurs sujets n'ont à craindre d'eux.

Je répondois à Mentor : Helas il n'est pas question de songer aux maximes suivant lesquelles on doit regner. Il n'y a plus d'Ithaque pour nous, nous ne reverrons jamais ni notre patrie ni Penelope : & quand même Ulysse retourneroit plein de gloire dans son Royaume, il n'aura jamais la joie de m'y voir ; jamais je n'aurai celle de lui obeïr pour apprendre à commander. Mourons, mon cher Mentor, nulle autre pensée ne nous est plus permise : mourons, puisque les Dieux n'ont aucune pitié de nous.

En parlant ainsi, de profonds soûpirs entrecoupoient toutes mes paroles. Mais Mentor qui craignoit les maux avant qu'ils arrivassent, ne sçavoit plus ce que c'étoit que de les craindre dès qu'ils étoient arrivés. Indigne fils du sage Ulysse, s'écrioit-il ! Quoi donc vous vous laissez vaincre à votre malheur ! Sachez que vous reverrez un jour l'Isle d'Ithaque & Penelope. Vous verrez même dans sa premiere gloire celui que vous n'avez jamais connu : l'invincible Ulysse que la fortune ne peut abatre, & qui dans ses malheurs encore plus grands que

les

les vôtres, vous apprend à ne vous décourager jamais. O! s'il pouvoit apprendre dans les terres éloignées où la tempête l'a jetté, que son fils ne fait imiter ni sa patience ni son courage, cette nouvelle l'accableroit de honte, & lui seroit plus rude que tous les malheurs qu'il souffre depuis si longtems.

Ensuite Mentor me faisoit remarquer la joie & l'abondance répandue dans toute la campagne d'Egypte, où l'on comptoit jusqu'à vingt-deux mille Villes. Il admiroit la bonne police de ces Villes, la justice exercée en faveur du pauvre contre le riche, la bonne éducation des enfans qu'on accoûtumoit à l'obéïssance, au travail, à la sobrieté, à l'amour des arts, ou des lettres; l'exactitude pour toutes les ceremonies de la Religion, le desinteressement, le desir de l'honneur, la fidelité pour les hommes, & la crainte pour les Dieux, que chaque pere inspiroit à ses enfans. Il ne se lassoit point d'admirer ce bel ordre. Heureux, me disoit-il sans cesse, le peuple qu'un sage Roi conduit ainsi! mais encore plus heureux le Roi qui fait le bonheur de tant de peuples, & qui trouve le sien dans sa vertu! Il tient les hommes par un lien cent fois plus fort que celui de la crainte; c'est celui de l'amour. Non seulement on lui obéit, mais encore on aime à lui obéir. Il regne dans tous les cœurs; chacun, bien loin de vouloir s'en défaire, craint de le perdre, & donneroit sa vie pour lui.

Je remarquois ce que disoit Mentor, & je sentois renaître mon courage au fond de mon cœur, à mesure que ce sage ami me parloit. Aussitôt que nous fumes arrivés à Memphis ville opulente, & magnifique,

que, le Gouverneur ordonna que nous irions jusques à Thebes pour être presentés au Roi Sesostris, qui vouloit examiner les choses par lui-même, & qui étoit fort animé contre les Tyriens. Nous remontâmes donc encore le long du Nil, jusqu'à cette fameuse Thebes à cent portes, où habitoit ce grand Roi. Cette ville nous parut d'une étendue immense & plus peuplée que les plus florissantes Villes de la Grece. La police y est parfaite pour la propreté des rues, pour le cours des eaux, pour la commodité des bains, pour la culture des arts, & pour la sûreté publique. Les places sont ornées de fontaines & d'obelisque, les temples sont de marbre, & d'une architecture simple, mais majestueuse. Le Palais du Prince est lui seul comme une grande Ville, on n'y voit que colonnes de marbre, que pyramides, & obelisques, que statues colossales, que meubles d'or & d'argent massifs.

Ceux qui nous avoient pris, dirent au Roi que nous avions été trouvés dans un navire Phenicien. Il écoutoit chaque jour à certaines heures reglées tous ceux de ses Sujets qui avoient ou des plaintes à lui faire, ou des avis à lui donner. Il ne méprisoit ni ne rebutoit personne, & ne croioit être Roi que pour faire du bien à ses Sujets qu'il aimoit comme ses enfans. Pour les Etrangers, il les recevoit avec bonté, & vouloit les voir, parce qu'il croioit qu'on apprenoit toûjours quelque chose d'utile, en s'instruisant des mœurs & des manieres des peuples éloignés. Cette curiosité du Roi fit qu'on nous presenta à lui. Il étoit sur un trône d'yvoire, tenant en main un sceptre d'or : il étoit déja vieux, mais agréable, plein de douceur & de majesté ; il jugeoit tous les jours les peuples avec une patience & une sagesse qu'on admiroit sans flâterie. Après avoir travaillé toute la journée à regler les affaires, & à rendre une exacte justice, il se délassoit le soir à écouter des hommes savans, ou à converser avec les plus honnêtes gens qu'il savoit bien choisir pour les admettre dans sa familiarité. On ne pouvoit lui reprocher en toute sa vie, que d'avoir triomphé avec trop de faste des Rois qu'il avoit vaincus, & de s'être confié à un de ses sujets que je vous dépeindrai tout à l'heure. Quand il me vit, il fut touché de ma jeunesse, il me demanda ma patrie & mon nom : nous fumes étonnés de la sagesse qui parloit par sa bouche. Je lui répondis : O grand Roi ! vous n'ignorez pas le siege de Troye qui a duré dix ans, & sa ruïne qui a coûté tant de sang à toute la Grece : Ulysse mon pere a été un des principaux Rois qui ont ruiné cette ville. Il erre sur toutes les mers sans pouvoir retrouver l'Isle d'Ithaque qui est son Royaume : je le cherche, & un malheur semblable au sien, fait que j'ai été pris. Rendez-moi à mon pere & à ma patrie. Ainsi puissent les Dieux vous conserver à vos enfans, & leur faire sentir la joie de vivre sous un si bon pere.

Sesostris continuoit à me regarder d'un œil de compassion : mais voulant savoir si ce que je disois étoit vrai, il nous renvoya à un de ses Officiers qui fut chargé de s'informer de ceux qui avoient pris notre vaisseau, si nous étions effectivement ou Grecs ou Pheniciens. S'ils sont Pheniciens, dit le Roi,

Roi, il faut doublement les punir pour être nos ennemis, & plus encore pour avoir voulu nous tromper par un lâche mensonge. Si au contraire ils sont Grecs, je veux qu'on les traite favorablement, & qu'on les renvoye dans leur païs sur un de mes vaisseaux; car j'aime la Grece, plusieurs Egyptiens y ont donné des loix : je connois la vertu d'Hercule, la gloire d'Achille est parvenue jusqu'à nous, & j'admire ce qu'on m'a raconté de la sagesse du malheureux Ulysse : mon plaisir est de secourir la vertu malheureuse.

L'Officier auquel le Roi renvoya l'examen de nôtre affaire, avoit l'ame aussi corrompue & aussi artificieuse que Sesostris étoit sincere & genereux. Cet Officier se nommoit Metophis ; il nous interrogea pour tâcher de nous surprendre : & comme il vit que Mentor répondoit avec plus de sagesse que moi, il le regarda avec aversion & avec défiance ; car les méchans s'irritent contre les bons. Il nous sépara : & depuis ce tems-là je ne sçus point ce qu'étoit devenu Mentor. Cette séparation fut un coup de foudre pour moi. Metophis esperoit toûjours qu'en nous questionnant séparément, il pourroit nous faire dire des choses contraires : sur tout il croyoit m'éblouir par ses promesses flâteuses, & me faire avouer ce que Mentor lui auroit caché. Enfin il ne cherchoit pas de bonne foi la verité, mais il vouloit trouver quelque pretexte de dire au Roi que nous étions Pheniciens, pour nous faire ses esclaves. En effet, malgré nôtre innocence, & malgré la sagesse du Roi, il trouva le moyen de le tromper. Helas ! à quoi les Rois sont-ils exposés ? Les plus sages

ges même sont souvent surpris. Des hommes artificieux & interessés les environnent; les bons se retirent, parce qu'ils ne sont ni empressés ni flateurs: les bons attendent qu'on les cherche, & les Princes ne savent guéres les aller chercher. Au contraire, les méchans sont hardis, trompeurs, empressés à s'insinuer & à plaire, adroits à dissimuler, prêts à tout faire contre l'honneur & la conscience pour contenter les passions de celui qui regne. O! qu'un Roi est malheureux d'être exposé aux artifices des méchans! il est perdu s'il ne repousse la flaterie, & s'il n'aime ceux qui disent hardiment la verité. Voilà les reflexions que je faisois dans mon malheur, & je rappellois tout ce que j'avois oui dire à Mentor.

Cependant Metophis m'envoia vers les montagnes du desert d'Oasis avec ses esclaves, afin que je servisse avec eux à conduire ses grands troupeaux. En cet endroit Calypso interrompit Telemaque, disant: Eh bien! que fîtes-vous alors, vous qui aviez préferé en Sicile la mort à la servitude? Telemaque répondit: Mon malheur croissoit toûjours, je n'avois plus la miserable consolation de choisir entre la servitude & la mort: il falut être esclave, & épuiser, pour ainsi dire, toutes les rigueurs de la fortune; il ne me restoit plus aucune esperance, & je ne pouvois pas même dire un mot pour travailler à me délivrer. Mentor m'a dit depuis qu'on l'avoit vendu à des Ethiopiens, & qu'il les avoit suivis en Ethiopie.

Pour moi j'arrivai dans des deserts affreux. On y voit des sables brûlans au milieu des plaines, des neiges qui ne fondent jamais, &

qui font un hyver perpetuel sur le sommet des montagnes : & on trouve seulement pour nourrir les troupeaux des pâturages parmi des rochers. Vers le milieu du penchant de ces montagnes escarpées, les vallées y sont si profondes, qu'à peine le Soleil y peut faire luire ses rayons.

Je ne trouvai d'autres hommes dans ce pays, que des Bergers aussi sauvages que le pays même. Là je passois les nuits à déplorer mon malheur, & les jours à suivre un troupeau, pour éviter la fureur brutale d'un premier esclave, qui esperant d'obtenir sa liberté, accusoit sans cesse les autres, pour faire valoir à son maître son zele & son attachement à ses interêts. Cet esclave se nommoit Butis : je devois succomber dans cette occasion ; la douleur me pressant, j'oubliai un jour mon troupeau, & je m'étendis sur l'herbe auprès d'une caverne où j'attendois la mort, ne pouvant plus supporter mes peines. En ce moment je remarquai que toute la montagne trembloit, les chênes & les pins sembloient descendre du sommet de la montagne, les vents retenoient leurs haleines : une voix mugissante sortit de la caverne, & me fit entendre ces paroles : Fils du sage Ulysse, il faut que tu deviennes comme lui, grand par la patience. Les Princes qui ont toûjours été heureux, ne sont guére dignes de l'être, la molesse les corrompt, l'orgueil les enyvre. Que tu seras heureux, si tu surmontes tes malheurs, & si tu ne les oublies jamais ! Tu reverras Ithaque, & ta gloire montera jusqu'aux astres. Quand tu seras le maître des autres hommes, souviens-toi que tu as été foible, pauvre & souffrant

com-

comme eux : prens plaisir à les soulager, aime ton peuple, déteste la flaterie, & sache que tu ne seras grand qu'autant que tu seras moderé & courageux pour vaincre tes passions.

Ces paroles divines entrèrent jusqu'au fond de mon cœur, elles y firent renaître la joie & le courage ; je ne sentis point cette horreur qui fait dresser les cheveux sur la tête, & qui glace le sang dans les veines, quand les Dieux se communiquent aux mortels. Je me levai tranquile, j'adorai à genoux, les mains levées vers le Ciel, Minerve à qui je crus devoir cet oracle. En même tems je me trouvai un nouvel homme ; la sagesse éclairoit mon esprit, je sentois une douce force pour moderer toutes mes passions, & pour arrêter l'impetuosité de ma jeunesse. Je me fis aimer de tous les Bergers du desert ; ma douceur, ma patience, mon exactitude appaiserent enfin le cruel Butis, qui étoit en autorité sur les autres esclaves, & qui avoit voulu d'abord me tourmenter.

Pour mieux supporter l'ennui de la captivité & de la solitude, je cherchai des livres, car j'étois accablé de tristesse, faute de quelque instruction qui pût nourrir mon esprit, & le soûtenir. Heureux, disois-je, ceux qui se dégoutent des plaisirs violens, & qui savent se contenter des douceurs d'une vie innocente ! Heureux ceux qui se divertissent en s'instruisant, & qui se plaisent à cultiver leur esprit par les sciences ! En quelque endroit que la fortune ennemie les jette, ils portent toûjours avec eux dequoi s'entretenir ; & l'ennui qui dévore les autres hommes

mes au milieu même des délices, est inconnu à ceux qui savent s'occuper par quelque lecture. Heureux ceux qui aiment à lire, & qui ne sont point comme moi privés de la lecture. Pendant que ces pensées rouloient dans mon esprit, je m'enfonçai dans une sombre forêt, où j'apperçûs tout-à-coup un vieillard qui tenoit un livre à la main. Ce vieillard avoit un grand front chauve, & un peu ridé, une barbe blanche pendoit jusqu'à sa ceinture, sa taille étoit haute & majestueuse, son teint étoit encore frais & vermeil, les yeux vifs & perçans, sa voix douce, ses paroles simples & aimables. Jamais je n'ai vu un si venerable vieillard : il s'appelloit Termosiris, il étoit Prêtre d'Apollon, qu'il servoit dans un Temple de marbre que les Rois d'Egypte avoient consacré au Dieu dans cette forêt. Le livre qu'il tenoit étoit un recueil d'Hymnes en l'honneur des Dieux. Il m'aborde avec amitié, nous nous entretenons : il racontoit si bien les choses passées, qu'on croioit les voir ; mais il les racontoit courtement, & jamais ses histoires ne m'ont lassé : il prévoioit l'avenir par la profonde sagesse qui lui faisoit connoître les hommes, & les desseins dont ils sont capables. Avec tant de prudence, il étoit gai, complaisant, & la jeunesse la plus enjouée n'a point autant de grace qu'en avoit cet homme dans une vieillesse si avancée : aussi aimoit-il les jeunes gens, lorsqu'ils étoient dociles, & qu'ils avoient le goût de la vertu.

Bientôt il m'aima tendrement, & me donna des livres pour me consoler : il m'appelloit son fils. Je lui disois souvent : Mon pere, les Dieux qui m'ont ôté Mentor, ont eu pitié

pitié de moi, ils m'ont donné en vous un autre soûtien. Cet homme semblable à Orphée ou à Linus, étoit sans doute inspiré des Dieux. Il me recitoit les vers qu'il avoit faits, & me donnoit ceux de plusieurs excellens Poëtes favorisés des Muses. Lorsqu'il étoit revêtu de sa longue robe d'une éclatante blancheur, & qu'il prenoit en main sa lyre d'yvoire, les tigres, les ours, les lions venoient le flater & lecher ses pieds. Les Satires sortoient des forêts pour danser autour de lui: les arbres mêmes paroissoient émus, & vous auriez cru que les rochers attendris alloient descendre du haut des montagnes aux charmes de ses doux accens, il ne chantoit que la grandeur des Dieux, la vertu des Heros & la sagesse des hommes qui préferent la gloire aux plaisirs.

Il me disoit souvent que je devois prendre courage, & que les Dieux n'abandonneroient ni Ulysse, ni son fils. Enfin il m'assura que je devois, à l'exemple d'Apollon, enseigner aux Bergers à cultiver les Muses. Apollon, disoit-il, indigné de ce que Jupiter par ses foudres troubloit le Ciel dans les plus beaux jours, voulut s'en venger sur les Cyclopes qui forgeoient les foudres, & les perça de ses fleches. Aussitôt le Mont-Etna cessa de vomir des tourbillons de flâmes, on n'entendit plus les coups des terribles marteaux qui frappant l'enclume, faisoient gémir les cavernes de la terre, & les abîmes de la mer. Le fer & l'airain n'étant plus polis par les Cyclopes, commençoient à se rouiller. Vulcain furieux sort de sa fournaise; quoique boiteux, il monte en diligence vers l'Olympe, il arrive suant & couvert de poussiere sière dans l'assemblée des Dieux, il fait des plaintes ameres. Jupiter s'irrite contre Apollon, le chasse du Ciel & le précipite sur la terre. Son char vuide faisoit de lui-même son cours ordinaire, pour donner aux hommes les jours & les nuits avec le changement regulier des saisons. Apollon dépouillé de tous ses rayons, fut contraint de se faire Berger, & de garder les troupeaux du Roi Admete. Il jouoit de la flute, & tous les autres Bergers venoient à l'ombre des ormeaux sur le bord d'une claire fontaine écouter ses chansons. Jusques-là ils avoient mené une vie sauvage & brutale, ils ne savoient que conduire leurs brebis, les tondre, traire leur lait, & faire des fromages: toute la campagne étoit comme un desert affreux.

Bientôt Apollon montra à tous les Bergers les arts qui peuvent rendre leur vie agréable. Il chantoit les fleurs dont le Printems se couronne, les parfums qu'il répand, & la verdure qui naît sous ses pas. Puis il chantoit les delicieuses nuits de l'Eté, où les Zephirs rafraîchissent les hommes, & où la rosée desaltere la terre. Il mêloit aussi dans ses chansons les fruits dorés dont l'Automne récompense les travaux des Laboureurs, & le repos de l'hiver pendant lequel la jeunesse folâtre danse auprès du feu. Enfin il representoit les forêts sombres qui couvrent les montagnes & les creux vallons, où les rivieres font mille détours au milieu des riantes prairies. Il apprit ainsi aux Bergers quels sont les charmes de la vie champêtre, quand on sait goûter ce que la simple nature a de gracieux. Bientôt les Bergers avec leurs flutes se virent plus heureux que les Rois, & leurs cabanes

atti-

attiroient en foule les plaisirs purs qui fuïent les Palais dorez. Les jeux, les ris, les graces, suivoient par tout les innocentes Bergeres. Tous les jours étoient des Fêtes : on n'entendoit plus que le gazouillement des oiseaux, ou la douce haleine des Zephirs qui se jouoient dans les rameaux des arbres, ou le murmure d'une onde claire qui tomboit de quelque rocher, ou les chansons que les Muses inspiroient aux Bergers qui suivoient Apollon. Ce Dieu leur enseignoit à remporter le prix de la course, & à percer de fleches les daims & les cerfs : les Dieux mêmes devinrent jaloux des Bergers ; cette vie leur parut plus douce que toute leur gloire, & ils rappellérent Apollon dans l'Olympe.

Mon fils, cette Histoire doit vous instruire, puisque vous êtes dans l'état où fut Apollon, défrichez cette terre sauvage, faites fleurir comme lui le desert, apprenez à tous ces Bergers quels sont les charmes de l'harmonie : adoucissez les cœurs farouches, montrez-leur l'aimable vertu, faites-leur sentir combien il est doux de jouir dans la solitude des plaisirs innocens que rien ne peut ôter aux Bergers. Un jour, mon fils, un jour, les peines & les soucis cruels qui environnent les Rois vous feront regreter sur le trône la vie pastorale.

Ayant ainsi parlé, Termosiris me donna une flute si douce, que les échos de ces montagnes qui la firent entendre de tous côtés, attirérent bientôt autour de moi tous les Bergers voisins. Ma voix avoit une harmonie divine : je me sentois émû, & comme hors de moi-même pour chanter les graces dont la nature a orné la campagne. Nous sions les jours entiers & une partie des nuits à chanter ensemble. Tous les Bergers oubliant leurs cabanes & leurs troupeaux étoient suspendus & immobiles autour de moi pendant que je leur donnois des leçons; il sembloit que ces deserts n'eussent plus rien de sauvage, tout y étoit doux & riant: la politesse des habitans sembloit adoucir la terre.

Nous nous assemblions souvent pour offrir des sacrifices dans ce Temple d'Apollon, où Termosiris étoit Prêtre: les Bergers y alloient couronnés de lauriers en l'honneur du Dieu. Les Bergeres y alloient aussi en dansant avec des couronnes de fleurs, & portant sur leurs têtes dans des corbeilles les dons sacrés. Après le sacrifice nous faisions un festin champêtre, nos plus doux mets étoient le lait de nos chévres & de nos brebis, que nous avions soin de traire nous-mêmes, avec les fruits fraichement cueillis de nos propres mains, tels que les dattes, les figues, & les raisins: nos sieges étoient les gazons, nos arbres touffus nous donnoient une ombre plus agreable que les lambris dorés des Palais des Rois.

Mais ce qui acheva de me rendre fameux parmi nos Bergers, c'est qu'un jour un lion affamé vint se jetter sur mon troupeau: deja il commençoit un carnage affreux; je n'avois en main que ma houlette: je m'avance hardiment, le lion herisse sa criniere, me montre ses dents & ses griffes, ouvre une gueule seche & enflâmée, ses yeux paroissoient pleins de sang & de feu, il bat ses flancs avec sa longue queue, je le terrasse: la petite cotte de mailles dont j'étois revêtu

selon

selon la coûtume des Bergers d'Egypte, l'empêcha de me déchirer, trois fois je l'abbatis, trois fois il se releva : il poussoit des rugissemens qui faisoient retentir toutes les forests. Enfin je l'étouffai entre mes bras, & les Bergers témoins de ma victoire voulurent que je me revêtisse de la peau de ce terrible animal.

Le bruit de cette action, & celui du beau changement de tous nos Bergers se répandit dans toute l'Egypte, il parvint même jusqu'aux oreilles de Sesostris. Il sçut qu'un de ces deux captifs, qu'on avoit pris pour des Pheniciens, avoit ramené l'âge d'or dans ses deserts presque inhabitables. Il voulut me voir, car il aimoit les Muses ; & tout ce qui peut instruire les hommes, touchoit son grand cœur. Il me vit, il m'écouta avec plaisir, & découvrit que Metophis l'avoit trompé par avarice : il le condamna à une prison perpetuelle, & lui ôta toutes les richesses qu'il possedoit injustement. O! qu'on est malheureux, disoit-il, quand on est au-dessus du reste des hommes : souvent on ne peut voir la verité par ses propres yeux ; on est environné de gens qui l'empêchent d'arriver jusqu'à celui qui commande ; chacun est interessé à le tromper : chacun sous une apparence de zele cache son ambition. On fait semblant d'aimer le Roi, & on n'aime que les richesses qu'il donne : on l'aime si peu, que pour obtenir ses faveurs on le flate & on le trahit.

Ensuite Sesostris me traita avec une tendre amitié, & résolut de me renvoyer en Ithaque avec des vaisseaux & des troupes, pour délivrer Penelope de tous ses amans.

La

La flote étoit déja prête, nous ne songions qu'à nous embarquer. J'admirois les coups de la fortune, qui releve tout à coup ceux qu'elle a le plus abaissés. Cette experience me faisoit esperer qu'Ulysse pourroit bien revenir enfin dans son Royaume après quelque longue souffrance. Je pensois aussi en moi-même que je pourrois encore revoir Mentor, quoiqu'il eut été emmené dans les païs les plus inconnus de l'Ethiopie. Pendant que je retardois un peu mon départ, pour tâcher d'en savoir des nouvelles, Sesostris qui étoit fort âgé, mourut subitement, & sa mort me replongea dans de nouveaux malheurs.

Toute l'Egypte parut inconsolable de cette perte ; chaque famille croyoit avoir perdu son meilleur ami, son protecteur, son pere. Les vieillards levant les mains au Ciel, s'écrioient : Jamais l'Egypte n'eut un si bon Roi, jamais elle n'en aura de semblable. O Dieux ! il faloit ou ne le montrer pas aux hommes, ou ne le leur ôter jamais ; pourquoi faut-il que nous survivions au grand Sesostris ? Les jeunes gens disoient : L'esperance de l'Egypte est détruite, nos peres ont été heureux de passer leur vie sous un si bon Roi : pour nous, nous ne l'avons vû que pour sentir sa perte. Ses domestiques pleuroient nuit & jour. Quand on fit les funerailles du Roi, pendant quarante jours les peuples les plus reculés y accouroient en foule. Chacun vouloit voir encore une fois le corps de Sesostris : chacun vouloit en conserver l'image. Plusieurs vouloient être mis avec lui dans le tombeau.

Ce qui augmenta encore la douleur de sa perte, c'est que son fils Bocchoris n'avoit ni humanité pour les étrangers, ni curiosité pour les sciences, ni estime pour les hommes vertueux, ni amour pour la gloire. La grandeur de son pere avoit contribué à le rendre si indigne de regner : il avoit été nourri dans la molesse & dans une fierté brutale, il comptoit pour rien les hommes, croyant qu'ils n'étoient faits que pour lui, & qu'il étoit d'une autre nature qu'eux. Il ne songeoit qu'à contenter ses passions, qu'à dissiper les tresors immenses que son pere avoit ménagez avec tant de soin, qu'à tourmenter les peuples & qu'à succer le sang des malheureux ; enfin qu'à suivre le conseil flateur des jeunes insensez qui l'environnoient, pendant qu'il écartoit avec mépris tous les sages vieillards qui avoient eu la confiance de son pere. C'étoit un monstre, & non pas un Roi ; toute l'Egypte gémissoit : & quoique le nom de Sesostris, si cher aux Egyptiens, leur fît supporter la conduite lâche & cruelle de son fils, le fils couroit à sa perte, & un Prince si indigne du trône ne pouvoit longtems regner.

Il ne me fut plus permis d'esperer mon retour en Ithaque ; je demeurai dans une tour sur le bord de la mer auprès de Peluse, où notre embarquement devoit se faire, si Sesostris ne fut pas mort. Metophis avoit eu l'adresse de sortir de prison & de se rétablir auprès du nouveau Roi ; il m'avoit fait renfermer dans cette tour pour se venger de la disgrace que je lui avois causée. Je passois les jours & les nuits dans une profonde tristesse; tout ce que Termosiris m'avoit prédit,

& tout ce que j'avois entendu dans la caverne, ne me paroissoit plus qu'un songe. J'étois abîmé dans la plus amere douleur. Je voyois les vagues qui venoient battre le pied de la tour où j'étois prisonnier. Souvent je m'occupois à considerer des vaisseaux agités par la tempête, qui étoient en danger d'être brisés contre les rochers sur lesquels la tour étoit bâtie. Loin de plaindre ces hommes menacés du naufrage, j'enviois leur sort. Bientôt, disois-je à moi même, ils finiront les malheurs de leur vie, ou ils arriveront en leur païs. Helas ! je ne puis esperer ni l'un ni l'autre.

Pendant que je me consumois ainsi en regrets inutiles, j'apperçûs comme une forest de mats de vaisseaux. La mer étoit couverte de voiles que les vents enfloient ; l'onde étoit écumante sous les rames inombrables. J'entendois de toutes parts des cris confus : j'appercevois sur le rivage une partie des Egyptiens effrayés qui couroient aux armes, & d'autres qui sembloient aller au devant de cette flote qu'on y voyoit arriver. Bientôt je reconnus que ces vaisseaux étrangers étoient les uns de Phenicie, & les autres de l'Isle de Cypre ; car mes malheurs commençoient à me rendre experimenté sur ce qui regarde la navigation. Les Egyptiens me parurent divisés entre eux. Je n'eus aucune peine à croire que l'insensé Bocchoris avoit par ses violences causé une révolte de ses sujets & allumé la guerre civile ; je fus du haut de cette tour spectateur d'un sanglant combat.

Les Egyptiens qui avoient appellé à leur secours les étrangers, après avoir favorisé leur

leur descente, attaquérent les autres Egyptiens qui avoient le Roi à leur tête. Je voyois ce Roi qui animoit les siens par son exemple, il paroissoit comme le Dieu Mars, des ruisseaux de sang couloient autour de lui; les roues de son char étoient teintes d'un sang noir, épais & écumant, à peine pouvoient-elles passer sur des tas de corps morts écrasés. Ce jeune Roi bien fait, vigoureux, d'une mine haute & fiere, avoit dans ses yeux la fureur & le desespoir; il étoit comme un beau cheval qui n'a point de bouche : son courage le poussoit au hazard, & la sagesse ne moderoit pas sa valeur. Il ne savoit ni moderer ses fautes, ni donner des ordres précis, ni prévoir les maux qui le menaçoient, ni ménager les gens dont il avoit le plus grand besoin. Ce n'étoit pas qu'il manquât de génie, ses lumieres égaloient son courage, mais il n'avoit jamais été instruit par la mauvaise fortune. Ses Maîtres avoient empoisonné par la flaterie son beau naturel. Il étoit enyvré de sa puissance & de son bonheur; il croyoit que tout devoit ceder à ses desirs fougueux. La moindre résistance enflâmoit sa colere, alors il ne raisonnoit plus, il étoit comme hors de lui-même, son orgueil furieux en faisoit une bête farouche; sa bonté naturelle, & sa droite raison l'abandonnoient en un instant; ses plus fideles serviteurs étoient réduits à s'enfuir : il n'aimoit plus que ceux qui flatoient ses passions. Ainsi il prenoit toûjours des partis extrêmes contre ses véritables interests, & il forçoit tous les gens de bien à détester sa folle conduite. Longtems sa valeur le soûtint contre la multitude de ses ennemis,

mais

mais enfin il fut accablé ; je le vis périr, le dard d'un Phenicien perça sa poitrine, les rênes lui échapérent des mains, il tomba de son char sous les pieds des chevaux. Un soldat de l'Isle de Cypre lui coupa la tête, & la prenant par les cheveux, il la montra comme en triomphe à toute l'armée victorieuse. Je me souviendrai toute ma vie d'avoir vu cette tête qui nageoit dans le sang, les yeux fermez & éteints, ce visage pâle & défiguré, cette bouche entrouverte, qui sembloit vouloir encore achever des paroles commencées, cet air superbe & menaçant, que la mort même n'avoit pu effacer. Toute ma vie il sera peint devant mes yeux ; & si jamais les Dieux me faisoient regner, je n'oublierois point après un si funeste exemple, qu'un Roi n'est digne de commander, & n'est heureux dans sa puissance, qu'autant qu'il la soumet à la raison. Eh ! quel malheur pour un homme destiné à faire le bonheur public, de n'être le maître de tan d'hommes que pour les rendre malheureux !

Fin du second Livre.

Liv. 3.^e

Telemaque s'instruit du Commerce des Tyriens.

LES AVANTURES DE TELEMAQUE, FILS D'ULYSSE.
LIVRE TROISIEME.

SOMMAIRE.

Telemaque raconte que le successeur de Bocchoris rendant tous les prisonniers Tyriens, lui-même Telemaque fut emmené à Tyr sur le vaisseau de Narbal qui commandoit la flote Tyrienne; que Narbal lui dépeignit Pygmalion leur Roi, dont il faloit craindre la cruelle avarice: qu'ensuite il avoit été instruit par Narbal sur les regles du commerce de Tyr, & qu'il alloit s'embarquer sur un vaisseau Cyprien pour aller par l'Isle de Cypre en Ithaque, quand Pygmalion découvrit qu'il étoit Etranger, & voulut le faire prendre: qu'alors il étoit sur le point de périr; mais qu'Astarbé maitresse du Tyran l'avoit sauvé, pour faire mourir en sa place un jeune homme, dont le mépris l'avoit irritée.

CALYPSO écoutoit avec étonnement des paroles si sages. Ce qui la charmoit le plus étoit de voir que Telemaque racontoit ingenue-

ingenuement les fautes qu'il avoit faites par précipitation, & en manquant de docilité pour le sage Mentor; elle trouvoit une noblesse & une grandeur étonnante dans ce jeune homme, qui s'accusoit lui-même, & qui paroissoit avoir si bien profité de ses imprudences pour se rendre sage, prévoiant, & moderé. Continuez, dit-elle, mon cher Telemaque, il me tarde de savoir comment vous sortîtes de l'Egypte, & où vous avez retrouvé le sage Mentor, dont vous avez senti la perte avec tant de raison.

Telemaque reprit ainsi son discours: Les Egyptiens les plus vertueux & les plus fideles au Roi, étant les plus foibles, & voyant le Roi mort, furent contraints de ceder aux autres: on établit un autre Roi nommé Termutis. Les Pheniciens avec les troupes de l'Isle de Cypre se retirérent après avoir fait alliance avec le nouveau Roi. Celui-ci rendit tous les prisonniers Pheniciens, je fus compté comme étant de ce nombre. On me fit sortir de la tour, je m'embarquai avec les autres, & l'esperance commença à reluire au fond de mon cœur. Un vent favorable remplissoit déja nos voiles, les rameurs fendoient les ondes écumantes, la vaste mer étoit couverte de navires, les mariniers poussoient des cris de joie, les rivages d'Egypte s'enfuyoient loin de nous, les collines & les montagnes s'aplanissoient peu à peu. Nous cómencions à ne voir plus que le ciel & l'eau, pendant que le Soleil qui se levoit sembloit faire sortir de la mer ses feux étincelans; ses rayons doroient le sommet des montagnes que nous découvrions encore un peu sur l'horison, & tout le Ciel peint d'un

sombre

sombre azur nous promettoit une heureuse navigation.

Quoiqu'on m'eût renvoié comme étant Phenicien, aucun des Pheniciens avec qui j'étois, ne me connoissoit. Narbal qui commandoit dans le vaisseau où l'on me mit, me demanda mon nom & ma patrie. De quelle ville de Phenicie êtes-vous, me dit-il ? Je ne suis point de Phenicie, lui dis-je, mais les Egyptiens m'avoient pris sur la mer dans un vaisseau de Phenicie ; j'ai demeuré captif en Egypte comme un Phenicien, c'est sous ce nom que j'ai longtems souffert ; c'est sous ce nom que l'on m'a délivré. De quel pays êtes-vous donc, reprit alors Narbal. Je lui parlai ainsi : Je suis Telemaque fils d'Ulysse, Roi d'Ithaque en Grece ; mon pere s'est rendu fameux entre tous les Rois qui ont assiégé la ville de Troye : mais les Dieux ne lui ont pas accordé de revoir sa patrie. Je l'ai cherché en plusieurs pays, la fortune me persecute comme lui ; vous voiez un malheureux qui ne soupire qu'après le bonheur de retourner parmi les siens, & de retrouver son pere.

Narbal me regardoit avec étonnement, & il crut appercevoir en moi je ne sai quoi d'heureux qui vient des dons du Ciel, & qui n'est point dans le commun des hommes. Il étoit naturellement sincere & genereux, il fut touché de mon malheur, & me parla avec une confiance que les Dieux lui inspirerent pour me sauver d'un grand péril.

Telemaque, je ne doute point, me dit-il, de ce que vous me dites, & je ne saurois en douter ; la douceur & la vertu peintes sur votre visage, ne me permettent pas de me défier

défier de vous. Je sens même que les Dieux que j'ai toûjours servis, vous aiment, & qu'ils veulent que je vous aime aussi comme si vous étiez mon fils ; je vous donnerai un conseil salutaire, & pour récompense je ne vous demande que le secret. Ne craignez point, lui dis-je, que j'aie aucune peine à me taire sur les choses que vous voudrez me confier. Quoique je sois si jeune, j'ai déja vieilli dans l'habitude de ne dire jamais mon secret, & encore plus de ne trahir jamais sous aucun prétexte le secret d'autrui. Comment avez-vous pu, me dit-il, vous accoutumer au secret dans une si grande jeunesse ? je serai ravi d'apprendre par quel moien vous avez acquis cette qualité, qui est le fondement de la plus sage conduite, & sans laquelle tous les talens sont inutiles ?

Quand Ulysse, lui dis-je, partit pour aller au siège de Troye, il me prit sur ses genoux & entre ses bras (c'est ainsi qu'on me l'a raconté) après m'avoir baisé tendrement, il me dit ces paroles, quoique je ne pusse les entendre. O mon fils ! que les Dieux me préservent de te revoir jamais; que plûtôt le ciseau de la Parque tranche le fil de tes jours lorsqu'il est à peine formé, de même que le moissonneur tranche de sa faux une tendre fleur qui commence à éclore; que mes ennemis te puissent écraser aux yeux de ta mere & aux miens, si tu dois un jour te corrompre & abandonner la vertu. O ! mes amis, continua-t-il, je vous laisse ce fils qui m'est si cher, aiez soin de son enfance; si vous m'aimez, éloignez de lui la pernicieuse flaterie, enseignez-lui à se vaincre, qu'il soit comme un jeune arbrisseau encore tendre,
qu'on

LIVRE III.

qu'on plie pour le redresser. Surtout n'oubliez rien pour le rendre juste, bienfaisant, sincere & fidele à garder le secret. Quiconque est capable de mentir, est indigne d'être compté au nombre des hommes; & quiconque ne sait pas se taire, est indigne de gouverner.

Je vous rapporte ces paroles, parce qu'on a eu soin de me les répéter souvent, & qu'elles ont pénétré jusqu'au fond de mon cœur. Je me les redis souvent à moi-même. Les amis de mon pere eurent soin de m'exercer de bonne heure au secret. J'étois encore dans la plus tendre enfance, & ils me confioient déja toutes les peines qu'ils ressentoient, voiant ma mere exposée à un grand nombre de temeraires qui vouloient l'épouser. Ainsi on me traitoit deslors comme un homme raisonnable & seur. On m'entretenoit secretement des plus grandes affaires; on m'instruisoit de ce qu'on avoit résolu pour écarter les prétendans. J'étois ravi qu'on eût en moi cette confiance, par-là je me croiois déja un homme fait. Jamais je n'en ai abusé, jamais il ne m'est échapé une seule parole qui pût découvrir le moindre secret, souvent les prétendans tâchoient de me faire parler, esperant qu'un enfant qui auroit vu ou entendu quelque chose d'important, ne sauroit pas se retenir. Mais je savois bien leur répondre sans mentir, & sans leur apprendre ce que je ne devois point dire.

Alors Narbal me dit: Vous voiez, Telemaque, la puissance des Pheniciens, ils sont redoutables à toutes les Nations voisines par leurs innombrables vaisseaux. Le commerce qu'ils font jusqu'aux Colomnes d'Hercule,

leur

leur donne des richesses qui surpassent celles des peuples les plus florissans. Le grand Roi Sesostris, qui n'auroit jamais pu les vaincre par mer, eut bien de la peine à les vaincre par terre avec ses armées qui avoient conquis tout l'Orient; il nous imposa un tribut que nous n'avons pas long-tems payé. Les Pheniciens se trouvoient trop riches & trop puissans pour porter patiemment le joug de la servitude. Nous reprimes notre liberté. La mort ne laissa pas à Sesostris le tems de finir la guerre contre nous. Il est vrai que nous avions tout à craindre de sa sagesse encore plus que de sa puissance: mais sa puissance passant entre les mains de son fils, dépourvu de toute sagesse, nous conclûmes que nous n'avions plus rien à craindre. En effet, les Egyptiens, bien loin de rentrer les armes à la main dans nôtre pays pour nous subjuguer encore une fois, ont été contraints de nous appeller à leur secours pour les délivrer de ce Roi impie & furieux. Nous avons été leurs liberateurs. Quelle gloire ajoûtée à la liberté & à l'opulence des Pheniciens!

Mais pendant que nous délivrons les autres, nous sommes esclaves nous-mêmes. O Telemaque! craignez de tomber dans les mains de Pygmalion notre Roi, il les a trempées ces mains cruelles dans le sang de Sichée mari de Didon, sa sœur. Didon pleine de desirs de la vengeance s'est sauvée de Tyr avec plusieurs vaisseaux. La plûpart de ceux qui aiment la vertu & la liberté l'ont suivie: elle a fondé sur la côte d'Afrique une superbe ville qu'on nomme Carthage. Pygmalion tourmenté par une soif insatiable des richefrichesses, se rend de plus en plus miserable & odieux à ses sujets. C'est un crime à Tyr que d'avoir de grands biens ; l'avarice le rend defiant, soupçonneux, cruel, il persecute les riches, & il craint les pauvres.

C'est un crime encore plus grand à Tyr d'avoir de la vertu: car Pygmalion suppose que les bons ne peuvent souffrir ses injustices & ses infamies ; la vertu le condamne, il s'aigrit & s'irrite contre elle. Tout l'agite, l'inquiete, le ronge, il a peur de son ombre, il ne dort ni nuit ni jour ; les Dieux pour le confondre l'accablent de tresors dont il n'ose jouir. Ce qu'il cherche pour être heureux, est précisément ce qui l'empêche de l'être. Il regrette tout ce qu'il donne, & craint toûjours de perdre ; il se tourmente pour gagner. On ne le voit presque jamais, il est seul, triste, abatu au fond de son Palais: ses amis même n'osent l'aborder de peur de lui devenir suspects. Une garde terrible tient toûjours des épées nues & des piques levées autour de sa maison. Trente chambres qui se communiquent les unes aux autres, & dont chacune a une porte de fer avec six gros verrouils, sont le lieu où il se renferme ; on ne sait jamais dans laquelle de ces chambres il couche, & on assure qu'il ne couche jamais deux nuits de suite dans la même, de peur d'y être égorgé. Il ne connoît ni les doux plaisirs, ni l'amitié encore plus douce ; si on lui parle de chercher la joie, il sent qu'elle fuit loin de lui, & qu'elle refuse d'entrer dans son cœur. Ses yeux creux sont pleins d'un feu âpre & farouche, ils sont sans cesse errans de tous côtez ; il prête l'oreille au moindre bruit, & se sent tout

tout émû, il est pâle & défait, & les noirs soucis sont peints sur son visage toûjours ridé. Il se tait, il soupire, il tire de son cœur de profonds gémissemens, il ne peut cacher les remords qui déchirent ses entrailles. Les mets les plus exquis le dégoutent, ses enfans loin d'être son esperance, sont le sujet de sa terreur, il en a fait ses plus dangereux ennemis; il n'a eu toute sa vie aucun moment d'asseuré; il ne se conserve qu'à force de répandre le sang de tous ceux qu'il craint. Insensé, qui ne voit pas que la cruauté à laquelle il se confie, le fera perir ? Quelqu'un de ses domestiques aussi défiant que lui, se hâtera de délivrer le monde de ce monstre.

Pour moi je crains les Dieux; quoi qu'il m'en coute, je serai fidele au Roi qu'ils m'ont donné. J'aimerois mieux qu'il me fît mourir que de lui ôter la vie, & même que de manquer à le défendre. Pour vous, ô Telemaque, gardez-vous bien de lui dire que vous êtes le fils d'Ulysse : il espereroit qu'Ulysse retournant à Ithaque, lui payeroit quelque grande somme pour vous racheter, & il vous tiendroit en prison.

Quand nous arrivâmes à Tyr, je suivis le conseil de Narbal, & je reconnus la verité de tout ce qu'il m'avoit raconté. Je ne pouvois comprendre qu'un homme se pût rendre aussi miserable que Pygmalion me le paroissoit.

Surpris d'un spectacle si affreux & si nouveau pour moi, je disois en moi-même : Voilà un homme qui n'a cherché qu'à se rendre heureux, il a cru y parvenir par les richesses & par une autorité absolue, il possede tout ce qu'il peut desirer, & cependant il est miserable

Livre III.

serable par ses richesses & par son autorité même. S'il étoit Berger, comme je l'étois n'aguéres, il seroit aussi heureux que je l'ai été; il jouiroit des plaisirs innocens de la campagne, & en jouiroit sans remords. Il ne craindroit ni le fer ni le poison. Il aimeroit les hommes, il en seroit aimé. Il n'auroit point ces grandes richesses qui lui sont aussi inutiles que du sable, puisqu'il n'ose y toucher ; mais il jouiroit librement des fruits de la terre, & ne souffriroit aucun veritable besoin. Cet homme paroît faire tout ce qu'il veut, mais il s'en faut bien qu'il le fasse. Il fait tout ce que veulent ses passions féroces ; il est toûjours entraîné par son avarice, par sa crainte, & par ses soupçons: il paroît maître de tous les autres hommes ; mais il n'est pas maître de lui-même : car il a autant de maîtres & de bourreaux qu'il a de desirs violens.

Je raisonnois ainsi de Pygmalion sans le voir ; car on ne le voioit point, & on regardoit seulement avec crainte ces hautes tours qui étoient nuit & jour entourées de Gardes, où il s'étoit mis lui-même comme en prison, se renfermant avec ses tresors. Je comparois ce Roi invisible avec Sesostris si doux, si accessible, si affable, si curieux de voir les étrangers, si attentif à écouter tout le monde, & à tirer du cœur des hommes la verité qu'on cache aux Rois. Sesostris, disois-je, ne craignoit rien, & n'avoit rien à craindre ; il se montroit à tous ses sujets comme à ses propres enfans. Celui-ci craint tout & a tout à craindre. Ce méchant Roi est toûjours exposé à une mort funeste, même dans son Palais inaccessible, au milieu de ses Gardes : au contraire le bon Roi Sesostris étoit en seureté au milieu de la foule des peuples, comme un bon pere dans sa maison environné de sa famille.

Pygmalion donna ordre de renvoyer les troupes de l'Isle de Cypre, qui étoient venues secourir les siennes à cause de l'alliance qui étoit entre les deux peuples. Narbal prit cette occasion de me mettre en liberté : il me fit passer en revûe parmi les soldats Cypriens; car le Roi étoit ombrageux jusques dans les moindres choses. Le défaut des Princes trop faciles & inappliquez est de se livrer avec une aveugle confiance à des favoris artificieux & corrompus. Le défaut de celui-ci étoit au contraire de se défier des plus honnêtes gens. Il ne savoit point discerner les hommes droits & simples qui agissent sans déguisement : aussi n'avoit-il jamais vu de gens de bien, car de telles gens ne vont point chercher un Roi si corrompu. D'ailleurs, il avoit vu depuis qu'il étoit sur le trône, dans les hommes dont il s'étoit servi, tant de dissimulation, de perfidie & de vices affreux déguisez sous les apparences de la vertu, qu'il regardoit tous les hommes sans exception comme s'ils eussent été masquez. Il supposoit qu'il n'y avoit aucune vertu sincere sur la terre : ainsi il regardoit tous les hommes comme étant à peu près égaux. Quand il trouvoit un homme faux & corrompu, il ne se donnoit point la peine d'en chercher un autre, comptant qu'un autre ne seroit pas meilleur. Les bons lui paroissoient pires que les méchans les plus déclarez, parcequ'il les croioit aussi méchans, & plus trompeurs.

Pour revenir à moi, je fus confondu avec les Cypriens, & j'échapai à la défiance pénétrante du Roi. Narbal trembloit de crainte que je ne fusse découvert, il lui en eût coûté la vie & à moi aussi. Son impatience de nous voir partir étoit incroyable ; mais les vents contraires nous retinrent assez long-tems à Tyr.

Je profitai de ce séjour pour connoître les mœurs des Pheniciens si celebres chez toutes les Nations connues. J'admirois l'heureuse situation de cette grande ville, qui est au milieu de la mer dans une isle. La côte voisine est délicieuse par sa fertilité, par les fruits exquis qu'elle porte, par le nombre des villes & des villages qui se touchent presque ; enfin par la douceur de son climat : car les montagnes mettent cette côte à l'abri des vents brûlans du Midy ; elle est rafraîchie par le vent du Nord qui soufle du côté de la mer. Ce païs est au pied du Liban, dont le sommet fend les nuës & va toucher les astres ; une glace éternelle couvre son front ; des fleuves pleins de neiges tombent comme des torrens des pointes des rochers qui environnent sa tête. Audessous on voit une vaste forêt de cedres antiques, qui paroissent aussi vieux que la terre où ils sont plantez, & qui portent leurs branches épaisses jusques vers les nuës : cette forêt a sous ses pieds de gras pâturages dans la pante de la montagne. C'est-là qu'on voit errer les taureaux qui mugissent ; les brebis qui bêlent avec leurs tendres agneaux, bondissent sur l'herbe. Là coulent mille ruisseaux d'une eau claire. Enfin on voit audessous de ces pâturages le pied de la montagne, qui est comme un jardin : le Printems & l'Automne y regnent ensemble pour y joindre les fleurs & les fruits. Jamais ni le soufle empesté du

Midy qui féche & qui brûle tout, ni le rigoureux Aquilon n'ont ofé effacer les vives couleurs qui ornent ce jardin.

C'est auprès de cette belle côte que s'éleve dans la mer l'ifle où est bâtie la ville de Tyr. Cette grande ville femble nager au-deffus des eaux, & être la Reine de toute la mer. Les Marchands y abordent de toutes les parties du monde, & fes habitans font eux-mêmes les plus fameux Marchands qu'il y ait dans l'univers. Quand on entre dans cette ville, on croit d'abord que ce n'est point une ville qui appartienne à un peuple particulier ; mais qu'elle est la ville commune de tous les peuples, & le centre de leur commerce. Elle a deux grands môles, femblables à deux bras qui s'avancent dans la mer, & qui embraffent un vaste port où les vents ne peuvent entrer. Dans ce port on voit comme une forêt de mâts de navires; & ces navires font fi nombreux, qu'à peine peut-on découvrir la mer qui les porte. Tous les Citoyens s'appliquent au commerce, & leurs grandes richeffes ne les dégoûtent jamais du travail neceffaire pour les augmenter. On y voit de tous côtez le fin lin d'Egypte, & la pourpre Tyrienne deux fois teinte, d'un éclat merveilleux : cette double teinture est fi vive, que le tems ne peut l'effacer: on s'en fert pour des laines fines qu'on rehauffe d'une broderie d'or & d'argent. Les Pheniciens ont le commerce de tous les peuples jufqu'au détroit de Gades ; & ils ont même pénétré dans le vaste Ocean qui environne toute la terre. Ils ont fait auffi de longues navigations fur la mer rouge, & c'est par ce chemin qu'ils vont chercher

dans

dans des isles inconnues de l'or, des parfums, & divers animaux qu'on ne voit point ailleurs.

Je ne pouvois rassasier mes yeux du spectacle magnifique de cette grande ville, où tout étoit en mouvement. Je n'y voyois point comme dans les villes de la Grece des hommes oisifs & curieux, qui vont chercher des nouvelles dans la place publique, ou regarder les étrangers qui arrivent sur le port. Les hommes sont occupez à décharger leurs vaisseaux, à transporter leurs marchandises ou à les vendre, à ranger leurs magasins, & à tenir un compte exact de ce qui leur est dû par les negocians étrangers. Les femmes ne cessent jamais, ou de filer les laines, ou de faire des desseins de broderie, ou de ployer les riches étoffes.

D'où vient, disois-je à Narbal, que les Pheniciens se sont rendus les maîtres du commerce de toute la terre, & qu'ils s'enrichissent ainsi aux dépens de tous les autres peuples? Vous le voyez, me répondit-il : la situation de Tyr est heureuse pour le commerce; c'est notre patrie qui a la gloire d'avoir inventé la navigation. Les Tyriens furent les premiers (s'il en faut croire ce qu'on raconte de la plus obscure antiquité) qui domptérent les flots longtems avant l'âge de Typhis & des Argonautes tant vantez dans la Grece. Ils furent, dis-je, les premiers qui oserent se mettre dans un frêle vaisseau à la merci des vagues & des tempêtes ; qui sondérent les abîmes de la mer, qui observérent les astres loin de la terre, suivant la science des Egyptiens & des Babyloniens : enfin, qui réunirent tant de peuples que la mer avoit séparez.

séparez. Les Tyriens sont industrieux, patiens, laborieux, propres, sobres, & ménagers; ils ont une exacte police ; ils sont parfaitement d'accord entre eux ; jamais peuple n'a été plus constant, plus sincere, plus fidele, plus sûr, plus commode à tous les étrangers.

Voilà, sans aller chercher d'autre cause, ce qui leur donne l'empire de la mer, & qui fait fleurir dans leur port un si utile commerce. Si la division & la jalousie se mettoient entre eux ; s'ils commençoient à s'amolir dans les délices & dans l'oisiveté ; si les premiers de la Nation méprisoient le travail & l'économie ; si les arts cessoient d'être en honneur dans leur ville ; s'ils manquoient de bonne foi envers les étrangers ; s'ils alteroient tant soit peu les regles d'un commerce libre ; s'ils negligeoient leurs manufactures, & s'ils cessoient de faire les grandes avances qui sont necessaires pour rendre leurs marchandises parfaites chacune dans son genre, vous verriez bientôt tomber cette puissance que vous admirez.

Mais expliquez-moi, lui disois-je, les vrais moyens d'établir un jour à Ithaque un pareil commerce. Faites, me répondit-il, comme on fait ici ; recevez bien & facilement tous les étrangers ; faites-leur trouver dans vos ports la sûreté, la commodité, la liberté entiere ; ne vous laissez jamais entraîner ni par l'avarice, ni par l'orgueil. Le vrai moyen de gagner beaucoup est de ne vouloir jamais trop gagner, & de savoir perdre à propos. Faites-vous aimer par tous les étrangers : souffrez même quelque chose d'eux : craignez d'exciter la jalousie par votre hauteur : soyez constant dans les regles du commerce,

merce, qu'elles soient simples & faciles ; accoûtumez vos peuples à les suivre inviolablement ; punissez severement la fraude & même la negligence ou le faste des Marchands, qui ruinent le commerce en ruinant les hommes qui le font. Surtout n'entreprenez jamais de gêner le commerce pour le tourner selon vos vûes. Il est plus convenable que le Prince ne s'en mêle point, & qu'il en laisse tout le profit à ses sujets qui en ont la peine ; autrement il les découragera. Il en tirera assez d'avantages par les grandes richesses qui entreront dans ses Etats. Le commerce est comme certaines sources ; si vous voulez détourner leurs cours, vous les faites tarir. Il n'y a que le profit & la commodité qui attirent les étrangers chez vous. Si vous leur rendez le commerce moins commode & moins utile, ils se retirent insensiblement, & ne reviennent plus, parce que d'autres peuples profitant de votre imprudence les attirent chez eux, & les accoutument à se passer de vous. Il faut même vous avouer que depuis quelque tems la gloire de Tyr est bien obscurcie. O ! si vous l'aviez vû, mon cher Telemaque, avant le regne de Pygmalion, vous auriez été bien plus étonné. Vous ne trouvez plus ici maintenant que les tristes restes d'une grandeur qui menace ruine. O malheureuse Tyr ! en quelles mains es-tu tombée ! autrefois la mer t'apportoit le tribut de tous les peuples de la terre.

Pygmalion craint tout & des étrangers & de ses sujets. Au lieu d'ouvrir, suivant notre ancienne coutume, ses ports à toutes les Nations les plus éloignées dans une entiere

liberté,

liberté, il veut savoir le nombre des vaisseaux qui arrivent, leur païs, le nom des hommes qui y sont, leur genre de commerce, la nature & le prix de leurs marchandises, & le tems qu'ils doivent demeurer ici. Il fait encore pis, car il use de supercherie pour surprendre les Marchands, & pour confisquer leurs marchandises. Il inquiete les Marchands qu'il croit les plus opulens: il établit sous divers prétextes de nouveaux impôts; il veut entrer lui-même dans le commerce, & tout le monde craint d'avoir affaire avec lui. Ainsi le commerce languit. Les étrangers oublient peu à peu le chemin de Tyr qui leur étoit autrefois si connu; & si Pygmalion ne change de conduite, notre gloire & notre puissance seront bientôt transportées à quelqu'autre peuple mieux gouverné que nous.

Je demandai ensuite à Narbal comment les Tyriens s'étoient rendus si puissans sur la mer, car je voulois n'ignorer rien de tout ce qui sert au gouvernement d'un Royaume. Nous avons, me répondit-il, les forêts du Liban qui nous fournissent les bois des vaisseaux, & nous les réservons avec soin pour cet usage; on n'en coupe jamais que pour les besoins publics. Pour la construction des vaisseaux, nous avons l'avantage d'avoir des ouvriers habiles. Comment, lui disois-je, avez-vous pû trouver ces ouvriers? Il me répondit: Ils se sont formez peu à peu dans le païs. Quand on récompense bien ceux qui excellent dans les arts, on est sûr d'avoir bientôt des hommes qui les menent à leur derniere perfection; car les hommes qui ont le plus de sagesse & de talent, ne manquent

quent point de s'adonner aux arts aufquels les grandes récompenfes font attachées. Ici on traite avec honneur tous ceux qui réuffiffent dans les arts & dans les fciences utiles à la navigation. On confidere un bon Geometre; on eftime fort un habile Aftronome; on comble de biens un Pilote qui furpaffe les autres dans fa fonction; on ne méprife point un bon Charpentier; au contraire, il eft bien payé & bien traité : les bons rameurs même ont des récompenfes fûres & proportionnées à leur fervice : on les nourrit bien; on a foin d'eux quand ils font malades; en leur abfence on a foin de leurs femmes & de leurs enfans. S'ils périffent dans un naufrage, on dédommage leur famille; on renvoye chez eux ceux qui ont fervi un certain tems. Ainfi on en a autant qu'on en veut. Le pere eft ravi d'élever fon fils dans un fi bon métier, & dès fa plus tendre jeuneffe il fe hâte de lui enfeigner à manier la rame, à tendre les cordages, & à méprifer les tempêtes. C'eft ainfi qu'on mene les hommes fans contrainte par la récompenfe & par le bon ordre. L'autorité feule ne fait jamais bien : la foumiffion des inferieurs ne fuffit pas : il faut gagner les cœurs, & faire trouver aux hommes leur avantage dans les chofes où l'on veut fe fervir de leur induftrie.

Après ce difcours Narbal me mena vifiter tous les magafins, les arfenaux & tous les métiers qui fervent à la conftruction des navires. Je demandois le détail des moindres chofes, & j'écrivois tout ce que j'avois appris, de peur d'oublier quelque circonftance utile.

Cependant Narbal qui connoiffoit Pygmalion,

malion, & qui m'aimoit, attendoit avec Impatience mon départ, craignant que je ne fuſſe découvert par les eſpions du Roi, qui alloient nuit & jour par toute la ville : mais les vents ne nous permettoient pas encore de nous embarquer. Pendant que nous étions occupez à viſiter curieuſement le port, & à interroger divers Marchands, nous vîmes venir à nous un Officier de Pygmalion, qui dit à Narbal : Le Roi vient d'apprendre d'un des Capitaines des vaiſſeaux qui ſont revenus d'Egypte avec vous, que vous avez amené un étranger qui paſſe pour Cyprien : le Roi veut qu'on l'arrête, & qu'on ſache certainement de quel païs il eſt; vous en répondrez ſur votre tête. Dans ce moment je m'étois un peu éloigné pour regarder de plus près les proportions que les Tyriens avoient gardées dans la conſtruction d'un vaiſſeau preſque neuf, qui étoit, diſoit-on, par cette proportion exacte de toutes ſes parties le meilleur voilier qu'on eut jamais vû dans le port, & j'interrogeois l'ouvrier qui avoit réglé cette proportion.

Narbal ſurpris & effrayé, répondit : Je vais chercher cet étranger qui eſt de l'iſle de Cypre. Mais quand il eut perdu de vûe cet Officier, il courut vers moi pour m'avertir du danger où j'étois. Je ne l'avois que trop prévû, me dit-il, mon cher Telemaque ; nous ſommes perdus. Le Roi que ſa défiance tourmente jour & nuit, ſoupçonne que vous n'êtes pas de l'iſle de Cypre; il ordonne qu'on vous arrête, il me veut faire périr ſi je ne vous mets entre ſes mains. Que ferons-nous ? O Dieu ! donnez-nous la ſageſſe pour nous tirer de ce péril. Il faudra, Telemaque, que

je

Livre III.

je vous mene au Palais du Roi. Vous soûtiendrez que vous êtes Cyprien de la ville d'Amatonte, fils d'un Statuaire de Venus. Je déclarerai que j'ai connu autrefois votre pere, & peutêtre que le Roi sans approfondir davantage vous laissera partir. Je ne vois plus d'autres moyens de sauver votre vie & la mienne.

Je répondis à Narbal: Laissez périr un malheureux que le destin veut perdre ; je sçai mourir, Narbal, & je vous dois trop pour vous entraîner dans mon malheur. Je ne puis me résoudre à mentir. Je ne suis point Cyprien, & je ne saurois dire que je le suis. Les Dieux voyent ma sincerité ; c'est à eux à conserver ma vie par leur puissance, s'ils le veulent, mais je ne veux point la sauver par un mensonge.

Narbal me répondit: Ce mensonge, Telemaque, n'a rien qui ne soit innocent ; les Dieux mêmes ne peuvent le condamner : il ne fait aucun mal à personne ; il sauve la vie à deux innocens ; il ne trompe le Roi que pour l'empêcher de faire un grand crime. Vous poussez trop loin l'amour de la vertu, & la crainte de blesser la Religion.

Il suffit, lui disois-je, que le mensonge soit mensonge, pour n'être pas digne d'un homme qui parle en presence des Dieux, & qui doit tout à la verité. Celui qui blesse la verité, offense les Dieux, & se blesse soi-même ; car il parle contre sa conscience. Cessez, Narbal, de me proposer ce qui est indigne de vous & de moi. Si les Dieux ont pitié de nous, ils sauront bien nous délivrer. S'ils veulent nous laisser périr, nous serons en mourant les victimes de la verité, & nous laisserons aux hommes l'exemple de preferer la vertu sans tache à une longue vie : la mienne n'est déja que trop longue, étant si malheureuse. C'est vous seul, ô mon cher Narbal, pour qui mon cœur s'attendrit. Faloit-il que votre amitié pour un malheureux étranger vous fût si funeste ?

Nous demeurâmes longtems dans cette espece de combat. Mais enfin nous vîmes arriver un homme qui couroit hors d'haleine : c'étoit un autre Officier du Roi qui venoit de la part d'Astarbé. Cette femme étoit belle comme une Déesse ; elle joignoit aux charmes du corps tous ceux de l'esprit ; elle étoit enjouée, flateuse, insinuante. Avec tant de charmes trompeurs, elle avoit comme les Syrenes, un cœur cruel & plein de malignité : mais elle savoit cacher ses sentimens corrompus, par un profond artifice. Elle avoit sçu gagner le cœur de Pygmalion par sa beauté, par son esprit, par sa douce voix, & par l'harmonie de sa lyre. Pygmalion aveuglé par un violent amour pour elle, avoit abandonné la Reine Topha son épouse. Il ne songeoit qu'à contenter les passions de l'ambitieuse Astarbé. L'amour de cette femme ne lui étoit guéres moins funeste que son infame avarice : mais quoiqu'il eût tant de passion pour elle, elle n'avoit pour lui que du mépris & du dégoût. Elle cachoit ses vrais sentimens, & elle faisoit semblant de ne vouloir vivre que pour lui, dans le tems même qu'elle ne pouvoit le souffrir.

Il y avoit à Tyr un jeune Lydien, nommé

mé Malachon, d'une merveilleuse beauté, mais moû, efféminé, noyé dans les plaisirs. Il ne songeoit qu'à conserver la délicatesse de son teint, qu'à peigner ses cheveux blonds flotans sur ses épaules, qu'à se parfumer, qu'à donner un tour gracieux aux plis de sa robe; enfin, qu'à chanter ses amours sur sa lyre. Astarbé le vit, elle l'aima, & en devint furieuse. Il la méprisa, parce qu'il étoit passionné pour une autre femme. D'ailleurs il craignit de s'exposer à la cruelle jalousie du Roi. Astarbé se sentant méprisée, s'abandonna à son ressentiment. Dans son desespoir elle s'imagina qu'elle pouvoit faire passer Malachon pour l'étranger que le Roi faisoit chercher, & qu'on disoit qui étoit venu avec Narbal. En effet elle le persuada à Pygmalion, & corrompit tous ceux qui auroient pû le détromper. Comme il n'aimoit point les hommes vertueux, & qu'il ne savoit point les discerner, il n'étoit environné que de gens interessez, artificieux, prêts à executer ses ordres injustes & sanguinaires. De telles gens craignoient l'autorité d'Astarbé, & ils lui aidoient à tromper le Roi, de peur de déplaire à cette femme hautaine qui avoit toute sa confiance. Ainsi Malachon, quoique connu pour Crétois dans toute la ville, passa pour le jeune étranger, que Narbal avoit emmené d'Egypte; il fut mis en prison.

Astarbé qui craignoit que Narbal n'allât parler au Roi, & ne découvrît son imposture, envoya en diligence à Narbal cet Officier, qui lui dit ces paroles: Astarbé vous défend de découvrir au Roi quel est
votre

votre étranger ; elle ne vous demande que le silence, & elle saura bien faire ensorte que le Roi soit content de vous : cependant hâtez-vous de faire embarquer avec les Cypriens le jeune étranger que vous avez amené d'Egypte, afin qu'on ne le voye plus dans la ville. Narbal ravi de pouvoir ainsi sauver sa vie & la mienne, promit de se taire ; & l'Officier satisfait d'avoir obtenu ce qu'il demandoit, s'en retourna rendre compte à Astarbé de sa commission.

Narbal & moi nous admirâmes la bonté des Dieux qui récompensoient notre sincerité, & qui ont un soin si touchant de ceux qui hazardoient tout pour la vertu. Nous regardions avec horreur un Roi livré à l'avarice & à la volupté. Celui qui craint avec tant d'excès d'être trompé, disions-nous, mérite de l'être, & l'est presque toûjours grossiérement. Il se défie des gens de bien, & s'abandonne à des scelerats : il est le seul qui ignore ce qui se passe. Voyez Pygmalion, il est le jouet d'une femme sans pudeur. Cependant les Dieux se servent du mensonge des méchans pour sauver les bons qui aiment mieux perdre la vie que de mentir.

En même tems nous apperçûmes que les vents changeoient, & qu'ils devenoient favorables aux vaisseaux de Cypre. Les Dieux se déclarent, s'écria Narbal ; ils veulent, mon cher Telemaque, vous mettre en sûreté : fuyez cette terre cruelle & maudite. Heureux qui pourroit vous suivre jusques dans les rivages les plus inconnus ! Heureux qui pourroit vivre & mourir avec vous ! Mais un destin severe m'attache à cette malheureuse patrie ; il faut souffrir avec elle : peutêtre faudra-t-il être enseveli dans ses ruines : n'importe ; pourvû que je dise toûjours la verité, & que mon cœur n'aime que la justice. Pour vous, ô mon cher Telemaque, je prie les Dieux qui vous conduisent comme par la main, de vous accorder le plus précieux de tous les dons, qui est la vertu pure & sans tache, jusqu'à la mort. Vivez, retournez en Ithaque, consolez Penelope, délivrez-la de ses temeraires Amans ; que vos yeux puissent voir, que vos mains puissent embrasser le sage Ulysse, & qu'il trouve en vous un fils égal à sa sagesse. Mais dans votre bonheur souvenez-vous du malheureux Narbal, & ne cessez jamais de m'aimer.

Quand il eut achevé ces paroles, je l'arrosai de mes larmes sans lui répondre. De profonds soûpirs m'empêchoient de parler. Nous nous embrassions en silence. Il me mena jusqu'au vaisseau ; il demeura sur le rivage : & quand le vaisseau fut parti, nous ne cessions de nous regarder, tandis que nous pûmes nous voir.

Fin du troisiéme Livre.

LES AVANTURES DE TELEMAQUE, FILS D'ULYSSE.

LIVRE QUATRIEME.

SOMMAIRE.

Calypso interrompt Telemaque, pour le faire reposer. Mentor le blâme en secret d'avoir entrepris le recit de ses avantures, & lui conseille de les achever, puisqu'il les a commencées. Telemaque raconte que pendant sa navigation, depuis Tyr jusqu'en l'Isle de Cypre, il avoit eu un songe, où il avoit vû Venus & Cupidon contre qui Minerve le protegeoit; qu'ensuite il avoit crû voir aussi Mentor qui l'exhortoit à fuir l'Isle de Cypre : qu'à son réveil une tempête auroit fait périr le vaisseau, s'il n'eût pris lui-même le gouvernail, parceque les Cypriens noyez dans le vin,

Minerve deffend Télémaque des traits de l'amour.

vin, étoient hors d'état de le sauver: qu'à son arrivée dans l'Isle, il avoit vû avec horreur les exemples les plus contagieux; mais que le Syrien Hazael, dont Mentor étoit devenu l'esclave, se trouvant alors au même lieu, avoit réuni les deux Grecs, & les avoit embarquez dans son vaisseau pour les mener en Crete ; & que dans ce trajet, ils avoient vû le beau spectacle d'Amphitrite, traînée dans son char par des chevaux marins.

CALYPSO qui avoit été jusqu'à ce moment immobile & transportée de plaisir en écoutant les avantures de Telemaque, l'interrompit pour lui faire prendre quelque repos. Il est tems, lui dit-elle, que vous allicz goûter la douceur du sommeil après tant de travaux. Vous n'avez rien à craindre ici ; tout vous est favorable. Abandonnez-vous donc à la joie ; goûtez la paix, & tous les autres dons des Dieux dont vous allez être comblé. Demain quand l'Aurore avec ses doigts de roses entrouvrira les portes dorées de l'Orient, & que les chevaux du Soleil sortans de l'onde amere répandront les flâmes du jour, pour chasser devant eux toutes les étoiles du Ciel, nous reprendrons, mon cher Telemaque, l'histoire de vos malheurs. Jamais votre pere n'a égalé votre sagesse & votre courage. Ni Achilles, vainqueur d'Hector ; ni Thesée, revenu des enfers; ni même le grand Alcide qui a purgé la terre de tant de monstres, n'ont fait voir autant

de

de force & de vertu que vous. Je souhaite qu'un profond sommeil vous rende cette nuit courte. Mais helas! qu'elle sera longue pour moi! Qu'il me tardera de vous revoir, de vous entendre, de vous faire redire ce que je sçai déja, & de vous demander ce que je ne sçai pas encore! Allez, mon cher Telemaque, avec le sage Mentor que les Dieux vous ont rendu. Allez dans cette grote écartée, où tout est préparé pour votre repos. Je prie Morphée de répandre ses plus doux charmes sur vos paupieres appesanties, de faire couler une vapeur divine dans tous vos membres fatiguez, & de vous envoyer des songes legers, qui voltigeans autour de vous, flatent vos sens par les images les plus riantes, & repoussent loin de vous tout ce qui pourroit vous réveiller trop promptement.

La Déesse conduisit elle-même Telemaque dans cette grote séparée de la sienne. Elle n'étoit ni moins rustique, ni moins agréable. Une fontaine qui couloit dans un coin y faisoit un doux murmure qui appelloit le Sommeil. Les Nymphes y avoient préparé deux lits d'une molle verdure, sur lesquels elles avoient étendu deux grandes peaux, l'une de lion pour Telemaque, & l'autre d'ours pour Mentor.

Avant que de laisser fermer ses yeux au sommeil, Mentor parla ainsi à Telemaque: Le plaisir de raconter vos histoires vous a entraîné; vous avez charmé la Déesse en lui expliquant les dangers dont votre courage & votre industrie vous ont tiré; par là vous n'avez fait qu'enflâmer davantage son cœur, & que vous préparer une plus dangereuse captivité. Comment esperez-vous qu'elle vous

vous laisse maintenant sortir de son isle, vous qui l'avez enchantée par le recit de vos avantures? L'amour d'une vaine gloire vous a fait parler sans prudence. Elle s'étoit engagée à vous raconter des histoires, & à vous apprendre quelle a été la destinée d'Ulysse; elle a trouvé moyen de parler longtems sans rien dire, & elle vous a engagé à lui expliquer tout ce qu'elle desire savoir; tel est l'art des femmes flateuses & passionnées. Quand est-ce, ô Telemaque, que vous serez assez sage pour ne parler jamais par vanité, & que vous saurez taire tout ce qui vous est avantageux quand il n'est pas utile à dire? Les autres admirent votre sagesse dans un âge où il est pardonnable d'en manquer: pour moi je ne puis vous pardonner rien; je suis le seul qui vous connois, & qui vous aime assez pour vous avertir de toutes vos fautes. Combien êtes-vous encore éloigné de la sagesse de votre pere?

Quoi donc, répondit Telemaque, pouvois-je refuser à Calypso de lui raconter mes malheurs? Non, reprit Mentor, il faloit les lui raconter: mais vous deviez le faire, en ne lui disant que ce qui pouvoit lui donner de la compassion. Vous pouviez lui dire que vous aviez été tantôt errant, tantôt captif en Sicile, puis en Egypte. C'étoit lui dire assez, & tout le reste n'a servi qu'à augmenter le poison qui brûle déja dans son cœur. Plaise aux Dieux que le vôtre puisse s'en préserver.

Mais que ferai-je donc, continua Telemaque, d'un ton moderé & docile? Il n'est plus tems, repartit Mentor, de lui cacher ce qui reste de vos avantures; elle en sçait assez
pour

pour ne pouvoir être trompée sur ce qu'elle ne sçait pas encore ; votre réserve ne serviroit qu'à l'irriter : achevez donc demain de lui raconter tout ce que les Dieux ont fait en votre faveur, & apprenez une autre fois à parler plus sobrement de tout ce qui peut vous attirer quelque louange. Telemaque reçut avec amitié un si bon conseil, & ils se couchérent.

Aussitôt que Phœbus eut répandu ses premiers rayons sur la terre, Mentor entendant la voix de la Déesse qui appelloit ses Nymphes dans le bois, éveilla Telemaque. Il est tems, lui dit-il, de vaincre le sommeil : allons, retournez à Calypso : mais défiez-vous de ses douces paroles : ne lui ouvrez jamais votre cœur ; craignez le poison flateur de ses louanges. Hier elle vous élevoit audessus de votre sage pere, de l'invincible Achille, du fameux Thesée, d'Hercule devenu immortel. Sentîtes-vous combien cette louange est excessive ? Crûtes-vous ce qu'elle disoit ? Sachez qu'elle ne le croit pas elle-même. Elle ne vous loue qu'à cause qu'elle vous croit foible, & assez vain pour vous laisser tromper par des louanges disproportionnées à vos actions.

Après ces paroles ils allérent au lieu où la Déesse les attendoit. Elle soûrit en les voiant, & cacha sous une apparence de joie la crainte & l'inquiétude qui troubloient son cœur; car elle prévoyoit que Telemaque conduit par Mentor lui échaperoit de même qu'Ulysse. Hâtez-vous, dit-elle, mon cher Telemaque, de satisfaire ma curiosité ; j'ai crû pendant toute la nuit vous voir partir de Phenicie, & chercher une nouvelle destinée

dans

Livre IV.

dans l'isle de Cypre: dites-nous donc quel fut ce voyage, & ne perdons pas un moment. Alors on s'assit sur l'herbe semée de violettes, à l'ombre d'un bocage épais.

Calypso ne pouvoit s'empêcher de jetter sans cesse des regards tendres & passionnez sur Telemaque, & de voir avec indignation que Mentor observoit jusqu'au moindre mouvement de ses yeux. Cependant toutes les Nymphes en silence se panchoient pour prêter l'oreille, & faisoient une espece de demi cercle pour mieux écouter & pour mieux voir: les yeux de l'assemblée étoient immobiles & attachez sur le jeune hôme. Telemaque baissant les yeux, & rougissant avec beaucoup de grace, reprit ainsi la suite de son histoire:

A peine le doux soufle d'un vent favorable avoit rempli nos voiles, que la terre de Phenicie disparut à nos yeux. Comme j'étois avec les Cypriens, dont j'ignorois les mœurs, je me résolus de me taire, de remarquer tout, & d'observer toutes les regles de la discretion pour gagner leur estime. Mais pendant mon silence un sommeil doux & puissant vint me saisir: mes sens étoient liez & suspendus; je goûtois une paix & une joie profonde qui enyvroit mon cœur. Tout-à-coup je crus voir Venus qui fendoit les nuës dans son char volant conduit par deux colombes. Elle avoit cette éclatante beauté, cette vive jeunesse, ces graces tendres, qui parurent en elle, quand elle sortit de l'écume de l'Ocean, & qu'elle éblouit les yeux de Jupiter même. Elle descendit tout-à-coup d'un vol rapide jusqu'auprès de moi, me mit en soûriant la main sur l'épaule, & me nommant par mon nom, prononça ces paroles:

Jeune

Jeune Grec, tu vas entrer dans mon Empire, tu arriveras bientôt dans cette isle fortunée, où les plaisirs, les ris, les jeux folâtres naissent sous mes pas. Là tu brûleras des parfums sur mes Autels; là je te plongerai dans un fleuve de délices. Ouvre ton cœur aux plus douces esperances, & garde-toi bien de résister à la plus puissante de toutes les Déesses qui veut te rendre heureux.

En même tems j'apperçûs l'enfant Cupidon, dont les petites aîles s'agitant le faisoient voler autour de sa mere. Quoiqu'il eut sur son visage la tendresse, les graces, & l'enjoûment de l'enfance, il avoit je ne sçai quoi dans ses yeux perçans qui me faisoit peur. Il rioit en me regardant : son ris étoit malin, moqueur & cruel. Il tira de son carquois d'or la plus aiguë de ses flêches, il banda son arc, & alloit me percer, quand Minerve se montra soudainement pour me couvrir de son Egide. Le visage de cette Déesse n'avoit point cette beauté molle, & cette langueur passionnée que j'avois remarquée dans le visage & dans la posture de Venus. C'étoit au contraire une beauté simple, negligée, modeste ; tout étoit grave, vigoureux, noble, plein de force & de majesté. La flêche de Cupidon ne pouvant percer l'Egide, tomba par terre. Cupidon indigné en soûpira amérement ; il eut honte de se voir vaincu. Loin d'ici, s'écria Minerve, loin d'ici temeraire Enfant ; tu ne vaincras jamais que des ames lâches, qui aiment mieux tes honteux plaisirs que la sagesse, la vertu & la gloire. A ces mots l'Amour irrité s'envola, & Venus remontant vers l'Olympe, je vis longtems son char avec ses deux colombes dans une nuée

d'or

d'or & d'azur, puis elle disparut. En baissant mes yeux vers la terre, je ne retrouvai plus Minerve.

Il me sembla que j'étois transporté dans un jardin délicieux tel qu'on dépeint les Champs Elisées. En ce lieu je reconnus Mentor qui me dit: Fuyez cette cruelle terre, cette isle empestée, où l'on ne respire que la volupté. La vertu la plus courageuse y doit trembler, & ne se peut sauver qu'en fuyant. Dès que je le vis, je me voulois jetter à son cou pour l'embrasser: mais je sentois que mes pieds ne pouvoient se mouvoir, que mes genoux se déroboient sous moi, & que mes mains s'efforçant de saisir Mentor, cherchoient une ombre vaine, qui m'échapoit toûjours. Dans cet effort je m'éveillai, & je sentis que ce songe mysterieux étoit un avertissement divin. Je me sentis plein de courage contre les plaisirs, & de défiance contre moi-même pour détester la vie molle des Cypriens. Mais ce qui me perça le cœur, fut que je crus que Mentor avoit perdu la vie, & qu'ayant passé les ondes du Styx il habitoit l'heureux séjour des ames justes.

Cette pensée me fit répandre un torrent de larmes. On me demanda pourquoi je pleurois. Les larmes, répondis-je, ne conviennent que trop à un malheureux étranger qui erre sans esperance de revoir sa patrie. Cependant tous les Cypriens qui étoient dans le vaisseau, s'abandonnoient à une folle joie. Les rameurs ennemis du travail s'endormoient sur leurs rames; le Pilote couronné de fleurs laissoit le gouvernail, & tenoit en sa main une grande cruche de vin qu'il avoit presque vuidée; lui & tous les

autres

autres troublez par la fureur de Bacchus, chantoient à l'honneur de Venus & de Cupidon, des vers qui devoient faire horreur à tous ceux qui aiment la vertu.

Pendant qu'ils oublioient ainsi les dangers de la mer, une soudaine tempête troubla le ciel & la mer. Les vents déchaînez mugissoient avec fureur dans les voiles; les ondes noires battoient les flancs du navire, qui gémissoit sous leurs coups. Tantôt nous montions sur le dos des vagues enflées, tantôt la mer sembloit se dérober sous le navire, & nous précipiter dans l'abîme. Nous appercevions auprès de nous des rochers, contre lesquels les flots irritez se brisoient avec un bruit horrible. Alors je compris par experience ce que j'avois souvent oui dire à Mentor, que les hommes mous & abandonnez aux plaisirs, manquent de courage dans les dangers. Tous nos Cypriens abatus pleuroient comme des femmes; je n'entendois que des cris pitoyables, que des regrets sur les délices de la vie, que de vaines promesses aux Dieux, pour leur faire des sacrifices, si on pouvoit arriver au port. Personne ne conservoit assez de presence d'esprit, ni pour ordonner les manœuvres, ni pour les faire. Il me parut que je devois en sauvant ma vie, sauver celle des autres. Je pris le gouvernail en main, parce que le Pilote troublé par le vin, comme une Bacchante, étoit hors d'état de connoître le danger du vaisseau: j'encourageai les matelots effrayez; je leur fis abaisser les voiles; ils ramérent vigoureusement: nous passâmes au travers des écueils, & nous vîmes de près toutes les horreurs de la mort.

Cette

Livre IV.

Cette avanture parut comme un songe à tous ceux qui me devoient la conservation de leur vie; ils me regardoient avec étonnement. Nous arrivâmes en l'isle de Cypre au mois du Printems qui est consacré à Venus. Cette saison, disoient les Cypriens, convient à cette Déesse; car elle semble animer toute la nature, & faire naître les plaisirs comme les fleurs.

En arrivant dans l'isle, je sentis un air doux, qui rendoit les corps lâches & paresseux, mais qui inspiroit une humeur enjouée & folâtre. Je remarquai que la campagne naturellement fertile & agreable étoit presque inculte, tant les habitans étoient ennemis du travail. Je vis de tous côtez des femmes & de jeunes filles vainement parées, qui alloient en chantant les louanges de Venus, se dévouer à son Temple. La beauté, les graces, la joie, les plaisirs éclatoient également sur leurs visages; mais les graces y étoient trop affectées. On n'y voioit point une noble simplicité, & une pudeur aimable, qui fait le plus grand charme de la beauté. L'air de molesse, l'art de composer leurs visages, leur parure vaine, leur démarche languissante, leurs regards qui sembloient chercher ceux des hommes, leurs jalousies entre elles pour allumer de grandes passions; en un mot tout ce que je voyois dans ces femmes me sembloit vil & méprisable : à force de me vouloir plaire, elles me dégoûtoient.

On me conduisit au Temple de la Déesse: elle en a plusieurs dans cette isle; car elle est particulierement adorée à Cythere, à Idalie, & à Paphos: c'est à Cythere que je fus conduit. Le Temple est tout de marbre; c'est un

Tome I.   D   parfait

parfait Periſtile : les colomnes ſont d'une groſſeur & d'une hauteur qui rendent cet edifice très-majeſtueux : audeſſus de l'architrave & de la friſe, ſont à chaque face de grands frontons, où l'on voit en bas relief toutes les plus agreables avantures de la Déeſſe. A la porte du Temple eſt ſans ceſſe une foule de peuples qui viennent faire leurs offrandes. On n'égorge jamais dans l'enceinte du lieu ſacré aucune victime: on n'y brûle point comme ailleurs la graiſſe des geniſſes & des taureaux ; on n'y répand jamais leur ſang : on préſente ſeulement devant l'Autel les bêtes qu'on offre, & on n'en peut offrir aucune qui ne ſoit jeune, blanche, ſans défaut & ſans tache : on les couvre de bandelettes de pourpre brodées d'or ; leurs cornes ſont dorées & ornées de bouquets de fleurs odoriferantes. Après qu'elles ont été preſentées devant l'Autel, on les renvoye dans un lieu écarté où elles ſont égorgées pour les feſtins des Prêtres de la Déeſſe.

On offre auſſi toutes ſortes de liqueurs parfumées, & du vin plus doux que le nectar. Les Prêtres ſont revêtus de longues robes blanches avec des ceintures d'or, & des franges de même au bas de leurs robes. On brûle nuit & jour ſur les Autels les parfums les plus exquis de l'Orient, & ils forment une eſpece de nuage qui monte vers le Ciel. Toutes les colomnes du Temple ſont ornées de feſtons pendans : tous les vaſes qui ſervent au ſacrifice ſont d'or ; un bois ſacré de myrthe environne le bâtiment. Il n'y a que de jeunes garçons & de jeunes filles d'une rare beauté, qui puiſſent preſenter les victimes aux Prêtres, & qui oſent allumer le feu des
Autels:

Autels: mais l'impudence & la dissolution deshonorent un Temple si magnifique.

D'abord j'eus horreur de ce que je voyois: mais insensiblement je commençois à m'y accoutumer. Le vice ne m'effrayoit plus; toutes les compagnies m'inspiroient je ne sçai quelle inclination pour le desordre: on se moquoit de mon innocence: ma retenue & ma pudeur servoient de jouet à ces peuples effrontez. On n'oublioit rien pour exciter toutes mes passions, pour me tendre des pieges, & pour réveiller en moi le goût des plaisirs. Je me sentois affoiblir tous les jours; la bonne éducation que j'avois reçue ne me soutenoit presque plus; toutes mes bonnes résolutions s'évanouissoient: je ne me sentois plus la force de résister au mal qui me pressoit de tous côtez; j'avois même une mauvaise honte de la vertu: j'étois comme un homme qui nage dans une riviere profonde & rapide; d'abord il fend les eaux & remonte contre le torrent: mais si les bords sont escarpez, & s'il ne peut se reposer sur le rivage, il se lasse enfin peu à peu, & sa force l'abandonne, ses membres épuisez s'engourdissent, & le cours du fleuve l'entraîne. Ainsi mes yeux commençoient à s'obscurcir, mon cœur tomboit en défaillance, je ne pouvois plus rappeller ni ma raison, ni le souvenir des vertus de mon pere. Le songe où je croiois avoir vû le sage Mentor descendu aux Champs Elisées, achevoit de me décourager: une secrete & douce langueur s'emparoit de moi. J'aimois déja le poison flateur qui se glissoit de veine en veine, & qui pénétroit jusqu'à la moëlle de mes os. Je poussois neanmoins encore de profonds soûpirs; je versois des larmes ameres : je rugissois comme un lion dans ma fureur. O malheureuse jeunesse ! disois-je : O Dieux qui vous jouez cruellement des hommes, pourquoi les faites-vous passer par cet âge, qui est un tems de folie ou de fiévre ardente ? O que ne suis-je couvert de cheveux blancs, courbé & proche du tombeau, comme Laërte mon ayeul ! La mort me seroit plus douce que la foiblesse honteuse où je me vois.

A peine avois-je ainsi parlé, que ma douleur s'adoucissoit, & que mon cœur enyvré d'une folle passion secouoit presque toute pudeur, puis je me voyois plongé dans un abîme de remords. Pendant ce trouble je courois errant çà & là dans le sacré bocage, semblable à une biche qu'un chasseur a blessée ; elle court au travers des vastes forêts pour soulager sa douleur : mais la flêche qui l'a percée dans le flanc la suit par tout ; elle porte par tout avec elle le trait meurtrier. Ainsi je courois en vain pour m'oublier moi-même, & rien n'adoucissoit la playe de mon cœur.

En ce moment j'apperçûs assez loin de moi dans l'ombre épaisse de ce bois la figure du sage Mentor : mais son visage me parut si pâle, si triste & austere, que je n'en pûs ressentir aucune joie. Est-ce donc vous, ô mon cher ami, mon unique esperance ? Est-ce vous ? Quoi donc ! est-ce vous-même ? Une image trompeuse ne vient-elle pas abuser mes yeux ? Est-ce vous, Mentor ? N'est-ce point votre ombre encore sensible à mes maux ? N'êtes-vous point au rang des ames heureuses qui jouissent de leur vertu, & à qui les Dieux donnent des plaisirs purs dans une

éternelle

éternelle paix aux Champs Elifées ? Parlez, Mentor, vivez-vous encore? Suis-je affez heureux pour vous poffeder, ou bien n'eft-ce qu'une ombre de mon ami ? En difant ces paroles, je courois vers lui tout tranfporté jufqu'à perdre la refpiration : il m'attendoit tranquilement fans faire un pas vers moi. O Dieux ! vous le favez, quelle fut ma joie, quand je fentis que mes mains le touchoient. Non, ce n'eft pas une vaine ombre ; je le tiens, je l'embraffe, mon cher Mentor : c'eft ainfi que je m'écriai ; j'arrofai fon vifage d'un torrent de larmes : je demeurois attaché à fon coû fans pouvoir parler. Il me regardoit triftement avec des yeux pleins d'une tendre compaffion.

Enfin je lui dis : Helas ! d'où venez-vous ? En quels dangers ne m'avez-vous point laiffé pendant votre abfence ? & que ferois-je maintenant fans vous ? Mais fans répondre à mes queftions : Fuyez, me dit-il d'un ton terrible ; fuyez, hâtez-vous de fuir. Ici la terre ne porte pour fruit que du poifon; l'air qu'on refpire eft empefté ; les hommes contagieux ne fe parlent que pour fe communiquer un venin mortel. La volupté lâche & infame, qui eft le plus horrible des maux forti de la boëte de Pandore, amollit les cœurs, & ne fouffre ici aucune vertu. Fuyez, que tardez-vous ? ne regardez pas même derriere vous en fuyant; effacez jufqu'au moindre fouvenir de cette ifle execrable.

Il dit ; & auffitôt je fentis comme un nuage épais qui fe diffipoit fur mes yeux,& qui me laiffoit voir la pure lumiere : une joie douce & pleine d'un ferme courage renaiffoit dans mon cœur: cette joie étoit bien dif-

D 3 ferente

férente de cette autre joie molle & folâtre dont mes sens avoient été empoisonnez; l'une est une joie d'yvresse & de trouble, qui est entrecoupée de passions furieuses, & de cuisans remords; l'autre est une joie de raison, qui a quelque chose de bienheureux & de celeste; elle est toûjours pure & égale; rien ne peut l'épuiser: plus on s'y plonge, plus elle est douce; elle ravit l'ame sans la troubler. Alors je versai des larmes de joie, & je trouvois que rien n'étoit si doux que de pleurer ainsi. O heureux, disois-je, les hommes à qui la vertu se montre dans toute sa beauté ! Peut-on la voir sans l'aimer ? Peut-on l'aimer sans être heureux ?

Mentor me dit : Il faut que je vous quitte ; je pars dans ce moment : il ne m'est pas permis de m'arrêter. Où allez-vous donc, lui répondis-je ? En quelle terre inhabitable ne vous suivrai-je point ? Ne croyez pas pouvoir m'échaper ; je mourrai plûtôt sur vos pas. En disant ces paroles, je le tenois serré de toute ma force. C'est en vain, me dit-il, que vous esperez de me retenir. Le cruel Métophis me vendit à des Ethiopiens ou Arabes. Ceux-ci étant allez à Damas en Syrie pour leur commerce, voulurent se défaire de moi, croyans en tirer une grande somme d'un nommé Hazaël, qui cherchoit un esclave Grec, pour connoître les mœurs de la Grece, & pour s'instruire de nos sciences. En effet, Hazaël m'acheta cherement. Ce que je lui ai appris de nos mœurs, lui a donné la curiosité de passer dans l'isle de Crete pour étudier les sages Loix de Minos. Pendant notre navigation les vents nous ont contraint de relâcher dans l'isle de Cypre. En attendant

dant un vent favorable, il est venu faire ses offrandes au Temple : le voilà qui en sort ; les vents nous appellent : déja nos voiles s'enflent. Adieu, cher Telemaque; un esclave qui craint les Dieux, doit suivre fidelement son maître. Les Dieux ne me permettent plus d'être à moi ; si j'étois à moi, ils le savent, je ne serois qu'à vous seul. Adieu, souvenez-vous des travaux d'Ulysse & des larmes de Penelope, souvenez-vous des justes Dieux. O Dieux protecteurs de l'innocence, en quelle terre suis-je contraint de laisser Telemaque ?

Non, non, lui dis-je, mon cher Mentor, il ne dépendra pas de vous de me laisser ici : plûtôt mourir que de vous voir partir sans moi. Ce Maître Syrien est-il impitoyable ? Est-ce une tygresse dont il a succé les mammelles dans son enfance ? Voudra-t-il vous arracher d'entre mes bras ? Il faut qu'il me donne la mort, ou qu'il souffre que je vous suive : vous m'exhortez vous-même à fuir, & vous ne voulez pas que je fuye en suivant vos pas. Je vais parler à Hazaël, il aura peut-être pitié de ma jeunesse & de mes larmes : puisqu'il aime la sagesse & qu'il va si loin la chercher, il ne peut point avoir un cœur féroce & insensible; je me jetterai à ses piés, j'embrasserai ses genoux, je ne le laisserai point aller qu'il ne m'ait acordé de vous suivre. Mon cher Mentor, je me ferai esclave avec vous; je lui offrirai de me donner à lui: s'il me refuse, c'est fait de moi, je me délivrerai de la vie.

Dans ce moment Hazaël appella Mentor; je me prosternai devant lui. Il fut surpris de voir un inconnu en cette posture. Que voulez-vous, me dit-il ? La vie, répondis-je ; car je ne puis vivre, si vous ne souffrez que je suive Mentor qui est à vous. Je suis le fils du grand Ulysse le plus sage des Rois de la Grece, qui ont renversé la superbe ville de Troye, fameuse dans toute l'Asie. Je ne vous dis point ma naissance pour me vanter, mais seulement pour vous inspirer quelque pitié de mes malheurs. J'ai cherché mon pere par toutes les mers, ayant avec moi cet homme qui étoit pour moi un autre pere. La fortune pour comble de maux me l'a enlevé, elle l'a fait votre esclave; souffrez que je le sois aussi. S'il est vrai que vous aimez la justice, & que vous alliez en Crete pour apprendre les Loix du bon Roi Minos, n'endurcissez point votre cœur contre mes soupirs & contre mes larmes. Vous voyez le fils d'un Roi qui est réduit à demander la servitude comme son unique ressource. Autrefois j'ai voulu mourir en Sicile pour éviter l'esclavage : mais mes premiers malheurs n'étoient que de foibles essais des outrages de la fortune; maintenant je crains de ne pouvoir être reçu parmi les esclaves. O Dieux ! voyez mes maux; ô Hazaël ! souvenez-vous de Minos dont vous admirez la sagesse, & qui nous jugera tous deux dans le Royaume de Pluton.

Hazaël me regardant avec un visage doux & humain, me tendit la main & me releva. Je n'ignore pas, me dit-il, la sagesse & la vertu d'Ulysse : Mentor m'a raconté souvent quelle gloire il a acquise parmi les Grecs; & d'ailleurs la prompte renommée a fait entendre son nom à tous les peuples de l'Orient. Suivez-moi, fils d'Ulysse, je serai votre pere jusqu'à ce que vous ayez retrouvé celui qui vous a donné la vie. Quand même je ne ferois pas touché de la gloire de votre pere, de ses malheurs & des vôtres, l'amitié que j'ai pour Mentor, m'engageroit à prendre soin de vous. Il est vrai que je l'ai acheté comme esclave: mais je le garde comme un ami fidele; l'argent qu'il m'a coûté, m'a acquis le plus cher & le plus précieux ami que j'aie sur la terre. J'ai trouvé en lui la sagesse; je lui dois tout ce que j'ai d'amour pour la vertu. Dès ce moment il est libre, vous le serez aussi; je ne vous demande à l'un & à l'autre que votre cœur.

En un instant je passai de la plus amere douleur à la plus vive joie que les mortels puissent sentir. Je me voyois sauvé d'un horrible danger; je m'approchois de mon païs: je trouvois un secours pour y retourner; je goûtois la consolation d'être auprès d'un homme qui m'aimoit déja par le pur amour de la vertu. Enfin je retrouvois tout en retrouvant Mentor pour ne le plus quitter.

Hazaël s'avance sur le bord du rivage; nous le suivons, on entre dans le vaisseau, les rameurs fendent les ondes paisibles. Un zephir leger se joue de nos voiles; il anime tout le vaisseau & lui donne un doux mouvement. L'isle de Cypre disparoît bientôt. Hazaël qui avoit impatience de connoître mes sentimens, me demanda ce que je pensois des mœurs de cette isle. Je lui dis ingenûment en quel danger ma jeunesse avoit été exposée, & le combat que j'avois souffert au-dedans de moi. Il fut touché de mon horreur pour le vice, & dit ces paroles: O Venus, je reconnois votre puissance & celle de votre fils; j'ai brûlé de l'encens sur vos Autels: mais souffrez que je déteste l'infame molesse des habitans de votre isle, & l'impudence brutale avec laquelle ils celebrent vos Fêtes.

Ensuite il s'entretenoit avec Mentor de cette premiere Puissance qui a formé le ciel & la terre; de cette Lumiere infinie, immuable, qui se donne à tous sans se partager; de cette Verité souveraine & universelle qui éclaire tous les esprits, comme le Soleil éclaire tous les corps. Celui, ajoûtoit-il, qui n'a jamais vû cette Lumiere pure, est aveugle comme un aveugle né. Il passe sa vie dans une profonde nuit, comme les peuples que le Soleil n'éclaire point pendant plusieurs mois de l'année. Il croit être sage, & il est insensé: il croit tout voir, & il ne voit rien; il meurt n'ayant jamais rien vû: tout au plus il apperçoit de sombres & fausses lueurs, de vaines ombres, des fantômes qui n'ont rien de réel. Ainsi sont tous les hommes entraînez par le plaisir des sens & par le charme de l'imagination. Il n'y a point sur la terre de veritables hommes, excepté ceux qui consultent, qui aiment, qui suivent cette raison éternelle. C'est elle qui nous inspire quand nous pensons bien: c'est elle qui nous reprend quand nous pensons mal. Nous ne tenons pas moins d'elle la raison que la vie; elle est comme un grand Ocean de lumiere: nos esprits sont comme de petits ruisseaux qui en sortent, & qui y retournent pour s'y perdre.

Quoique je ne comprisse point encore parfaitement la sagesse de ce discours, je ne laissois pas d'y goûter je ne sçai quoi de pur & de sublime: mon cœur en étoit échaufé, & la verité me sembloit reluire dans toutes ces
pa-

paroles. Ils continuérent à parler de l'origine des Dieux, des Heros, des Poëtes, de l'âge d'or, du Déluge, des premieres Histoires du genre humain, du fleuve d'oubli où se plongent les ames des morts, des peines éternelles préparées aux impies dans le goufre noir du Tartare, & de cette heureuse paix dont jouissent les Justes dans les Champs Elisées, sans crainte de pouvoir la perdre.

Pendant qu'Hazaël & Mentor parloient, nous apperçûmes des Dauphins couverts d'une écaille qui paroissoit d'or & d'azur. En se jouant ils soûlevoient les flots avec beaucoup d'écume. Après eux venoient des Tritons qui sonnoient de la trompette avec leurs conques recourbées. Ils environnoient le char d'Amphitrite traîné par des chevaux marins plus blancs que la neige, & qui fendant l'onde salée laissoient loin derriere eux un vaste sillon dans la mer. Leurs yeux étoient enflâmez, & leurs bouches étoient fumantes. Le char de la Déesse étoit une conque d'une merveilleuse figure; elle étoit d'une blancheur plus éclatante que l'yvoire, & les roues étoient d'or. Ce char sembloit voler sur la face des eaux paisibles. Une troupe de Nymphes couronnées de fleurs nageoient en foule derriere le char; leurs beaux cheveux pendoient sur leurs épaules, & flotoient au gré du vent. La Déesse tenoit d'une main un sceptre d'or pour commander aux vagues, de l'autre elle portoit sur ses genoux le petit Dieu Palemon son fils pendant à sa mamelle. Elle avoit un visage serein & une douce majesté qui faisoit fuir les vents séditieux & toutes les noires tempêtes. Les Tritons conduisoient les chevaux

& tenoient les rênes dorées. Une grande voile de pourpre flotoit dans l'air audessus du char; elle étoit à demi enflée par le souffle d'une multitude de petits Zephirs qui s'efforçoient de la pousser par leurs haleines. On voyoit au milieu des airs Eole empressé, inquiet, & ardent. Son visage ridé & chagrin, sa voix menaçante, ses sourcils épais & pendans; ses yeux pleins d'un feu sombre & austere tenoient en silence les fiers Aquilons, & repoussoient tous les nuages. Les immenses baleines & tous les monstres marins faisoient avec leurs narines un flux & reflux de l'onde amere, sortoient à la hâte de leurs grotes profondes pour voir la Déesse.

Fin du quatriéme Livre.

Telemaque obtient le prix a la Lutte.

LES AVANTURES DE TELEMAQUE, FILS D'ULYSSE.

LIVRE CINQUIEME.

SOMMAIRE.

Telemaque raconte qu'en arrivant en Crete, il apprit qu'Idomenée Roi de cette isle avoit sacrifié son fils unique pour accomplir un vœu indiscret : que les Cretois voulant venger le sang du fils, avoient réduit le pere à quitter leur païs; qu'après de longues incertitudes ils étoient actuellement assemblez pour élire un autre Roi. Telemaque ajoûte qu'il fut admis dans cette assemblée ; qu'il y remporta les prix pour divers jeux, & qu'il expliqua les questions laissées par Minos dans le Livre de ses Loix : que les
vieil-

vieillards juges de l'isle, & tous les peuples voulurent le faire Roi voyant sa sagesse.

APRES que nous eumes admiré ce spectacle, nous commençâmes à découvrir les montagnes de Crete, que nous avions encore assez de peine à distinguer des nuées du ciel & des flots de la mer. Bientôt nous vîmes le sommet du Mont Ida audessus des autres montagnes de l'isle, comme un vieux cerf dans une forêt porte son bois rameux audessus des têtes des jeunes faons, dont il est suivi. Peu à peu nous vîmes plus distinctement les côtes de cette isle, qui se presentoient à nos yeux comme un amphiteatre. Autant que la terre de Cypre nous avoit paru negligée & inculte, autant celle de Crete se montroit fertile & ornée de tous les fruits par le travail de ses habitans.

De tous côtez nous remarquions des Villages bien bâtis, des Bourgs qui égaloient des Villes, & des Villes superbes. Nous ne trouvions aucun champ, où la main du Laboureur diligent ne fût imprimée; par tout la charue avoit laissé des creux sillons: les ronces, les épines & toutes les plantes qui occupent inutilement la terre, sont inconnues en ce pays. Nous considerions avec plaisir les creux vallons où les troupeaux de bœufs mugissent dans les gras herbages le long des ruisseaux; les moutons paissans sur le panchant d'une coline; les vastes campagnes couvertes de jaunes épics, riches dons de la féconde Cerès; enfin les montagnes ornées de pampres & de grapes d'un raisin déja coloré, qui promettoit aux Vendangeurs les
doux

doux présens de Bacchus pour charmer les soucis des hommes.

Mentor nous dit qu'il avoit été autrefois en Crete, & il nous expliqua ce qu'il en connoissoit. Cette isle, disoit-il, admirée de tous les étrangers, & fameuse par ses cent Villes, nourrit sans peine tous ses habitans, quoiqu'ils soient inombrables. C'est que la terre ne se lasse jamais de répandre ses biens sur ceux qui la cultivent. Son sein fécond ne peut s'épuiser; plus il y a d'hommes dans un pays, pourvû qu'ils soient laborieux, plus ils jouïssent de l'abondance: ils n'ont jamais besoin d'être jaloux les uns des autres. La terre cette bonne mere multiplie ses dons selon le nombre de ses enfans, qui méritent ses fruits par leur travail. L'ambition & l'avarice des hommes sont les seules sources de leur malheur. Les hommes veulent tout avoir, & ils se rendent malheureux par le desir du superflu; s'ils vouloient vivre simplement & se contenter de satisfaire aux vrais besoins, on verroit par tout l'abondance, la joie, l'union & la paix.

C'est ce que Minos, le plus sage & le meilleur de tous les Rois, avoit compris. Tout ce que vous verrez de plus merveilleux dans cette isle, est le fruit de ses loix. L'éducation qu'il faisoit donner aux enfans, rend les corps sains & robustes: on les accoûtume d'abord à une vie simple, frugale & laborieuse; on suppose que toute volupté amolit le corps & l'esprit: on ne leur propose jamais d'autre plaisir que celui d'être invincible par la vertu, & d'acquerir beaucoup de gloire. On ne met pas seulement le courage à mépriser la mort dans les dangers de la guerre, mais encore à fouler aux pieds les trop grandes richesses & les plaisirs honteux. Ici on punit trois vices, qui sont impunis chez les autres peuples, l'ingratitude, la dissimulation, & l'avarice.

Pour le faste & la molesse, on n'a jamais besoin de les réprimer; car ils sont inconnus en Crete. Tout le monde y travaille, & personne ne songe à s'y enrichir; chacun se croit assez payé de son travail par une vie douce & reglée, où l'on jouit en paix & avec abondance de tout ce qui est véritablement nécessaire à la vie. On n'y souffre ni meubles précieux, ni habits magnifiques, ni festins délicieux, ni Palais dorez. Les habits sont de laine fine & de belles couleurs, mais tout unis & sans broderie. Les repas y sont sobres; on y boit peu de vin : le bon pain en fait la principale partie, avec les fruits que les arbres offrent comme d'eux-mêmes, & le lait des troupeaux. Tout au plus on y mange un peu de grosse viande sans ragoût; encore même a-t-on soin de réserver ce qu'il y a de meilleur dans les grands troupeaux de bœufs pour faire fleurir l'agriculture. Les maisons y sont propres, commodes, riantes, mais sans ornemens. La superbe architecture n'y est pas ignorée : mais elle est réservée pour les Temples des Dieux, & les hommes n'oseroient avoir des maisons semblables à celle des Immortels. Les grands biens des Cretois sont la santé, la force, le courage, la paix, & l'union des familles, la liberté de tous les Citoyens, l'abondance des choses nécessaires, le mépris des superflues; l'habitude du travail, & l'horreur de l'oisiveté; l'émulation pour la vertu,

vertu, la soumission aux loix, & la crainte des justes Dieux.

Je lui demandai en quoi consistoit l'autorité du Roi, & il me répondit : Il peut tout sur les peuples ; mais les loix peuvent tout sur lui. Il a une puissance absolue pour faire le bien, & les mains liées dès qu'il veut faire le mal. Les loix lui confient les peuples comme le plus précieux de tous les dépôts, à condition qu'il sera le pere de ses sujets. Elles veulent qu'un seul homme serve par sa sagesse & par sa moderation à la félicité de tant d'hommes ; & non pas que tant d'hommes servent par leur misere & par leur servitude lâche à flater l'orgueil & la molesse d'un seul homme. Le Roi ne doit rien avoir audessus des autres, excepté ce qui est necessaire ou pour le soulager dans ses pénibles fonctions, ou pour imprimer aux peuples le respect de celui qui doit soutenir les loix. D'ailleurs le Roi doit être plus sobre, plus ennemi de la molesse, plus exempt de faste & de hauteur qu'aucun autre. Il ne doit point avoir plus de richesses & de plaisirs ; mais plus de sagesse, de vertu & de gloire que le reste des hommes. Il doit être audehors le défenseur de la patrie, en commandant les armées ; & audedans le Juge des peuples pour les rendre bons, sages & heureux. Ce n'est point pour lui-même que les Dieux l'ont fait Roi ; il ne l'est que pour être l'homme des peuples : c'est aux peuples qu'il doit tout son tems, tous ses soins, toute son affection ; & il n'est digne de la Royauté, qu'autant qu'il s'oublie lui-même pour se sacrifier au bien public. Minos n'a voulu que les

enfans

enfans regnassent après lui, qu'à condition qu'ils regneroient suivant ces maximes. Il aimoit encore plus son peuple que sa famille : c'est par une telle sagesse qu'il a rendu la Crete si puissante & si heureuse. C'est par cette moderation qu'il a effacé la gloire de tous les Conquerans qui veulent faire servir les peuples à leur propre grandeur, c'est-à-dire à leur vanité. Enfin c'est par sa justice qu'il a merité d'être aux enfers le souverain Juge des morts.

Pendant que Mentor faisoit ce discours, nous abordâmes dans l'isle. Nous vîmes le fameux Labyrinthe, ouvrage des mains de l'ingenieux Dédale, & qui étoit une imitation du grand Labyrinthe que nous avions vû en Egypte. Pendant que nous considerions ce curieux édifice, nous vîmes le peuple qui couvroit le rivage & qui accouroit en foule dans un lieu assez voisin du bord de la mer. Nous demandâmes la cause de leur empressement, & voici ce qu'un Cretois nommé Nausicrate nous raconta :

Idomenée fils de Deucalion, & petit-fils de Minos, dit-il, étoit allé comme les autres Rois de la Grece au siege de Troye. Après la ruine de cette Ville, il fit voile pour revenir en Crete ; mais la tempête fut si violente, que le Pilote de son vaisseau & tous les autres qui étoient experimentez dans la navigation, crurent que leur naufrage étoit inévitable. Chacun avoit la mort devant les yeux; chacun voyoit les abîmes ouverts pour l'engloutir : chacun déploroit son malheur, n'esperant pas même le triste repos des ombres qui traversent le Styx après avoir reçu la sepulture. Idomenée levant les yeux & les mains

mains vers le Ciel invoquoit Neptune : O puissant Dieu, s'écrioit-il, toi qui tiens l'empire des ondes, daigne écouter un malheureux : si tu me fais revoir l'isle de Crete malgré la fureur des vents, je t'immolerai la premiere tête qui se presentera à mes yeux.

Cependant son fils impatient de revoir son pere, se hâtoit d'aller audevant de lui pour l'embrasser ; malheureux qui ne savoit pas que c'étoit courir à sa perte. Le pere échapé à la tempête arrivoit dans le port desiré : il remercioit Neptune d'avoir écouté ses vœux : mais bientôt il sentit combien ses vœux lui étoient funestes. Un pressentiment de son malheur lui donnoit un cuisant repentir de son vœu indiscret ; il craignoit d'arriver parmi les siens, & il apprehendoit de revoir ce qu'il avoit de plus cher au monde. Mais la cruelle Nemesis Déesse impitoyable, qui veille pour punir les hommes, & sur tout les Rois orgueilleux, poussoit d'une main fatale & invisible Idomenée. Il arrive ; à peine ose-t-il lever les yeux ; il voit son fils ; il recule saisi d'horreur ; ses yeux cherchent, mais en vain, quelqu'autre tête moins chere qui puisse lui servir de victime. Cependant le fils se jette à son cou, & est tout étonné que son pere répond si mal à sa tendresse ; il le voit fondant en larmes.

O mon pere, dit-il, d'où vient cette tristesse ? Après une si longue absence, êtes-vous fâché de vous revoir dans votre Royaume, & de faire la joie de votre fils ? Qu'ai-je fait ? Vous détournez vos yeux de peur de me voir. Le pere accablé de douleur ne répondit rien. Enfin, après de profonds soûpirs, il dit : Ah ! Neptune, que t'ai-je promis ? A quel

quel prix m'as-tu garanti du naufrage? Rends-moi aux vagues & aux rochers, qui devoient en me brisant finir ma triste vie; laisse vivre mon fils. O Dieu cruel, tiens, voilà mon sang, épargne le sien. En parlant ainsi, il tira son épée pour se percer: mais tous ceux qui étoient auprès de lui arrêterent sa main. Le vieillard Sophronyme, interprete des volontez des Dieux, lui assura qu'il pourroit contenter Neptune sans donner la mort à son fils. Votre promesse, disoit-il, a été imprudente: les Dieux ne veulent point être honorez par la cruauté; gardez-vous bien d'ajoûter à la faute de votre promesse celle de l'accomplir contre les loix de la nature; offrez à Neptune cent taureaux plus blancs que la neige; faites couler leur sang autour de son Autel couronné de fleurs: faites fumer un doux encens en l'honneur de ce Dieu.

Idomenée écoutoit ce discours la tête baissée & sans répondre; la fureur étoit allumée dans ses yeux: son visage pâle & défiguré changeoit à tout moment de couleur; on voyoit ses membres tremblans. Cependant son fils lui disoit: Me voici, mon pere; votre fils est prêt à mourir pour appaiser le Dieu de la mer; n'attirez pas sur vous sa colere: je meurs content, puisque ma mort vous aura garanti de la vôtre. Frapez, mon pere, ne craignez point de trouver en moi un fils indigne de vous, qui craigne de mourir.

En ce moment Idomenée tout hors de lui, & comme déchiré par les furies infernales, surprend tous ceux qui l'observoient de près; il enfonce son épée dans le cœur de cet enfant, il la retire toute fumante & toute
pleine

pleine de sang pour la plonger dans ses propres entrailles : il est encore une fois retenu par ceux qui l'environnent. L'enfant tombe dans son sang ; ses yeux se couvrent des ombres de la mort ; il les entrouvre à la lumiere ; mais à peine l'a-t-il trouvée, qu'il ne peut plus la supporter. Tel qu'un beau lys au milieu des champs coupé dans sa racine par le tranchant de la charue, languit & ne se soutient plus : il n'a point encore perdu cette vive blancheur & cet éclat qui charme les yeux ; mais la terre ne le nourrit plus, & sa vie est éteinte. Ainsi le fils d'Idomenée, comme une jeune & tendre fleur, est cruellement moissonné dès son premier âge. Le pere dans l'excès de sa douleur devient insensible ; il ne sçait où il est, ni ce qu'il fait, ni ce qu'il doit faire ; il marche chancelant vers la ville, & demande son fils.

Cependant le peuple touché de compassion pour l'enfant, & d'horreur pour l'action barbare du pere, s'écrie que les Dieux justes l'ont livré aux furies. La fureur leur fournit des armes ; ils prennent des bâtons & des pierres ; la discorde soufle dans tous les cœurs un venin mortel. Les Cretois, les sages Cretois oublient la sagesse qu'ils ont tant aimée ; ils ne reconnoissent plus le petit-fils du sage Minos. Les amis d'Idomenée ne trouvent plus de salut pour lui, qu'en le ramenant vers ses vaisseaux : ils s'embarquent avec lui ; ils fuyent à la merci des ondes. Idomenée revenant à soi, les remercie de l'avoir arraché d'une terre qu'il a arrosée du sang de son fils, & qu'il ne sauroit plus habiter. Les vents les conduisent vers l'Hesperie, & ils vont fonder un
nouveau

nouveau Royaume dans le pays des Salentins.

Cependant les Cretois n'ayant plus de Roi pour les gouverner, ont résolu d'en choisir un qui conserve dans leur pureté les loix établies. Voici les mesures qu'ils ont prises pour faire ce choix. Tous les principaux Citoyens des cent Villes sont assemblez ici. On a déja commencé par des sacrifices; on a assemblé tous les sages les plus fameux des pays voisins, pour examiner la sagesse de ceux qui paroîtront dignes de commander. On a préparé des jeux publics, où tous les prétendans combattent; car on veut donner pour prix la Royauté à celui qu'on jugera vainqueur de tous les autres, & pour l'esprit & pour le corps. On veut un Roi dont le corps soit fort & adroit, & dont l'ame soit ornée de la sagesse & de la vertu. On appelle ici tous les étrangers.

Après nous avoir raconté toute cette histoire étonnante, Nausicrate nous dit: Hâtez-vous donc, ô étrangers, de venir dans notre assemblée: vous combattrez avec les autres; & si les Dieux destinent la victoire à l'un de vous, il regnera en ce païs. Nous le suivîmes sans aucun desir de vaincre, mais par la seule curiosité de voir une chose si extraordinaire.

Nous arrivâmes à une espece de Cirque très-vaste, environné d'une épaisse forêt: le milieu du Cirque étoit une arène préparée pour les combattans; elle étoit bordée par un grand amphiteatre d'un gazon frais, sur lequel étoit assis & rangé un peuple innombrable. Quand nous arrivâmes, on nous reçut avec honneur; car les Cretois sont les
peuples

peuples du monde qui exercent le plus noblement & avec le plus de religion l'hospitalité. On nous fit asseoir, & on nous invita à combatre. Mentor s'en excusa sur son âge, & Hazaël sur sa foible santé. Ma jeunesse & ma vigueur m'ôtoient toute excuse: je jettai néanmoins un coup d'œil sur Mentor pour découvrir sa pensée, & j'apperçûs qu'il souhaitoit que je combatisse. J'acceptai donc l'offre qu'on me faisoit: je me dépouillai de mes habits; on fit couler des flots d'huile douce & luisante sur tous les membres de mon corps, & je me mêlai parmi les combatans. On dit de tous côtez que c'étoit le fils d'Ulysse, qui étoit venu pour tâcher de remporter le prix; & plusieurs Crétois qui avoient été en Ithaque pendant mon enfance, me reconnurent.

Le premier combat fut celui de la lutte. Un Rhodien d'environ trente-cinq ans surmonta tous les autres qui osèrent se presenter à lui: il étoit encore dans toute la vigueur de la jeunesse; ses bras étoient nerveux & bien nourris: au moindre mouvement qu'il faisoit, on voyoit tous ses muscles; il étoit également souple & fort. Je ne lui parus pas digne d'être vaincu; & regardant avec pitié ma tendre jeunesse, il voulut se retirer; mais je me presentai à lui. Alors nous nous saisîmes l'un l'autre; nous nous serrâmes à perdre la respiration. Nous étions épaule contre épaule, pied contre pied, tous les nerfs étendus & les bras entrelassez comme des serpens; chacun s'efforçant d'enlever de terre son ennemi. Tantôt il essayoit de me surprendre en me poussant du côté droit; tantôt il s'efforçoit de

me

me pancher du côté gauche. Pendant qu'il me tâtoit ainsi, je le poussai avec tant de violence, que ses reins pliérent : il tomba sur l'arène, & m'entraîna sur lui. En vain il tâcha de me mettre dessous ; je le tins immobile sous moi. Tout le peuple cria : Victoire au fils d'Ulysse ; & j'aidai au Rhodien confus à se relever.

Le combat du Ceste fut plus difficile. Le fils d'un riche Citoyen de Samos avoit acquis une haute réputation dans ce genre de combat. Tous les autres lui cedérent ; il n'y eut que moi qui esperai la victoire. D'abord il me donna dans la tête, & puis dans l'estomach, des coups qui me firent vomir le sang, & qui répandirent sur mes yeux un épais nuage. Je chancelai ; il me pressoit, & je ne pouvois plus respirer : mais je fus ranimé par la voix de Mentor, qui me crioit : O fils d'Ulysse, seriez-vous vaincu ? La colere me donna de nouvelles forces ; j'évitai plusieurs coups dont j'aurois été accablé. Aussitôt que le Samien m'avoit porté un faux coup, & que son bras s'alongeoit en vain, je le surprenois dans cette posture panchée : déja il reculoit, quand je haussai mon Ceste pour tomber sur lui avec plus de force : il voulut esquiver ; & perdant l'équilibre, il me donna le moyen de le renverser. A peine fut-il étendu par terre, que je lui tendis la main pour le relever : il se redressa lui-même couvert de poussiere & de sang ; sa honte fut extrême, mais il n'osa renouveller le combat.

Aussitôt on commença les courses des chariots que l'on distribua au sort. Le mien se trouva le moindre pour la legereté des roues,

roues, & pour la vigueur des chevaux. Nous partons; un nuage de poussiere vole & couvre le ciel. Au commencement je laissai les autres passer devant moi. Un jeune Lacedemonien, nommé Crantor, laissoit d'abord tous les autres derriere lui. Un Crétois nommé Policlete le suivoit de près. Hippomaque parent d'Idomenée qui aspiroit à lui succeder, lâchant les rênes à ses chevaux fumans de sueur, étoit tout panché sur leurs crins flotans; & le mouvement des roues de son chariot étoit si rapide, qu'elles paroissoient immobiles comme les aîles d'un aigle qui fend les airs. Mes chevaux s'animérent, & se mirent peu à peu en haleine; je laissai loin derriere moi presque tous ceux qui étoient partis avec tant d'ardeur. Hippomaque parent d'Idomenée, pressant trop ses chevaux, le plus vigoureux s'abatit, & ôta par sa chûte à son maître l'espérance de regner.

Polyclete se panchant trop sur ses chevaux, ne put se tenir ferme dans une secousse; il tomba, les rênes lui échapérent, & il fut trop heureux de pouvoir éviter la mort. Crantor, voyant avec des yeux pleins d'indignation que j'étois tout auprès de lui, redoubla son ardeur: tantôt il invoquoit les Dieux, & leur promettoit de riches offrandes; tantôt il parloit à ses chevaux pour les animer: il craignoit que je ne passasse entre la borne & lui; car mes chevaux mieux ménagez que les siens, étoient en état de le devancer; il ne lui restoit plus d'autre ressource, que celle de me fermer le passage. Pour y réussir, il hasarda de se briser contre la borne; il y brisa effectivement sa roue. Je ne songeai qu'à faire promptement le tour pour n'être pas engagé dans son desordre; & il me vit un moment après au bout de la carriere. Le peuple s'écria encore une fois: Victoire au fils d'Ulysse; c'est lui que les Dieux destinent à regner sur nous.

Cependant les plus illustres & les plus sages d'entre les Crétois nous conduisirent dans un bois antique & sacré, reculé de la vûe des hommes profanes, où les vieillards que Minos avoit etablis juges du peuple, & gardes des loix, nous assemblérent. Nous étions les mêmes qui avions combatu dans les jeux; nul autre ne fut admis. Les sages ouvrirent les Livres où toutes les loix de Minos sont recueillies. Je me sentis saisi de respect & de honte, quand j'approchai de ces vieillards, que l'âge rendoit venerables, sans leur ôter la vigueur de l'esprit; ils étoient assis avec ordre, & immobiles dans leurs places: leurs cheveux étoient blancs; plusieurs n'en avoient presque plus. On voyoit reluire sur leurs visages graves une sagesse douce & tranquile: ils ne se pressoient point de parler; ils ne disoient que ce qu'ils avoient résolu de dire. Quand ils étoient d'avis differens, ils étoient si moderez à soutenir ce qu'ils pensoient de part & d'autre, qu'on auroit cru qu'ils étoient tous d'une même opinion. La longue experience des choses passées, & l'habitude du travail, leur donnoit de grandes vûes sur toutes choses: mais ce qui perfectionnoit de plus leur raison, étoit le calme de leurs esprits délivrez des folles passions & des caprices de la jeunesse. La sagesse toute seule agissoit en eux, & le fruit de leur longue vertu étoit d'avoir si bien dompté leurs humeurs, qu'ils goûtoient sans peine le doux & noble plaisir d'écouter la raison. En les admirant, je souhaitai que ma vie pût s'accourcir pour arriver tout-à-coup à une si estimable vieillesse. Je trouvois la jeunesse malheureuse d'être si impétueuse & si éloignée de cette vertu si éclairée & si tranquile.

Le premier d'entre ces vieillards ouvrit le livre des loix de Minos. C'étoit un grand livre qu'on tenoit d'ordinaire renfermé dans une cassete d'or avec des parfums. Tous ces vieillards le baiserent avec respect; car ils disent qu'après les Dieux de qui les bonnes loix viennent, rien ne doit être si sacré aux hommes que les loix destinées à les rendre bons, sages & heureux. Ceux qui ont dans leurs mains les loix pour gouverner les peuples, doivent toujours se laisser gouverner eux-mêmes par les loix. C'est la loi & non pas l'homme qui doit regner. Tel étoit le discours de ces sages. Ensuite celui qui présidoit, proposa trois questions, qui devoient être decidées par les maximes de Minos.

La premiere question est de savoir quel est le plus libre de tous les hommes. Les uns répondirent que c'étoit un Roi qui avoit sur son peuple un empire absolu, & qui étoit victorieux de tous ses ennemis. D'autres soûtinrent que c'étoit un homme si riche, qu'il pouvoit contenter tous ses desirs. D'autres dirent que c'étoit un homme qui ne se marioit point, & qui voyageoit pendant toute sa vie en divers pays sans être jamais assujeti aux loix d'aucune nation. D'autres s'imaginérent que c'étoit un Barbare, qui vivant de sa chasse au milieu des bois, étoit indépendant de toute police & de tout besoin. D'autres crurent que c'étoit un homme nouvellement affranchi, parce qu'en sortant des rigueurs de la servitude, il jouissoit plus qu'aucun autre des douceurs de la liberté. D'autres enfin s'aviserent de dire que c'étoit un homme mourant, parce que la mort le délivroit de tout, & que tous les hommes ensemble n'avoient plus aucun pouvoir sur lui.

Quand mon rang fut venu, je n'eus pas de peine à répondre, parce que je n'avois pas oublié ce que Mentor m'avoit dit souvent. Le plus libre de tous les hommes, répondis-je, est celui qui peut être libre dans l'esclavage même. En quelque pays & en quelque condition qu'on soit, on est très-libre, pourvu qu'on craigne les Dieux, & qu'on ne craigne qu'eux. En un mot, l'homme veritablement libre est celui qui dégagé de toute crainte & de tout desir, n'est soumis qu'aux Dieux & à la raison. Les vieillards s'entreregardérent en souriant, & furent surpris de voir que ma réponse fût précisément celle de Minos.

Ensuite on proposa la seconde question en ces termes : Qui est le plus malheureux de tous les hommes ? Chacun disoit ce qui lui venoit dans l'esprit. L'un disoit, C'est un homme qui n'a ni biens, ni santé, ni honneur. Un autre disoit, C'est un homme qui n'a aucun ami. D'autres soutenoient que c'est un homme qui a des enfans ingrats & indignes de lui. Il vint un sage de l'isle de Lesbos, qui dit : Le plus malheureux de tous les hommes est celui qui croit l'être ; car le malheur dépend moins des choses qu'on
souffre,

souffre, que de l'impatience avec laquelle on augmente son malheur. A ces mots toute l'assemblée s'écria: on applaudit, & chacun crut que ce sage Lesbien remporteroit le prix sur cette question. Mais on me demanda ma pensée, & je répondis, suivant les maximes de Mentor: Le plus malheureux de tous les hommes est un Roi qui croit être heureux en rendant les autres hommes miserables: il est doublement malheureux par son aveuglement, ne connoissant pas son malheur; il ne peut s'en guérir: il craint même de le connoître. La verité ne peut percer la foule des flateurs pour aller jusqu'à lui. Il est tyranisé par ses passions; il ne connoît point ses devoirs: il n'a jamais goûté le plaisir de faire le bien, ni senti les charmes de la pure vertu: il est malheureux & digne de l'être; son malheur augmente tous les jours: il court à sa perte, & les Dieux se préparent à le confondre par une punition éternelle. Toute l'assemblée avoua que j'avois vaincu le sage Lesbien, & les vieillards déclarérent que j'avois rencontré le vrai sens de Minos.

Pour la troisiéme question, on demanda lequel des deux est préferable: d'un côté, un Roi conquerant & invincible dans la guerre; de l'autre, un Roi sans experience de la guerre, mais propre à policer sagement les peuples dans la paix. La plûpart répondirent que le Roi invincible dans la guerre étoit préferable. A quoi sert, disoient-ils, d'avoir un Roi qui sache bien gouverner en paix, s'il ne sçait pas défendre le pays quand la guerre vient? les ennemis le vaincront, & réduiront son peuple en servitude. D'autres

soutesoûtenoient au contraire, que le Roi pacifique seroit meilleur, parce qu'il craindroit la guerre,& l'éviteroit par ses soins. D'autres disoient qu'un Roi conquerant travailleroit à la gloire de son peuple aussibien qu'à la sienne, & qu'il rendroit ses sujets maîtres des autres nations, au lieu qu'un Roi pacifique les tiendroit dans une honteuse lâcheté. On voulut savoir mon sentiment. Je répondis ainsi :

Un Roi qui ne sçait gouverner que dans la paix ou dans la guerre,& qui n'est pas capable de conduire son peuple dans ces deux états, n'est qu'à demi Roi. Mais si vous comparez un Roi qui ne sçait que la guerre, à un Roi sage, qui sans savoir la guerre est capable de la soutenir dans le besoin par ses Generaux, je le trouve preferable à l'autre. Un Roi entierement tourné à la guerre, voudroit toujours la faire pour étendre sa domination & sa gloire propre, il ruineroit son peuple. A quoi sert-il à un peuple que son Roi subjugue d'autres nations,si on est malheureux sous son regne? D'ailleurs les longues guerres entraînent toujours après elles beaucoup de desordres ; les victorieux mêmes se déreglent pendant ce tems de confusion. Voyez ce qu'il en coûte à la Grece pour avoir triomphé de Troye ; elle a été privée de ses Rois pendant plus de dix ans. Lorsque tout est en feu par la guerre,les loix,l'agriculture,les arts languissent. Les meilleurs Princes mêmes,pendant qu'ils ont une guerre à soûtenir, sont contraints de faire le plus grand des maux,qui est de tolerer la licence, & de se servir des méchans. Combien y a-t-il de scelerats qu'on puniroit pendant la

paix,

paix, & dont on a besoin de récompenser l'audace dans les desordres de la guerre? Jamais aucun peuple n'a eu un Roi conquerant, sans avoir beaucoup à souffrir de son ambition. Un conquerant enivré de sa gloire ruine presque autant sa nation victorieuse que les autres nations vaincues. Un Prince qui n'a point les qualitez nécessaires pour la paix, ne peut faire goûter à ses sujets les fruits d'une guerre heureusement finie : il est comme un homme qui défendroit son champ contre son voisin, & qui usurperoit celui de son voisin même, mais qui ne sauroit ni labourer ni semer, pour recueillir aucune moisson. Un tel homme semble né pour détruire, pour ravager, pour renverser le monde, & non pour rendre le peuple heureux par un sage gouvernement.

Venons maintenant au Roi pacifique. Il est vrai qu'il n'est pas propre à de grandes conquêtes ; c'est-à-dire qu'il n'est pas né pour troubler le repos de son peuple en voulant vaincre les autres peuples que la justice ne lui a pas soumis ; mais s'il est véritablement propre à gouverner en paix, il a toutes les qualitez nécessaires pour mettre son peuple en sûreté contre ses ennemis. Voici comment : Il est juste, moderé, & commode à l'égard de ses voisins ; il n'entreprend jamais contre eux rien qui puisse troubler la paix : il est fidele dans ses alliances. Ses Alliez l'aiment, ne le craignent point, & ont une entiere confiance en lui. S'il y a quelque voisin inquiet, hautain & ambitieux, tous les autres Rois voisins qui craignent ce voisin inquiet, & qui n'ont aucune jalousie du Roi pacifique, se joignent à ce bon Roi pour l'empêcher d'être opprimé. Sa probité, sa bonne foi, sa modération le rendent l'arbitre de tous les Etats qui environnent le sien. Pendant que le Roi entreprenant est odieux à tous les autres, & sans cesse exposé à leurs ligues, celui-ci a la gloire d'être comme le pere & le tuteur de tous les autres Rois. Voilà les avantages qu'il a audehors. Ceux dont il jouit audedans sont encore plus solides. Puisqu'il est propre à gouverner en paix, je suppose qu'il gouverne par les plus sages loix. Il retranche le faste, la molesse & tous les arts qui ne servent qu'à flater les vices : il fait fleurir les autres arts qui sont utiles aux véritables besoins de la vie ; sur tout il applique ses sujets à l'agriculture. Par-là il les met dans l'abondance des choses nécessaires. Ce peuple laborieux, simple dans ses mœurs, accoûtumé à vivre de peu, gagnant facilement sa vie par la culture de ses terres, se multiplie à l'infini. Voilà dans ce Royaume un peuple innombrable, mais un peuple sain, vigoureux, robuste, qui n'est point amoli par les voluptez, qui est exercé par la vertu, qui n'est point attaché aux douceurs d'une vie lâche & délicieuse, qui sçait mépriser la mort, qui aimeroit mieux mourir que de perdre cette liberté qu'il goûte sous un sage Roi appliqué à ne regner que pour faire regner la raison. Qu'un conquerant voisin attaque ce peuple, il ne le trouvera peutêtre pas assez accoûtumé à camper, à se ranger en bataille, ou à dresser des machines pour assieger une ville. Mais il le trouvera invincible par sa multitude, par son courage, par sa patience dans les fatigues, par son habitude de souffrir la pauvreté, par sa vigueur dans les combats,

combats, & par une vertu que les mauvais succès même ne peuvent abattre. D'ailleurs si ce Roi n'est pas assez experimenté pour commander lui-même ses armées, il les fera commander par des gens qui en seront capables, & il saura s'en servir sans perdre son autorité. Cependant il tirera du secours de ses Alliez. Ses sujets aimeront mieux mourir que de passer sous la domination d'un autre Roi violent & injuste. Les Dieux mêmes combattront pour lui. Voyez quelles ressources il aura au milieu des plus grands périls. Je conclus donc que le Roi pacifique, qui ignore la guerre, est un Roi très-imparfait, puisqu'il ne sçait point remplir une de ses plus grandes fonctions, qui est de vaincre ses ennemis : mais j'ajoûte qu'il est neanmoins infiniment superieur au Roi conquerant, qui manque de qualitez nécessaires dans la paix, & qui n'est propre qu'à la guerre.

J'apperçus dans l'assemblée beaucoup de gens qui ne pouvoient goûter cet avis; car la plûpart des hommes éblouis par les choses éclatantes comme les victoires & les conquêtes, les préferent à ce qui est simple, tranquile & solide, comme la paix & la bonne police des peuples. Mais tous les Vieillards déclarérent que j'avois parlé comme Minos.

Le premier de ces Vieillards s'écria : Je vois l'accomplissement d'un Oracle d'Apollon connu dans toute notre isle. Minos avoit consulté le Dieu pour savoir combien de tems sa race regneroit suivant les loix qu'il venoit d'établir. Le Dieu lui répondit : Les tiens cesseront de regner quand un étranger entrera dans ton isle pour y faire regner tes loix.

loix. Nous avions craint que quelque étranger viendroit faire la conquête de l'isle de Crete: mais le malheur d'Idomenée & la sagesse du fils d'Ulysse, qui entend mieux que nul autre mortel les loix de Minos, nous montre le sens de l'Oracle. Que tardons-nous à couronner celui que les destins nous donnent pour Roi?

Fin du cinquiéme Livre.

Liv. 6.

Les Cretois veulent choisir Telemaque pour Roi

LES AVANTURES DE TELEMAQUE, FILS D'ULYSSE.

LIVRE SIXIEME.

SOMMAIRE.

Telemaque raconte qu'il refusa la royauté de Crete pour retourner en Ithaque : qu'il proposa d'élire Mentor, qui refusa aussi le diadême : qu'enfin l'assemblée pressant Mentor de choisir pour toute la Nation, il leur avoit exposé ce qu'il venoit d'apprendre des vertus d'Aristodême, qui fut proclamé Roi au même moment : qu'ensuite Mentor & lui s'étoient embarquez pour aller en Ithaque : mais que Neptune pour consoler Venus irritée, leur avoit fait faire le naufrage, après lequel la Déesse Calypso venoit de les recevoir dans son Isle.

Aussitôt les Vieillards sortent de l'enceinte du bois sacré, & le premier me prenant par la main, annonce au peuple, deja impatient dans l'attente d'une décision, que j'avois remporté le prix. A peine acheva-t-il de parler, qu'on entendit un bruit confus de toute l'assemblée. Chacun pousse des cris de joie. Tout le rivage & toutes les montagnes voisines retentirent de ce cri: Que le fils d'Ulysse semblable à Minos regne sur les Crétois.

J'attendis un moment, & je faisois signe de la main pour demander qu'on m'écoutât. Cependant Mentor me disoit à l'oreille: Renoncez-vous à votre patrie? L'ambition de regner vous fera-t-elle oublier Penelope qui vous attend comme sa derniere esperance, & le grand Ulysse que les Dieux avoient résolu de vous rendre? Ces paroles percérent mon cœur, & me soûtinrent contre le vain desir de regner. Cependant un profond silence de toute cette tumultueuse assemblée me donna le moyen de parler ainsi: O illustres Crétois, je ne mérite point de vous commander. L'Oracle qu'on vient d'apporter, marque bien que la race de Minos cessera de regner quand un étranger entrera dans cette isle, & y fera regner les loix de ce sage Roi; mais il n'est pas dit que cet étranger regnera. Je veux croire que je suis cet étranger, marqué par l'Oracle. J'ai accompli la prediction; je suis venu dans cette isle ; j'ai découvert le vrai sens des loix, & je souhaite que mon explication serve à les faire regner avec l'homme que vous choisirez. Pour moi, je préfere ma patrie, la pauvre petite isle d'Ithaque aux cent villes de Créte, à la gloire & à l'opulence de ce beau Royaume. Souffrez que je suive ce que les destins ont marqué: si j'ai combatu dans vos jeux, ce n'étoit pas dans l'espesance de regner ici ; c'étoit pour mériter votre estime & votre compassion, c'étoit afin que vous me donnassiez les moyens de retourner promptement au lieu de ma naissance. J'aime mieux obéïr à mon pere Ulysse, & consoler ma mere Penelope, que de regner sur tous les peuples de l'univers. O Crétois ! vous voyez le fond de mon cœur ; il faut que je vous quitte ; mais la mort seule pourra finir ma reconnoissance. Oui, jusqu'au dernier soupir, Telemaque aimera les Crétois, & s'interessera à leur gloire comme à la sienne propre.

A peine eûs-je parlé qu'il s'éleva un bruit sourd semblable à celui des vagues de la mer, qui s'entrechoquent dans une tempête. Les uns disoient : Est-ce quelque divinité sous une figure humaine ? D'autres soutenoient qu'ils m'avoient vû en d'autres païs, & qu'ils me reconnoissoient. D'autres s'écrioient : Il faut le contraindre de regner ici. Enfin je repris la parole, & chacun se hâta de se taire, ne sachant si je n'allois point accepter ce que j'avois refusé d'abord. Voici les paroles que je leur dis :

Souffrez, ô Crétois, que je vous dise ce que je pense. Vous êtes le plus sage de tous les peuples : mais la sagesse demande, ce me semble, une précaution qui vous échape. Vous devez choisir non pas l'homme qui raisonne le mieux sur les loix, mais celui qui les pratique avec la plus constante vertu. Pour moi je suis jeune, par consequent sans experience, exposé à la violence des passions, & plus en état de m'instruire en obéïssant pour commander un jour, que de commander maintenant. Ne cherchez donc pas un homme me qui ait vaincu les autres dans les jeux d'esprit & de corps, mais qui se soit vaincu lui-même; cherchez un homme qui ait vos loix écrites dans le fond de son cœur, & dont toute la vie soit la pratique de ces loix; que ses actions plûtôt que ses paroles vous le fassent choisir.

Tous les Vieillards charmez de ce discours, & voyant toujours croître les applaudissemens de l'assemblée, me dirent: Puisque les Dieux nous ôtent l'esperance de vous voir regner au milieu de nous, du moins aidez-nous à trouver un Roi qui fasse regner nos loix. Connoissez-vous quelqu'un qui puisse commander avec cette modération? Je connois, leur dis-je d'abord, un homme de qui je tiens tout ce que vous estimez en moi; c'est sa sagesse, & non pas la mienne qui vient de parler; & il m'a inspiré toutes les réponses que vous venez d'entendre.

En même tems toute l'assemblée jetta les yeux sur Mentor que je montrois le tenant par la main. Je racontois les soins qu'il avoit eus de mon enfance; les périls dont il m'avoit délivré; les malheurs qui étoient venus fondre sur moi, dès que j'avois cessé de suivre ses conseils. D'abord on ne l'avoit point regardé à cause de ses habits simples & negligez, de sa contenance modeste, de son silence presque continuel, de son air froid & réservé. Mais quand on s'appliqua à le regarder, on découvrit dans son visage je ne sçai quoi de ferme & d'élevé: on remarqua la vivacité de ses yeux & la vigueur avec laquelle il faisoit jusqu'aux moindres actions; on le questionna: il fut admiré; on résolut de le faire Roi. Il s'en défendit sans s'émouvoir:

il dit qu'il préferoit les douceurs d'une vie privée à l'éclat de la Royauté; que les meilleurs Rois étoient malheureux, en ce qu'ils ne faisoient presque jamais les biens qu'ils vouloient faire, & qu'ils faisoient souvent, par la surprise des flateurs, les maux qu'ils ne vouloient pas. Il ajoûta que si la servitude est miserable, la Royauté ne l'est pas moins, puisqu'elle est une servitude déguisée. Quand on est Roi, disoit-il, on dépend de tous ceux dont on a besoin pour se faire obéïr. Heureux celui qui n'est point obligé de commander! Nous ne devons qu'à notre seule patrie, quand elle nous confie l'autorité, le sacrifice de notre liberté pour travailler au bien public.

Alors les Crétois ne pouvant revenir de leur surprise, lui demandérent quel homme ils devoient choisir. Un homme, répondit-il, qui vous connoisse bien, puisqu'il faudra qu'il vous gouverne, & qui craigne de vous gouverner. Celui qui desire la Royauté ne la connoît pas: & comment en remplira-t-il les devoirs, ne les connoissant point? Il la cherche pour lui, & vous devez desirer un homme qui ne l'accepte que pour l'amour de vous.

Tous les Crétois furent dans un étrange étonnement de voir deux étrangers qui refusoient la Royauté recherchée par tant d'autres; ils voulurent savoir avec qui ils étoient venus. Nausicrates, qui les avoit conduits depuis le port jusqu'au Cirque, où l'on célébroit les jeux, leur montra Hazaël, avec lequel Mentor & moi étions venus de l'isle de Cypre. Mais leur étonnement fut encore bien plus grand, quand ils sçûrent que Mentor

tor avoir été esclave d'Hazaël; qu'Hazaël touché de la sagesse & de la vertu de son esclave, en avoit fait son conseil & son meilleur ami; que cet esclave mis en liberté étoit le même qui venoit de refuser d'être Roi, & qu'Hazaël étoit venu de Damas en Syrie pour s'instruire des loix de Minos, tant l'amour de la sagesse remplissoit son cœur.

Les Vieillards dirent à Hazaël: Nous n'osons vous prier de nous gouverner; car nous jugeons que vous avez les mêmes pensées que Mentor. Vous méprisez trop les hommes pour vouloir vous charger de les conduire; d'ailleurs vous êtes trop détaché des richesses & de l'éclat de la Royauté, pour vouloir acheter cet éclat par les peines attachées au gouvernement des peuples. Hazaël répondit: Ne croyez pas, ô Crétois, que je méprise les hommes. Non, non, je sçai combien il est grand de travailler à les rendre bons & heureux: mais ce travail est rempli de peines & de dangers. L'éclat qui y est attaché, est faux, & ne peut éblouir que des ames vaines. La vie est courte; les grandeurs irritent plus les passions qu'elles ne peuvent les contenter: c'est pour apprendre à me passer de ces faux biens, & non pas pour y parvenir, que je suis venu de si loin. Adieu. Je ne songe qu'à retourner dans une vie paisible & retirée, où la sagesse nourrisse mon cœur, & où les esperances qu'on tire de la vertu pour une autre meilleure vie après la mort, me consolent dans les chagrins de la vieillesse. Si j'avois quelque chose à souhaiter, ce ne seroit pas d'être Roi, ce seroit de ne me séparer jamais de ces deux hommes que vous voyez.

Enfin

Enfin les Crétois s'écrièrent parlant à Mentor: Dites-nous, ô le plus sage & le plus grand de tous les Mortels, dites-nous donc qui est-ce que nous pouvons choisir pour notre Roi? Nous ne vous laisserons point aller, que vous ne nous ayez appris le choix que nous devons faire. Il leur répondit: Pendant que j'étois dans la foule des spectateurs, j'ai remarqué un homme qui ne témoignoit aucun empressement. C'est un Vieillard assez vigoureux; j'ai demandé quel homme c'étoit; on m'a répondu qu'il s'apelloit Aristodeme. Ensuite j'ai entendu qu'on lui disoit que ses deux enfans étoient au nombre de ceux qui combattoient; il a paru n'en avoir aucune joie; il a dit que pour l'un il ne lui souhaitoit point les périls de la Royauté, & qu'il aimoit trop sa patrie, pour consentir que l'autre regnât jamais. Par là j'ai compris que ce pere aimoit d'un amour raisonnable l'un de ses enfans qui a de la vertu, & qu'il ne flatoit point l'autre dans ses déreglemens. Ma curiosité augmentant, j'ai demandé quelle a été la vie de ce Vieillard. Un de vos Citoyens m'a répondu: Il a longtems porté les armes, & il est couvert de blessures: mais sa vertu sincere & ennemie de la flaterie, l'avoit rendu incommode à Idomenée; c'est ce qui empêcha ce Roi de s'en servir dans le siege de Troye. Il craignoit un homme qui lui donneroit de sages conseils qu'il ne pouvoit se résoudre à suivre: il fut même jaloux de la gloire que cet homme ne manqueroit pas d'acquerir bientôt; il oublia tous ses services; il le laissa ici pauvre, méprisé des hommes grossiers & lâches qui n'estiment que les richesses: mais content dans sa pauvreté, il vit gayement dans un endroit écarté de l'isle, où il cultive son champ de ses propres mains. Un de ses fils travaille avec lui ; ils s'aiment tendrement ; ils sont heureux par leur frugalité & par leur travail ; ils se sont mis dans l'abondance des choses nécessaires à une vie simple. Le sage vieillard donne aux pauvres malades de son voisinage tout ce qui lui reste au-delà de ses besoins & de ceux de son fils. Il fait travailler tous les jeunes gens; il les exhorte; il les instruit : il juge tous les differends de son voisinage : il est le pere de toutes les familles. Le malheur de la sienne est d'avoir un second fils, qui n'a voulu suivre aucun de ses conseils. Le pere après l'avoir longtems souffert pour tâcher de le corriger de ses vices, l'a enfin chassé. Il s'est abandonné à une folle ambition & à tous les plaisirs.

Voilà, ô Crétois, ce qu'on m'a raconté. Vous devez savoir si ce recit est véritable. Mais si cet homme est tel qu'on le dépeint, pourquoi faire des jeux? Pourquoi assembler tant d'inconnus ? Vous avez au milieu de vous un homme qui vous connoît & que vous connoissez, qui sçait la guerre, qui a montré son courage, non seulement contre les flêches & contre les dards, mais contre l'affreuse pauvreté ; qui a méprisé les richesses acquises par la flaterie, qui aime le travail, qui sçait combien l'agriculture est utile à un peuple, qui déteste le faste, qui ne se laisse point amolir par un amour aveugle de ses enfans, qui aime la vertu de l'un, & qui condamne le vice de l'autre : en un mot un homme qui est déja le pere du peuple. Voilà votre Roi, s'il est vrai que vous desiriez de

faire

faire regner chez vous les loix du sage Minos.

Tout le peuple s'écria: Il est vrai, Aristodeme est tel que vous le dites; c'est lui qui est digne de regner. Les vieillards le firent appeller: on le chercha dans la foule, où il étoit confondu avec les derniers du peuple; il parut tranquile: on lui déclara qu'on le faisoit Roi. Il répondit: Je n'y puis consentir qu'à trois conditions. La premiere, que je quiterai la Royauté dans deux ans, si je ne vous rends meilleurs que vous n'êtes, & si vous résistez aux loix. La seconde, que je serai libre de continuer une vie simple & frugale. La troisiéme, que mes enfans n'auront aucun rang, & qu'après ma mort on les traitera sans distinction selon leur mérite comme le reste des Citoyens.

A ces paroles, il s'éleva dans l'air mille cris de joie. Le diadême fut mis par le chef des vieillards gardes des Loix, sur la tête d'Aristodeme. On fit des sacrifices à Jupiter, & aux autres grands Dieux. Aristodeme nous fit des presens, non pas avec la magnificence ordinaire aux Rois, mais avec une noble simplicité. Il donna à Hazaël les Loix de Minos écrites de la main de Minos même. Il lui donna aussi un recueil de toute l'Histoire de Crete depuis Saturne & l'âge d'or: il fit mettre dans son vaisseau des fruits de toutes les espèces qui sont bonnes en Crete, & inconnues dans la Syrie, & lui offrit tous les secours dont il pouvoit avoir besoin.

Comme nous pressions notre départ, il nous fit préparer un vaisseau avec un grand nombre de bons rameurs & d'hommes armez; il y fit mettre des habits pour nous, &
des

des provisions. A l'instant même il s'éleva un vent favorable pour aller en Ithaque; ce vent qui étoit contraire à Hazaël, le contraignit d'attendre. Il nous vit partir; il nous embrassa comme des amis qu'il ne devoit jamais revoir. Les Dieux sont justes, disoit-il, ils voyent une amitié qui n'est fondée que sur la vertu : un jour ils nous réuniront, & ces Champs fortunez, où l'on dit que les Justes jouissent après la mort d'une paix éternelle, verront nos ames se rejoindre pour ne se séparer jamais. O si mes cendres pouvoient ainsi être recueillies avec les vôtres! En prononçant ces mots, il versoit des torrens de larmes, & les soûpirs étouffoient sa voix. Nous ne pleurions pas moins que lui, & il nous conduisit au vaisseau.

Pour Aristodeme, il nous dit : C'est vous qui venez de me faire Roi : souvenez-vous des dangers où vous m'avez mis. Demandez aux Dieux qu'ils m'inspirent la vraye sagesse, & que je surpasse autant en modération les autres hommes, que je les surpasse en autorité. Pour moi je les prie de vous conduire heureusement dans votre patrie, d'y confondre l'insolence de vos ennemis, & de vous y faire voir en paix Ulysse regnant avec sa chere Penelope. Telemaque, je vous donne un bon vaisseau plein de rameurs & d'hommes armez ; ils pourront vous servir contre ces hommes injustes qui persécutent votre mere. O Mentor, votre sagesse qui n'a besoin de rien, ne me laisse rien à desirer pour vous. Allez tous deux, vivez heureux ensemble ; souvenez-vous d'Aristodeme ; & si jamais les Ithaciens ont besoin des Crétois, comptez sur moi jusqu'au

Livre VI.

qu'au dernier soûpir de ma vie. Il nous embrassa, & nous ne pûmes en le remerciant retenir nos larmes.

Cependant le vent qui enfloit nos voiles, nous promettoit une douce navigation. Déja le Mont Ida n'étoit plus à nos yeux que comme une colline : tous les rivages disparoissoient. Les côtes du Peloponese sembloient s'avancer dans la mer pour venir audevant de nous. Tout-à-coup une noire tempête envelopa le Ciel, & irrita toutes les ondes de la mer. Le jour se changea en nuit, & la mort se presenta à nous. O Neptune, c'est vous qui excitâtes par votre superbe Trident toutes les eaux de votre Empire ! Venus pour se venger de ce que nous l'avions méprisée jusques dans son Temple de Cythere, alla trouver ce Dieu ; elle lui parla avec douleur ; ses beaux yeux étoient baignez de larmes : du moins c'est ainsi que Mentor instruit des choses divines me l'a assuré. Souffrirez-vous, Neptune, disoit-elle, que ces impies se jouent impunément de ma puissance ? Les Dieux mêmes la sentent ; & ces téméraires Mortels ont osé condamner tout ce qui se fait dans mon isle. Ils se picquent d'une sagesse à toute épreuve ; & ils traitent l'amour de folie. Avez-vous oublié que je suis née dans votre Empire ? Que tardez-vous à ensevelir dans vos profonds abîmes ces deux hommes que je ne puis souffrir ?

A peine avoit-elle parlé, que Neptune souleva des flots jusqu'au Ciel, & Venus rit, croyant notre naufrage inévitable. Notre Pilote troublé s'écria qu'il ne pouvoit plus résister aux vents qui nous poussoient avec violence vers les rochers : un coup de vent

vent rompit notre mât, & un moment après nous entendîmes les pointes des rochers qui entrouvroient le fond du navire. L'eau entre de tous côtez ; le navire s'enfonce ; tous nos rameurs poussent de lamentables cris vers le Ciel. J'embrasse Mentor, & je lui dis: Voici la mort, il faut la recevoir avec courage. Les Dieux ne nous ont délivrez de tant de périls, que pour nous faire périr aujourd'hui. Mourons, Mentor, mourons. C'est une consolation pour moi de mourir avec vous; il seroit inutile de disputer notre vie contre la tempête.

Mentor me répondit : Le vrai courage trouve toujours quelque ressource. Ce n'est pas assez d'être prêt à recevoir tranquilement la mort, il faut sans la craindre faire tous ses efforts pour la repousser. Prenons vous & moi un de ces grands bancs de Rameurs. Tandis que cette multitude d'hommes timides & troublez regrette la vie, sans chercher les moyens de la conserver, ne perdons pas un moment pour sauver la nôtre. Aussitôt il prend une hache, il acheve de couper le mât qui étoit déja rompu, & qui panchant dans la mer, avoit mis le vaisseau sur le côté; il jette le mât hors du vaisseau, & s'élance dessus au milieu des ondes furieuses; il m'appelle par mon nom, & m'encourage pour le suivre. Tel qu'un grand arbre que tous les vents conjurez attaquent, & qui demeure immobile sur ses profondes racines, en sorte que la tempête ne fait qu'agiter ses feuilles; de même Mentor nonseulement ferme & courageux, mais doux & tranquile, sembloit commander aux vents & à la mer. Je le suis. Et qui auroit pû ne le pas suivre

encou-

encouragé par lui? Nous nous conduisions nous-mêmes sur ce mât flottant. C'étoit un grand secours pour nous; car nous pouvions nous asseoir dessus. S'il eut falu nager sans relâche, nos forces eussent été bientôt épuisées: mais souvent la tempête faisoit tourner cette grande piece de bois, & nous nous trouvions enfoncez dans la mer; alors nous bûvions l'onde amere qui couloit de notre bouche, de nos narines, & de nos oreilles, & nous étions contraints de disputer contre les flots, pour ratraper le dessus de ce mât. Quelquefois aussi une vague haute comme une montagne venoit passer sur nous, & nous nous tenions fermes, de peur que dans cette violente secousse le mât qui étoit notre unique esperance, ne nous échapât.

Pendant que nous étions dans cet état affreux, Mentor aussi paisible qu'il est maintenant sur ce siege de gazon, me disoit: Croyez-vous, Telemaque, que votre vie soit abandonnée aux vents & aux flots? Croyez-vous qu'ils puissent vous faire périr sans l'ordre des Dieux? Non, non, les Dieux décident de tout. C'est donc les Dieux, & non pas la mer qu'il faut craindre. Fussiez-vous au fond des abîmes, la main de Jupiter pourroit vous en tirer. Fussiez-vous dans l'Olympe, voyant les Astres sous vos pieds, Jupiter pourroit vous plonger au fond de l'abîme, ou vous précipiter dans les flâmes du noir Tartare. J'écoutois, & j'admirois ce discours qui me consoloit un peu: mais je n'avois pas l'esprit assez libre pour lui répondre. Il ne me voyoit point: je ne pouvois le voir. Nous passâmes toute la nuit tremblans de froid & demi morts, sans savoir où la tempête nous jettoit.

toit. Enfin les vents commencèrent à s'appaiser, & la mer mugissant ressembloit à une personne qui ayant été longtems irritée, n'a plus qu'un reste de trouble & d'émotion, étant lasse de se mettre en fureur; elle grondoit sourdement, & ses flots n'étoient presque plus que comme les sillons qu'on trouve dans un champ labouré.

Cependant l'Aurore vint ouvrir au Soleil les portes du Ciel, & nous annonça un beau jour. L'Orient étoit tout en feu, & les étoiles qui avoient été si longtems cachées, reparurent & s'enfuirent à l'arrivée de Phœbus. Nous apperçûmes de loin la terre, & le vent nous en approchoit. Alors je sentis l'esperance renaître dans mon cœur, mais nous n'apperçûmes aucun de nos compagnons. Selon les apparences ils perdirent courage, & la tempête les submergea tous avec le vaisseau. Quand nous fûmes auprès de la terre, la mer nous poussoit contre des pointes de rochers, qui nous eussent brisez ; mais nous tâchions de leur presenter le bout de notre mât, & Mentor faisoit de ce mât ce qu'un sage Pilote fait du meilleur gouvernail. Ainsi nous évitâmes ces rochers affreux, & nous trouvâmes enfin une côte douce & unie ; & nageant sans peine, nous abordâmes sur le sable. C'est là que vous nous vîtes, ô grande Déesse, qui habitez cette isle ; c'est là que vous daignâtes nous recevoir.

Fin du sixiéme Livre.

Mentor se precipite avec Telemaque dans la m[er]

LES AVANTURES DE TELEMAQUE, FILS D'ULYSSE.
LIVRE SEPTIEME.

SOMMAIRE.

Calypso admire Telemaque dans ses avantures, & n'oublie rien pour le retenir dans son Isle en l'engageant dans sa passion. Mentor soûtient Telemaque par ses remontrances, contre les artifices de cette Déesse, & contre Cupidon que Venus avoit amené à son secours. Neanmoins Telemaque & la Nymphe Eucharis ressentent bientôt une passion mutuelle, qui excite d'abord la jalousie de Calypso, & ensuite sa colere contre ces deux amans. Elle jure par le Styx que Telemaque sortira de son Isle. Cupidon va la consoler, & oblige ses Nymphes à aller brûler un vaisseau fait par Mentor, dans le tems que celui-ci entraîne Telemaque pour s'y embarquer. Telemaque sent une joie secrette de voir brûler ce vaisseau. Mentor qui s'en apperçoit le precipite dans la mer, & s'y jette lui-même pour gagner en nageant un autre vaisseau qu'il voyoit près de cette côte.

QUAND Telemaque eut achevé ce discours, toutes les Nymphes qui avoient été immobiles, les yeux attachez sur lui, se regardoient les unes les autres. Elles se disoient avec étonnement : Quels sont donc ces deux hommes si chéris des Dieux ? A-t-on jamais oui parler d'avantures si merveilleuses ? Le fils d'Ulysse le surpasse deja en éloquence, en sagesse & en valeur. Quelle mine ! quelle beauté ! quelle douceur ! quelle modestie ! mais quelle noblesse & quelle grandeur ! Si nous ne sçavions qu'il est le fils d'un mortel, on le prendroit aisément pour Bacchus, pour Mercure, ou même pour le grand Apollon. Mais quel est ce Mentor qui paroît un homme simple, obscur, & d'une médiocre condition ? Quand on le regarde de près, on trouve en lui je ne sçai quoi au-dessus de l'homme.

Calypso écoutoit ce discours avec un trouble qu'elle ne pouvoit cacher. Ses yeux errans alloient sans cesse de Mentor à Telemaque, & de Telemaque à Mentor. Quelquefois elle vouloit que Telemaque recommençât

LIVRE VII.

mençât cette longue histoire de ses avantures; puis tout-à-coup elle s'interrompoit elle-même. Enfin se levant brusquement, elle mena Telemaque seul dans un bois de myrthe, où elle n'oublia rien pour savoir de lui, si Mentor n'étoit point une Divinité cachée sous la forme d'un homme. Telemaque ne pouvoit le lui dire; car Minerve en l'accompagnant sous la figure de Mentor, ne s'étoit point découverte à lui à cause de sa grande jeunesse. Elle ne se fioit pas encore assez à son secret pour lui confier ses desseins. D'ailleurs elle vouloit l'éprouver par les plus grands dangers ; & s'il eut sçu que Minerve étoit avec lui, un tel secours l'eût trop soutenu : il n'auroit eu aucune peine à mépriser les accidens les plus affreux. Il prenoit donc Minerve pour Mentor, & tous les artifices de Calypso furent inutiles pour découvrir ce qu'elle desiroit savoir.

Cependant toutes les Nymphes assemblées autour de Mentor, prenoient plaisir à le questionner. L'une lui demandoit les circonstances de son voyage d'Ethiopie; l'autre vouloit savoir ce qu'il avoit vû à Damas; un autre lui demandoit s'il avoit connu autrefois Ulysse avant le siege de Troye. Il répondit à toutes avec douceur; & ses paroles quoique simples, étoient pleines de graces. Calypso ne les laissa pas longtems dans cette conversation ; elle revint; & pendant que les Nymphes se mirent à cueillir des fleurs en chantant pour amuser Telemaque, elle prit à l'écart Mentor pour le faire parler. La douce vapeur du sommeil ne coule pas plus doucement dans les yeux appesantis, & dans tous les membres fatiguez d'un homme ab-

F 2 batu,

batu, que les paroles flateuſes de la Déeſſe s'inſinuoient pour enchanter le cœur de Mentor: mais elle ſentoit toujours je ne ſçai quoi, qui repouſſoit tous ſes efforts, & qu'il ſe jouoit de ſes charmes. Semblable à un rocher eſcarpé qui cache ſon front dans les nuës, & qui ſe joue de la rage des vents, Mentor immobile dans ſes ſages deſſeins, ſe laiſſoit preſſer par Calypſo. Quelquefois même il lui laiſſoit eſperer qu'elle l'embaraſſeroit par ſes queſtions, & qu'elle tireroit la vérité du fond de ſon cœur. Mais au moment où elle croyoit ſatisfaire ſa curioſité, ſes eſperances s'évanouiſſoient. Tout ce qu'elle s'imaginoit tenir, lui échapoit tout-à-coup: & une réponſe courte de Mentor la replongeoit dans ſes incertitudes.

Elle paſſoit ainſi les journées, tantôt flatant Telemaque, tantôt cherchant les moiens de le détacher de Mentor, qu'elle n'eſperoit plus de faire parler. Elle employoit les plus belles Nymphes à faire naître les feux de l'amour dans le cœur du jeune Telemaque; & une Divinité plus puiſſante qu'elle vint à ſon ſecours pour y réuſſir.

Venus toujours pleine de reſſentiment du mépris que Mentor & Telemaque avoient témoigné pour le culte qu'on lui rendoit dans l'iſle de Cypre, ne pouvoit ſe conſoler de voir que ces deux téméraires Mortels euſſent échappé aux vents & à la mer dans la tempête excitée par Neptune. Elle en fit des plaintes améres à Jupiter: mais le pere des Dieux soûriant, ſans vouloir lui découvrir que Minerve ſous la figure de Mentor avoit ſauvé le fils d'Ulyſſe, permit à Venus de chercher les moyens de ſe venger de ces

deux

deux hommes. Elle quitte l'Olympe; elle oublie les doux parfums qu'on brûle sur ses Autels à Paphos, à Cythere, & à Idalie; elle vole dans son char attelé de colombes, elle appelle son fils; & la douleur se répandant sur son visage orné de nouvelles graces, elle parla ainsi:

Vois-tu, mon Fils, ces deux hommes qui méprisent ta puissance & la mienne? Qui voudra desormais nous adorer? Va; perce de tes flêches ces deux cœurs insensibles: descends avec moi dans cette isle, je parlerai à Calypso. Elle dit, & fendant les airs dans un nuage tout doré, elle se presenta à Calypso, qui dans ce moment étoit seule au bord d'une fontaine assez loin de sa grote.

Malheureuse Déesse, lui dit-elle, l'ingrat Ulysse vous a méprisée. Son fils encore plus dur que lui, vous prépare un semblable mépris: mais l'Amour vient lui-même pour vous venger; je vous le laisse: il demeurera parmi vos Nymphes, comme autrefois l'enfant Bacchus qui fut nourri par les Nymphes de l'isle de Naxos. Telemaque le verra comme un enfant ordinaire, il ne pourra s'en défier, & il sentira bientôt son pouvoir. Elle dit, & remontant dans le nuage doré d'où elle étoit sortie, elle laissa après elle une odeur d'ambroisie dont tous les bois de Calypso furent parfumez.

L'Amour demeura entre les bras de Calypso. Quoique Déesse, elle sentit la flâme qui couloit déja dans son sein. Pour se soulager elle le donna aussitôt à la Nymphe qui étoit auprès d'elle, nommée Eucharis. Mais helas! dans la suite combien de fois se repentit-elle de l'avoir fait! D'abord rien ne paroissoit plus innocent, plus doux, plus aimable, plus ingénu, & plus gracieux que cet Enfant. A le voir enjoué, flateur, toujours riant, on auroit cru qu'il ne pouvoit donner que du plaisir : mais à peine s'étoit-on fié à ses caresses, qu'on y sentoit je ne sçai quoi d'empoisonné. L'enfant malin & trompeur ne caressoit que pour trahir, & il ne rioit jamais que des maux cruels qu'il avoit faits, ou qu'il vouloit faire. Il n'osoit approcher de Mentor, dont la séverité l'épouvantoit; & il sentoit que cet inconnu étoit invulnérable, ensorte qu'aucune de ses flêches n'avoit pû le percer. Pour les Nymphes elles sentirent bientôt les feux que cet Enfant trompeur allume ; mais elles cachoient avec soin la playe profonde qui s'envenimoit dans leurs cœurs.

Cependant Telemaque voyant cet Enfant qui se jouoit avec les Nymphes, fut surpris de sa douceur & de sa beauté. Il l'embrasse, il le prend tantôt sur ses genoux, tantôt entre ses bras. Il sent en lui-même une inquiétude, dont il ne peut trouver la cause. Plus il cherche à se jouer innocemment, plus il se trouble, & s'amolit. Voyez-vous ces Nymphes, disoit-il à Mentor ; combien sont-elles differentes de ces femmes de l'isle de Cypre dont la beauté étoit choquante à cause de leur immodestie ? Ces Beautez immortelles montrent une innocence, une modestie, une simplicité qui charme. Parlant ainsi, il rougissoit sans savoir pourquoi. Il ne pouvoit s'empêcher de parler : mais à peine avoit-il commencé, qu'il ne pouvoit continuer ; ses paroles étoient entrecoupées, obscures, & quelquefois elles n'avoient aucun sens. Mentor

Mentor lui dit : O Telemaque ! les dangers de l'isle de Cypre n'étoient rien, si on les compare à ceux dont vous ne vous défiez pas maintenant. Le vice grossier fait horreur ; l'impudence brutale donne de l'indignation : mais la beauté modeste est bien plus dangereuse. En l'aimant on croit n'aimer que la vertu, & insensiblement on se laisse aller aux appas trompeurs d'une passion, qu'on n'apperçoit que quand il n'est presque plus tems de l'éteindre. Fuyez, ô mon cher Telemaque, fuyez ces Nymphes qui ne sont si discretes que pour vous mieux tromper. Fuyez les dangers de votre jeunesse ; mais sur tout fuyez cet Enfant que vous ne connoissez pas. C'est l'Amour que Venus sa mere est venue apporter dans cette isle pour se venger du mépris que vous avez témoigné pour le culte qu'on lui rend à Cithere : il a blessé le cœur de la Déesse Calypso ; elle est passionnée pour vous ; il a brûlé toutes les Nymphes qui l'environnent : vous brûlez vous-même, ô malheureux jeune homme, presque sans le savoir !

Telemaque interrompoit souvent Mentor, lui disant : Pourquoi ne demeurons-nous pas dans cette isle ? Ulysse ne vit plus : il doit être depuis longtems enseveli dans les ondes. Penelope ne voyant revenir ni lui ni moi, n'aura pû résister à tant de prétendans. Son pere Icare l'aura contrainte d'accepter un nouvel époux. Retournerai-je à Ithaque pour la voir engagée dans de nouveaux liens, & manquant à la foi qu'elle avoit donnée à mon pere ? Les Ithaciens ont oublié Ulysse. Nous ne pouvons y retourner que pour chercher une mort assurée, puisque les amans de Penelope ont occupé toutes les avenues du port, pour mieux aſſurer notre perte à notre retour.

Mentor répondoit : Voilà l'effet d'une aveugle paſſion. On cherche avec ſubtilité toutes les raiſons qui la favoriſent, & on ſe détourne de peur de voir toutes celles qui la condamnent. On n'eſt plus ingénieux que pour ſe tromper & pour étouffer ſes remords. Avez-vous oublié tout ce que les Dieux ont fait pour vous ramener dans votre Patrie ? comment êtes-vous ſorti de la Sicile ? Les malheurs que vous avez éprouvez en Egypte ne ſe ſont-ils pas tournez tout-à-coup en proſperitez ? Quelle main inconnue vous a enlevé à tous les dangers qui menaçoient votre tête dans la ville de Tyr ? Après tant de merveilles, ignorez-vous encore ce que les deſtinées vous ont préparé ? Mais que dis-je, vous en êtes indigne. Pour moi, je pars, & je ſaurai bien ſortir de cette iſle. Lâche fils d'un pere ſi ſage & ſi généreux, menez ici une vie molle & ſans honneur au milieu des femmes ; faites malgré les Dieux ce que votre pere crut indigne de lui.

Ces paroles de mépris percérent Telemaque juſqu'au fond du cœur. Il ſe ſentoit attendri aux diſcours de Mentor : ſa douleur étoit mêlée de honte ; il craignoit l'indignation & le départ de cet homme ſi ſage à qui il devoit tant. Mais une paſſion naiſſante, & qu'il ne connoiſſoit pas lui-même, faiſoit qu'il n'étoit plus le même homme. Quoi donc, diſoit-il à Mentor les larmes aux yeux, vous ne comptez pour rien l'immortalité qui m'eſt offerte par la Déeſſe ? Je compte

pour

pour rien, répondit Mentor, tout ce qui est contre la vertu, & contre les ordres des Dieux. La vertu vous rappelle dans votre patrie pour revoir Ulysse & Penelope. La vertu vous défend de vous abandonner à une folle passion. Les Dieux qui vous ont délivré de tant de périls pour vous préparer une gloire égale à celle de votre pere, vous ordonnent de quitter cette isle. L'Amour seul, ce honteux tyran, peut vous y retenir. Hé, que feriez-vous d'une vie immortelle, sans liberté, sans vertu, sans gloire? Cette vie seroit encore plus malheureuse en ce qu'elle ne pourroit finir.

Telemaque ne répondoit à ce discours que par des soûpirs. Quelquefois il auroit souhaité que Mentor l'eût arraché malgré lui de cette isle. Quelquefois il lui tardoit que Mentor fût parti pour n'avoir plus devant ses yeux cet ami severe qui lui reprochoit sa foiblesse. Toutes ces pensées contraires agitoient tour à tour son cœur, & aucune n'y étoit constante. Son cœur étoit comme la mer qui est le joüet de tous les vents contraires. Il demeuroit souvent étendu & immobile sur le rivage de la mer. Souvent dans le fond de quelque bois sombre, versant des larmes améres, & poussant des cris semblables aux rugissemens d'un lion. Il étoit devenu maigre; ses yeux creux étoient pleins d'un feu dévorant: à le voir pâle, abatu, & défiguré, on auroit cru que ce n'étoit point Telemaque. Sa beauté, son enjouement, sa noble fierté, s'enfuyoient loin de lui; il périssoit. Tel qu'une fleur, qui étant épanouie le matin, répand ses doux parfums dans la campagne, & se flétrit : peu à peu vers le soir ses vives couleurs s'effacent, elle languit, elle se desseiche, & sa belle tête se panche, ne pouvant plus se soutenir. Ainsi le fils d'Ulysse étoit aux portes de la mort.

Mentor voyant que Telemaque ne pouvoit résister à la violence de sa passion, conçut un dessein plein d'adresse pour le délivrer d'un si grand danger. Il avoit remarqué que Calypso aimoit éperdûment Telemaque, & que Telemaque n'aimoit pas moins la jeune Nymphe Eucharis ; car le cruel Amour pour tourmenter les mortels, fait qu'on n'aime guére la personne dont on est aimé. Mentor résolut d'exciter la jalousie de Calypso. Eucharis devoit emmener Telemaque dans une chasse. Mentor dit à Calypso : J'ai remarqué dans Telemaque une passion pour la chasse, que je n'avois jamais vûe en lui. Ce plaisir commence à le dégoûter de tout autre : il n'aime plus que les forêts & les montagnes les plus sauvages. Est-ce vous, ô Déesse, qui lui inspirez cette grande ardeur ?

Calypso sentit un dépit cruel en écoutant ces paroles, & elle ne put se retenir. Ce Telemaque, répondit-elle, qui a méprisé tous les plaisirs de l'isle de Cypre, ne peut résister à la médiocre beauté d'une de mes Nymphes. Comment ose-t-il se vanter d'avoir fait tant d'actions merveilleuses, lui dont le cœur s'amolit lâchement par la volupté, & qui ne semble né que pour passer une vie obscure au milieu des femmes ? Mentor remarquant avec plaisir combien la jalousie troubloit le cœur de Calypso, n'en dit pas davantage, de peur de la mettre en défiance de lui. Il lui montroit seulement un visage triste & abatu.

tu. La Déesse lui découvroit ses peines sur toutes les choses qu'elle voyoit, & elle faisoit sans cesse des plaintes nouvelles. Cette chasse dont Mentor l'avoit avertie, acheva de la mettre en fureur. Elle sçut que Telemaque n'avoit cherché qu'à se dérober aux autres Nymphes pour parler à Eucharis. On proposoit même déja une seconde chasse, où elle prévoyoit qu'il feroit comme dans la premiere. Pour rompre les mesures de Telemaque, elle déclara qu'elle en vouloit être. Puis tout-à-coup ne pouvant plus moderer son ressentiment, elle lui parla ainsi:

Est-ce donc ainsi, ô jeune Temeraire, que tu es venu dans mon isle pour échaper au juste naufrage que Neptune te préparoit, & à la vengeance des Dieux? N'es-tu entré dans cette isle, qui n'est ouverte à aucun mortel, que pour mépriser ma puissance, & l'amour que je t'ai témoigné? O Divinitez de l'Olympe & du Styx, écoutez une malheureuse Déesse. Hâtez-vous de confondre ce perfide, cet ingrat, cet impie. Puisque tu es encore plus dur & plus injuste que ton pere, puisses-tu souffrir des maux encore plus longs & plus cruels que les siens. Non, non, que jamais tu ne revoyes ta patrie, cette pauvre & miserable Ithaque, que tu n'as point eu de honte de préferer à l'immortalité; ou plûtôt que tu périsses, en la voyant de loin au milieu de la mer, & que ton corps devenu le jouet des flots, soit rejetté sans esperance de sepulture sur le sable de ce rivage. Que mes yeux le voyent mangé par les vautours. Celle que tu aimes le verra aussi: elle le verra, elle en aura le cœur déchiré, & son desespoir fera mon bonheur.

En parlant ainsi, Calypso avoit les yeux rouges & enflamez ; ses regards ne s'arrêtoient en aucun endroit : ils avoient je ne sçai quoi de sombre & de farouche. Ses joues tremblantes étoient couvertes de taches noires & livides ; elle changeoit à chaque moment de couleur. Souvent une pâleur mortelle se répandoit sur tout son visage : ses larmes ne couloient plus comme autrefois avec abondance ; la rage & le desespoir sembloient en avoir tari la source ; & à peine en couloit-il quelques-unes sur ses joues. Sa voix étoit rauque, tremblante, & entrecoupée. Mentor observoit tous ces mouvemens, & ne parloit plus à Telemaque. Il le traitoit comme un malade desesperé qu'on abandonne ; il jettoit souvent sur lui des regards de compassion.

Telemaque sentoit combien il étoit coupable & indigne de l'amitié de Mentor. Il n'osoit lever les yeux, de peur de rencontrer ceux de son ami, dont le silence même le condamnoit. Quelquefois il avoit envie d'aller se jetter à son cou, & de lui témoigner combien il étoit touché de sa faute : mais il étoit retenu, tantôt par une mauvaise honte, & tantôt par la crainte d'aller plus loin qu'il ne vouloit, pour se retirer du péril ; car le péril lui sembloit doux, & il ne pouvoit encore se résoudre à vaincre sa folle passion.

Les Dieux & les Déesses de l'Olympe assemblez dans un profond silence avoient les yeux attachez sur l'isle de Calypso, pour voir qui seroit victorieux, ou de Minerve, ou de l'Amour. L'Amour en se jouant avec les Nymphes, avoit mis tout en feu dans l'isle.

Livre VII.

l'isle. Minerve sous la figure de Mentor, se servoit de la jalousie inséparable de l'Amour contre l'Amour même. Jupiter avoit résolu d'être le spectateur de ce combat, & de demeurer neutre.

Cependant Eucharis qui craignoit que Telemaque ne lui échapât, usoit de mille artifices pour le retenir dans ses liens. Déja elle alloit partir avec lui pour la seconde chasse, & elle étoit vêtue comme Diane. Venus & Cupidon avoient répandu sur elle de nouveaux charmes, en sorte que ce jour là sa beauté effaçoit celle de la Déesse Calypso même. Calypso la regardant de loin, se regarda en même tems dans la plus claire de ses fontaines; elle eut honte de se voir. Alors elle se cacha au fond de sa grote, & parla ainsi toute seule:

Il ne me sert donc de rien d'avoir voulu troubler ces deux Amans, en déclarant que je veux être de cette chasse? En serai-je? Irai-je la faire triompher, & faire servir ma beauté à relever la sienne? Faudra-t-il que Telemaque en me voyant soit encore plus passionné pour son Eucharis? O malheureuse! qu'ai-je fait? Non, je n'y irai pas, ils n'y iront pas eux-mêmes; je saurai bien les empêcher. Je vais trouver Mentor, je le prierai d'enlever Telemaque, il le remmenera en Ithaque. Mais que dis-je? & que deviendrai-je, quand Telemaque sera parti? où suis-je? Que reste-t-il à faire, ô cruelle Venus? Venus, vous m'avez trompée; ô perfide présent que vous m'avez fait! Pernicieux Enfant, Amour empesté, je ne t'avois ouvert mon cœur que dans l'espérance de vivre heureuse avec Telemaque, & tu n'as porté dans ce
cœur

cœur que trouble & que deſeſpoir. Mes Nymphes ſont révoltées contre moi. Ma Divinité ne me ſert plus qu'à rendre mon malheur éternel. O ! ſi j'étois libre de me donner la mort pour finir mes douleurs ! Telemaque, il faut que tu meures, puiſque je ne puis mourir. Je me vengerai de tes ingratitudes ; ta Nymphe le verra, & je te percerai à ſes yeux. Mais je m'égare, ô malheureuſe Calypſo ! Que veux-tu ? Faire périr un innocent que tu as jetté toi-même dans cet abîme de malheurs ? C'eſt moi qui ai mis le flambeau dans le ſein du chaſte Telemaque. Quelle innocence ! quelle vertu ! quelle horreur du vice ! quel courage contre les honteux plaiſirs ! Falloit-il empoiſonner ſon cœur ! Il m'eut quittée. Hé bien ! ne faudra-t-il pas qu'il me quitte, ou que je le voye plein de mépris pour moi, ne vivant plus que pour ma rivale ? Non, non, je ne ſouffre que ce que j'ai bien mérité. Pars, Telemaque, va-t-en au-delà des mers ; laiſſe Calypſo ſans conſolation, ne pouvant ſupporter la vie, ni trouver la mort. Laiſſe-la inconſolable, couverte de honte, deſeſperée avec ton orgueilleuſe Eucharis.

Elle parloit ainſi ſeule dans ſa grote : mais tout-à-coup elle ſort impétueuſement : Où êtes-vous, ô Mentor, dit-elle ? Eſt-ce ainſi que vous ſoûtenez Telemaque contre le vice auquel il ſuccombe ? Vous dormez pendant que l'Amour veille contre vous. Je ne puis ſouffrir plus longtems cette lâche indifference que vous témoignez. Verrez-vous toujours tranquilement le fils d'Ulyſſe deshonorer ſon pere, & négliger ſa haute deſtinée ? Eſt-ce à vous ou à moi que ſes parens

ont

LIVRE VII.

ont confié sa conduite? C'est moi qui cherche les moyens de guérir son cœur; & vous, ne ferez-vous rien? Il y a dans le lieu le plus reculé de cette forêt de grands peupliers propres à construire un vaisseau; c'est-là qu'Ulysse fit celui dans lequel il sortit de cette isle. Vous trouverez au même endroit une profonde caverne où sont tous les instrumens nécessaires pour tailler & pour joindre toutes les pieces d'un vaisseau.

A peine eut-elle dit ces paroles, qu'elle s'en repentit. Mentor ne perdit pas un moment: il alla dans cette caverne, trouva les instrumens, abattit les peupliers, & mit en un seul jour un vaisseau en état de voguer. C'est que la puissance & l'industrie de Minerve n'ont pas besoin d'un grand tems pour achever les plus grands ouvrages.

Calypso se trouva dans une horrible peine d'esprit: d'un côté elle vouloit voir si le travail de Mentor s'avançoit; de l'autre elle ne pouvoit se résoudre à quitter la chasse, où Eucharis auroit été en pleine liberté avec Telemaque. La jalousie ne lui permit jamais de perdre de vûe les deux amans: mais elle tâchoit de détourner la chasse du côté où elle savoit que Mentor faisoit le vaisseau. Elle entendoit les coups de hache & de marteau: elle prêtoit l'oreille; chaque coup la faisoit frémir. Mais dans le moment même elle craignoit que cette rêverie ne lui eût dérobé quelque signe, ou quelque coup d'œil de Telemaque à la jeune Nymphe.

Cependant Eucharis disoit à Telemaque d'un ton moqueur: Ne craignez-vous point que Mentor ne vous blâme d'être venu à la chasse sans lui? O que vous êtes à plaindre
de

de vivre sous un si rude maître! Rien ne peut adoucir son austerité : il affecte d'être ennemi de tous les plaisirs ; il ne peut souffrir que vous en goûtiez aucun : il vous fait un crime des choses les plus innocentes. Vous pouviez dépendre de lui pendant que vous étiez hors d'état de vous conduire vous-même ; mais après avoir montré tant de sagesse, vous ne devez plus vous laisser traiter en enfant.

Ces paroles artificieuses perçoient le cœur de Telemaque, & le remplissoient de dépit contre Mentor, dont il vouloit secouer le joug. Il craignoit de le revoir, & ne répondoit rien à Eucharis, tant il étoit troublé. Enfin vers le soir la chasse s'étant passée de part & d'autre dans une contrainte perpetuelle, on revint par un coin de la forêt assez voisin du lieu où Mentor avoit travaillé tout le jour. Calypso apperçut de loin le vaisseau achevé : ses yeux se couvrirent à l'instant d'un épais nuage semblable à celui de la mort. Ses genoux tremblans se déroboient sous elle : une froide sueur courut par tous les membres de son corps : elle fut contrainte de s'appuyer sur les Nymphes qui l'environnoient, & Eucharis lui tendant la main pour la soutenir, elle la repoussa, en jettant sur elle un regard terrible.

Telemaque qui vit ce vaisseau, mais qui ne vit point Mentor, parce qu'il s'étoit déja retiré, ayant fini son travail, demanda à la Déesse à qui étoit ce vaisseau, & à quoi on le destinoit. D'abord elle ne put répondre : mais enfin elle dit: C'est pour renvoyer Mentor que je l'ai fait faire ; vous ne serez plus embarassé par cet ami severe qui s'oppose à
votre

LIVRE VII.

votre bonheur, & qui seroit jaloux, si vous deveniez immortel. Mentor m'abandonne, c'est fait de moi, s'écria Telemaque. Eucharis, si Mentor me quite, je n'ai plus que vous. Ces paroles lui échapérent dans le transport de sa passion; il vit le tort qu'il avoit eu en les disant: mais il n'avoit pas été libre de penser au sens de ces paroles. Toute la troupe étonnée demeura dans le silence. Eucharis rougissant, & baissant les yeux, demeuroit derriere toute interdite, sans oser se montrer. Mais pendant que la honte étoit sur son visage, la joie étoit au fond de son cœur. Telemaque ne se comprenoit plus lui-même, & ne pouvoit croire qu'il eut parlé si indiscretement. Ce qu'il avoit fait lui paroissoit comme un songe, mais un songe dont il paroissoit confus & troublé.

Calypso plus furieuse qu'une lyonne à qui on a enlevé ses petits, couroit au travers de la forêt sans suivre aucun chemin, & ne sachant où elle alloit. Enfin elle se trouva à l'entrée de sa grote, où Mentor l'attendoit. Sortez de mon isle, dit-elle, ô étrangers qui êtes venus troubler mon repos : loin de moi ce jeune insensé; & vous imprudent vieillard, vous sentirez ce que peut le couroux d'une Déesse, si vous ne l'arrachez d'ici tout à l'heure. Je ne veux plus le voir; je ne veux plus souffrir qu'aucune de mes Nymphes lui parle ni le regarde. J'en jure par les ondes du Styx, serment qui fait trembler les Dieux mêmes. Mais apprens, Telemaque, que tes maux ne sont pas finis; ingrat, tu ne sortiras de mon isle, que pour être en proye à de nouveaux malheurs. Je serai vengée, tu regreteras

Calypso,

Calypso, mais en vain. Neptune encore irrité contre ton pere qu'il a offensé en Sicile, & sollicité par Venus que tu as méprisée dans l'isle de Cypre, te prépare d'autres tempêtes. Tu verras ton pere qui n'est pas mort; mais tu le verras sans le connoître. Tu ne te réuniras avec lui en Ithaque, qu'après avoir été le jouet de la plus cruelle fortune. Vas : je conjure les Puissances célestes de me venger. Puisses-tu au milieu des mers suspendu aux pointes d'un rocher, & frappé de la foudre, invoquer en vain Calypso, que ton supplice comblera de joie.

Ayant dit ces paroles, son esprit agité étoit déja prêt à prendre des résolutions contraires. L'Amour rappella dans son cœur le desir de retenir Telemaque. Qu'il vive, disoit-elle en elle-même, qu'il demeure ici, peut-être qu'il sentira enfin tout ce que j'ai fait pour lui. Eucharis ne sauroit comme moi lui donner l'immortalité. O trop aveugle Calypso! tu t'es trahie toi-même par ton serment : te voilà engagée ; & les ondes du Styx par lesquelles tu as juré, ne te permettent plus aucune esperance. Personne n'entendoit ces paroles : mais on voyoit sur son visage les Furies peintes ; & tout le venin empesté du noir Cocyte sembloit s'exhaler de son cœur.

Telemaque en fut saisi d'horreur. Elle le comprit ; (car qu'est-ce que l'amour ne devine pas ?) Et l'horreur de Telemaque redoubla les transports de la Déesse; semblable à une Bachante qui remplit l'air de ses hurlemens, & qui en fait retentir les hautes montagnes de Thrace, elle court au travers des bois avec un dard en main, appellant toutes ses Nymphes, & menaçant de percer toutes celles qui ne la suivront pas. Elles coururent en foule effrayées de cette menace. Eucharis même s'avance les larmes aux yeux, & regardant de loin Telemaque à qui elle n'ose plus parler. La Déesse fremit en la voyant auprès d'elle ; & loin de s'appaiser par la soumission de cette Nymphe, elle ressent une nouvelle fureur, voyant que l'affliction augmente la beauté d'Eucharis.

Cependant Telemaque étoit demeuré seul avec Mentor. Il embrasse ses genoux ; car il n'osoit l'embrasser autrement, ni le regarder : il verse un torrent de larmes ; il veut parler ; la voix lui manque. Les paroles lui manquent encore davantage : il ne sçait ni ce qu'il doit faire, ni ce qu'il fait, ni ce qu'il veut. Enfin il s'écrie : O mon vrai pere, ô Mentor ! délivrez-moi de tant de maux. Je ne puis ni vous abandonner, ni vous suivre. Délivrez-moi de tant de maux : délivrez-moi de moi-même, donnez-moi la mort.

Mentor l'embrasse, le console, l'encourage, lui apprend à se supporter lui-même sans flater sa passion, & lui dit : Fils du sage Ulysse, que les Dieux ont tant aimé, & qu'ils aiment encore : c'est par un effet de leur amour que vous souffrez des maux si horribles. Celui qui n'a point senti sa foiblesse & la violence de ses passions, n'est point encore sage ; car il ne se connoît point encore, & ne sçait point se défier de soi. Les Dieux vous ont conduit comme par la main jusqu'au bord de l'abîme pour vous en montrer toute la profondeur sans vous y laisser tomber. Comprenez maintenant ce que vous n'auriez jamais compris si vous ne l'aviez éprouvé.

vé. On vous auroit parlé en vain des trahisons de l'Amour, qui flate pour perdre, & qui sous une apparence de douceur cache les plus affreuses amertumes. Il est venu cet Enfant plein de charmes parmi les ris, les jeux, & les graces. Vous l'avez vû: il a enlevé votre cœur, & vous avez pris plaisir à le lui laisser enlever. Vous cherchiez des prétextes pour ignorer la playe de votre cœur. Vous cherchiez à me tromper, & à vous flater vous-même; vous ne craigniez rien. Voyez le fruit de votre témerité: vous demandez maintenant la mort, & c'est l'unique esperance qui vous reste. La Déesse troublée ressemble à une furie infernale. Eucharis brûle d'un feu plus cruel que toutes les douleurs de la mort. Toutes ces Nymphes jalouses sont prêtes à s'entredéchirer: & voilà ce que fait le traître Amour qui paroît si doux. Rappellez tout votre courage. A quel point les Dieux vous aiment-ils, puisqu'ils vous ouvrent un si beau chemin pour fuir l'Amour & pour revoir votre chere patrie? Calypso elle-même est contrainte de vous chasser; le vaisseau est tout prêt. Que tardons-nous à quiter cette isle, où la vertu ne peut habiter?

En disant ces paroles, Mentor le prit par la main & l'entraînoit vers le rivage. Telemaque suivoit à peine, regardant toujours derriere lui. Il consideroit Eucharis qui s'éloignoit de lui. Ne pouvant voir son visage, il regardoit ses beaux cheveux nouez, ses habits flotans, & sa noble démarche. Il auroit voulu baiser les traces de ses pas. Lors même qu'il la perdit de vûe, il prêtoit encore l'oreille, s'imaginant entendre sa voix;

quoi-

Livre VII.

quoiqu'absente, il la voyoit. Elle étoit peinte & comme vivante devant ses yeux; il croyoit même parler à elle, ne sachant plus où il étoit, & ne pouvant écouter Mentor.

Enfin revenant à lui comme d'un profond sommeil, il dit à Mentor: Je suis résolu de vous suivre; mais je n'ai pas encore dit adieu à Eucharis. J'aimerois mieux mourir que de l'abandonner ainsi avec ingratitude. Attendez que je la revoye encore une derniere fois pour lui faire un éternel adieu. Au moins souffrez que je lui dise: O Nymphe, les Dieux cruels, les Dieux jaloux de mon bonheur me contraignent de partir: mais ils m'empêcheront plûtôt de vivre, que de me souvenir à jamais de vous. O mon pere, ou laissez-moi cette derniere consolation qui est si juste, ou arrachez-moi la vie dans ce moment. Non, je ne veux ni demeurer dans cette isle, ni m'abandonner à l'amour. L'amour n'est point dans mon cœur, je ne sens que de l'amitié & de la reconnoissance pour Eucharis. Il me suffit de lui dire encore une fois adieu, & je pars avec vous sans retardement.

Que j'ai pitié de vous! répondit Mentor: votre passion est si furieuse, que vous ne la sentez pas. Vous croyez être tranquile, & vous demandez la mort. Vous osez dire que vous n'êtes point vaincu par l'amour, & vous ne pouvez vous arracher à la Nymphe que vous aimez. Vous ne voyez, vous n'entendez qu'elle: vous êtes aveugle & sourd à tout le reste. Un homme que la fiévre rend frénetique, dit: Je ne suis point malade. O aveugle Telemaque, vous étiez prêt à renoncer à Penelope

lope qui vous attend, à Ulysse que vous verrez, à Ithaque où vous devez regner, à la gloire & à la haute destinée que les Dieux vous ont promise par tant de merveilles qu'ils ont faites en votre faveur! vous renonciez à tous ces biens pour vivre deshonoré auprès d'Eucharis! Direz-vous encore que l'amour ne vous attache point à elle? Qu'est-ce donc qui vous trouble? Pourquoi voulez-vous mourir? Pourquoi avez-vous parlé devant la Déesse avec tant de transports? Je ne vous accuse point de mauvaise foi : mais je déplore votre aveuglement. Fuyez, Telemaque, fuyez. On ne peut vaincre l'amour qu'en fuyant. Contre un tel ennemi, le vrai courage consiste à craindre & à fuir; mais à fuir sans déliberer, & sans donner à soi-même le tems de regarder jamais derriere soi. Vous n'avez pas oublié les soins que vous m'avez coûtez depuis votre enfance, & les perils dont vous êtes sorti par mes conseils : ou croyez-moi, ou souffrez que je vous abandonne. Si vous saviez combien il m'est douloureux de vous voir courir à votre perte ; si vous saviez tout ce que j'ai souffert pendant que je n'ai osé vous parler; la mere qui vous mit au monde souffrit moins dans les douleurs de l'enfantement. Je me suis tû, j'ai dévoré ma peine. J'ai étoufé mes soupirs pour voir si vous reviendriez à moi. O mon fils! mon cher fils, soulagez mon cœur, rendez-moi ce qui m'est plus cher que mes entrailles. Rendez-moi Telemaque que j'ai perdu ; rendez-vous à vousmême. Si la sagesse en vous surmonté l'amour, je vis, & je vis heureux. Mais si l'amour vous entraîne malgré la sagesse,

Livre VII.

gesse, Mentor ne peut plus vivre.

Pendant que Mentor parloit ainsi, il continuoit son chemin vers la mer; & Telemaque qui n'étoit pas encore assez fort pour le suivre de lui-même, l'étoit déja assez pour se laisser mener sans résistance. Minerve toujours cachée sous la figure de Mentor, couvrant invisiblement Telemaque de son Egide, & répandant autour de lui un rayon divin, lui fit sentir un courage qu'il n'avoit point encore éprouvé depuis qu'il étoit dans cette isle. Enfin ils arrivérent dans un endroit de l'isle où le rivage de la mer étoit escarpé; c'étoit un rocher toujours battu par l'onde écumante. Ils regardérent de cette hauteur si le vaisseau que Mentor avoit préparé, étoit encore dans la même place: mais ils apperçûrent un triste spectacle.

L'Amour étoit vivement piqué de voir que ce vieillard inconnu, non seulement étoit insensible à ses traits, mais encore qu'il lui enlevoit Telemaque. Il pleuroit de dépit, & alla trouver Calypso errante dans les sombres forêts: elle ne put le voir sans gémir, & elle sentit qu'il rouvroit toutes les playes de son cœur. L'Amour lui dit: Vous êtes Déesse, & vous vous laissez vaincre par un foible Mortel, qui est captif dans votre isle. Pourquoi le laissez-vous sortir? O malheureux Amour, répondit-elle, je ne veux plus écouter tes pernicieux conseils: c'est toi qui m'as tirée d'une douce & profonde paix pour me précipiter dans un abîme de malheurs. C'en est fait, j'ai juré par les ondes du Styx, que je laisserois partir Telemaque. Jupiter même le pere des Dieux avec toute sa puissance n'oseroit contrevenir à ce redoutable serment.

Telema-

Telemaque, fors de mon isle : fors aussi pernicieux Enfant, tu m'as fait plus de mal que lui.

L'Amour essuyant ses larmes, fit un soûris moqueur & malin. En vérité, dit-il, voilà un grand embarras; laissez-moi faire, suivez votre serment, ne vous opposez point au départ de Telemaque. Ni vos Nymphes ni moi n'avons juré par les ondes du Styx de le laisser partir. Je leur inspirerai le dessein de brûler ce vaisseau que Mentor a fait avec tant de précipitation. Sa diligence qui vous a surpris, sera inutile. Il sera surpris lui-même à son tour, & il ne lui restera plus aucun moyen de vous arracher Telemaque.

Ces paroles flateuses firent glisser l'esperance & la joie jusqu'au fond des entrailles de Calypso. Ce qu'un Zephir fait par sa fraîcheur sur le bord d'un ruisseau pour délasser les troupeaux languissans, que l'ardeur de l'Eté consume, ce discours le fit pour appaiser le desespoir de la Déesse. Son visage devint serein, ses yeux s'adoucirent, les noirs soucis qui rongeoient son cœur, s'enfuirent pour un moment loin d'elle. Elle s'arrêta, elle sourit, elle flata le folâtre Amour, & en le flatant elle se prépara de nouvelles douleurs.

L'Amour content de l'avoir persuadée, alla pour persuader aussi les Nymphes qui étoient errantes & dispersées sur toutes les montagnes, comme un troupeau de moutons que la rage des loups affamez a mis en fuite loin du Berger. L'Amour les rassemble, & leur dit: Telemaque est encore en vos mains; hâtez-vous de brûler ce vaisseau que le téméraire Mentor a fait pour s'enfuir. Aussitôt
elles

Livre VII.

elles allument des flambeaux, elles accourent sur le rivage, elles frémissent, elles poussent des hurlemens, elles secouent leurs cheveux épars comme des Bacchantes. Déja la flâme vole, elle dévore le vaisseau, qui est d'un bois sec & enduit de résine; des tourbillons de fumée & de flâme s'élevent dans les nuës.

Telemaque & Mentor apperçoivent ce feu de dessus le rocher, & entendent les cris des Nymphes. Telemaque fut tenté de s'en réjouir; car son cœur n'étoit pas encore guéri, & Mentor remarquoit que sa passion étoit comme un feu mal éteint, qui sort de tems en tems de dessous la cendre, & qui repousse de vives étincelles. Me voilà donc, dit Telemaque, rengagé dans mes liens. Il ne nous reste plus aucune esperance de quiter cette isle.

Mentor vit bien que Telemaque alloit retomber dans toutes ses foiblesses, & qu'il n'y avoit pas un seul moment à perdre. Il apperçut de loin au milieu des flots un vaisseau arrêté, qui n'osoit approcher de l'isle, parce que tous les Pilotes connoissoient que l'isle de Calypso étoit inaccessible à tous les Mortels. Aussitôt le sage Mentor poussant Telemaque, qui étoit assis sur le bord d'un rocher, le précipite dans la mer, & s'y jette avec lui. Telemaque surpris de cette violente chûte, but l'onde amere, & devint le jouet des flots. Mais revenant à lui, & voyant Mentor qui lui tendoit la main pour lui aider à nager, il ne songea plus qu'à s'éloigner de l'isle fatale.

Les Nymphes qui avoient cru les tenir captifs, poussérent des cris pleins de fureur, ne pouvant plus empêcher leur fuite. Calypso inconsolable, rentra dans sa grote qu'elle

elle remplit de ses hurlemens. L'Amour qui vit changer son triomphe en une honteuse défaite, s'éleva au milieu de l'air en secouant ses aîles, & s'envola dans le bocage d'Idalie, où sa cruelle mere l'attendoit. L'Enfant encore plus cruel ne se consola qu'en riant avec elle de tous les maux qu'il avoit faits.

A mesure que Telemaque s'éloignoit de l'isle, il sentoit avec plaisir renaître son courage & son amour pour la vertu. J'éprouve, s'écrioit-il, parlant à Mentor, ce que vous me disiez, & que je ne pouvois croire faute d'experience. On ne surmonte le vice qu'en le fuyant. O mon pere, que les Dieux m'ont aimé en me donnant votre secours ! je méritois d'en être privé, & d'être abandonné à moi-même. Je ne crains plus ni mer, ni vents, ni tempête ; je ne crains plus que mes passions. L'Amour est lui seul plus à craindre que tous les naufrages.

Fin du septiéme Livre.

Les Dieux Marins chante.^r au tour du vaisseau de Telem^e

LES AVANTURES DE TELEMAQUE, FILS D'ULYSSE.

LIVRE HUITIEME.

SOMMAIRE.

Adoam frere de Narbal commande le vaisseau Tyrien, où Telemaque & Mentor sont reçûs favorablement. Ce Capitaine reconnoissant Telemaque lui raconte la mort tragique de Pygmalion & d'Astarbé, puis l'élevation de Baleazar que le Tyran son pere avoit disgracié à la persuasion de cette femme. Pendant un repas qu'il donne à Telemaque & à Mentor, Achitoas par la douceur de son chant assemble autour du vaisseau les Tritons, les Nereïdes, & les autres Divinitez de la mer. Mentor prenant une lyre en joue beaucoup mieux qu'Achitoas. Adoam raconte ensuite les mer-

veilles de la Betique. Il décrit la douce temperature de l'air & les autres beautez de ce païs, dont les peuples menent une vie tranquile dans une grande simplicité de mœurs.

LE vaisseau qui étoit arrêté, & vers lequel ils s'avançoient, étoit un vaisseau Phenicien qui alloit dans l'Epire. Ces Pheniciens avoient vû Telemaque au voyage d'Egypte: mais ils n'avoient garde de le reconnoître au milieu des flots. Quand Mentor fut assez près du vaisseau pour faire entendre sa voix, il s'écria d'une voix forte en élevant sa tête audessus de l'eau: Pheniciens si secourables à toutes les nations, ne refusez pas la vie à deux hommes qui l'attendent de votre humanité. Si le respect des Dieux vous touche, recevez-nous dans votre vaisseau: nous irons par tout où vous irez. Celui qui commandoit, répondit: Nous vous recevrons avec joie; nous n'ignorons pas ce qu'on doit faire pour des inconnus qui paroissent si malheureux. Aussitôt on les reçoit dans le vaisseau.

A peine y furent-ils entrez, que ne pouvant plus respirer, ils demeurérent immobiles; car ils avoient nagé longtems & avec effort pour résister aux vagues. Peu à peu ils reprirent leurs forces; on leur donna d'autres habits, parce que les leurs étoient appesantis par l'eau qui les avoit pénétrez, & qui couloit de toutes parts. Lorsqu'ils furent en état de parler, tous ces Pheniciens empressez autour d'eux, vouloient savoir leurs avantures. Celui qui commandoit leur dit:
Com-

Comment avez-vous pû entrer dans cette iſle, d'où vous ſortez ? Elle eſt, dit-on, poſſedée par une Déeſſe cruelle, qui ne ſouffre jamais qu'on y aborde. Elle eſt même bordée de rochers affreux, contre leſquels la mer va follement combattre, & on ne pourroit en approcher ſans faire naufrage.

Mentor répondit : Nous y avons été jettez; nous ſommes Grecs; notre patrie eſt l'iſle d'Ithaque voiſine de l'Epire où vous allez. Quand même vous ne voudriez pas relâcher en Ithaque, qui eſt ſur votre route, il nous ſuffiroit que vous nous menaſſiez dans l'Epire; nous y trouverons des amis qui auront ſoin de nous faire faire le court trajet qui nous reſtera, & nous vous devrons à jamais la joie de revoir ce que nous avons de plus cher au monde.

Ainſi c'étoit Mentor qui portoit la parole; & Telemaque gardant le ſilence, le laiſſoit parler; car les fautes qu'il avoit faites dans l'iſle de Calypſo, augmentérent beaucoup ſa ſageſſe. Il ſe défioit de lui-même; il ſentoit le beſoin de ſuivre toujours les ſages conſeils de Mentor; & quand il ne pouvoit lui parler pour lui demander ſes avis, du moins il conſultoit ſes yeux, & tâchoit de deviner toutes ſes penſées.

Le Commandant Phenicien arrêtant ſes yeux ſur Telemaque, croyoit ſe ſouvenir de l'avoir vû; mais c'étoit un ſouvenir confus qu'il ne pouvoit démêler. Souffrez, lui dit-il, que je vous demande ſi vous vous ſouvenez de m'avoir vû autrefois, comme il me ſemble que je me ſouviens de vous avoir vû; votre viſage ne m'eſt point inconnu, il m'a d'abord frappé; mais je ne ſçai où je vous ai vû;

vû : votre mémoire peutêtre aidera à la mienne.

Telemaque lui répondit avec un étonnement mêlé de joie : Je suis en vous voyant, comme vous êtes à mon égard; je vous ai vû, je vous reconnois : mais je ne puis me rappeller si c'est en Egypte ou à Tyr. Alors ce Phenicien, tel qu'un homme qui s'éveille le matin, & qui rappelle peu à peu de loin le songe fugitif qui a disparu à son réveil, s'écria tout-à-coup : Vous êtes Telemaque, que Narbal prit en amitié lorsque nous revînmes d'Egypte. Je suis son frere, dont il vous aura sans doute parlé souvent; je vous laissai entre ses mains après l'expedition d'Egypte. Il me falut aller audelà de toutes les mers dans la fameuse Betique auprès des colomnes d'Hercule. Ainsi je ne fis que vous voir; & il ne faut pas s'étonner si j'ai eu tant de peine à vous reconnoître d'abord.

Je vois bien, répondit Telemaque, que vous êtes Adoam. Je ne fis presque alors que vous entrevoir; mais je vous ai connu par les entretiens de Narbal. O quelle joie de pouvoir apprendre par vous des nouvelles d'un homme qui me sera toujours si cher ! Est-il toujours à Tyr ? Ne souffre-t-il point quelque cruel traitement du soupçonneux & barbare Pygmalion ? Adoam répondit en l'interrompant : Sachez, Telemaque, que la fortune vous confie à un homme qui prendra toutes sortes de soins de vous. Je vous ramenerai dans l'isle d'Ithaque avant que d'aller en Epire; & le frere de Narbal n'aura pas moins d'amitié pour vous, que Narbal même. Ayant parlé ainsi, il remarqua que le vent qu'il attendoit commençoit à souffler, il

fit

fit lever les ancres, mettre les voiles, & fendre la mer à force de rames. Aussitôt il prit à part Telemaque & Mentor, pour les entretenir.

Je vais, dit-il, regardant Telemaque, satisfaire votre curiosité. Pygmalion n'est plus; les justes Dieux en ont délivré la terre. Comme il ne se fioit à personne, personne ne pouvoit se fier à lui; les bons se contentoient de gémir & de fuir ses cruautez, sans pouvoir se résoudre à lui faire aucun mal. Les méchans croyoient ne pouvoir assurer leur vie, qu'en finissant la sienne. Il n'y avoit point de Tyrien qui ne fût chaque jour en danger d'être l'objet de ses défiances. Ses gardes mêmes étoient plus exposez que les autres. Comme sa vie étoit entre leurs mains, il les craignoit plus que tout le reste des hommes, & sur le moindre soupçon il les sacrifioit à sa sûreté. Ainsi à force de chercher sa sûreté, il ne pouvoit plus la trouver. Ceux qui étoient les dépositaires de sa vie étoient dans un péril continuel par sa défiance, & ils ne pouvoient se tirer d'un état si horrible, qu'en prévenant par la mort du Tyran ses cruels soupçons.

L'impie Astarbé, dont vous avez oui parler si souvent, fut la premiere à résoudre la perte du Roi. Elle aima passionnément un jeune Tyrien fort riche nommé Joazar; elle espera de le mettre sur le trône. Pour réussir dans ce dessein, elle persuada au Roi que l'aîné de ses deux fils, nommé Phadaël, impatient de succeder à son pere, avoit conspiré contre lui : elle trouva des faux témoins pour prouver la conspiration. Le malheureux Roi fit mourir son fils innocent. Le second nommé Baleazar fut envoyé à Samos, sous prétexte d'apprendre les mœurs & les sciences de la Grece : mais en effet parce qu'Astarbé fit entendre au Roi qu'il faloit l'éloigner, de peur qu'il ne prît des liaisons avec les mécontens. A peine fut-il parti, que ceux qui conduisoient le vaisseau, ayant été corrompus par cette femme cruelle, prirent leurs mesures pour faire naufrage pendant la nuit ; ils se sauvérent en nageant jusques à des barques étrangeres qui les attendoient, & ils jettérent le jeune Prince au fond de la mer.

Cependant les amours d'Astarbé n'étoient ignorez que de Pygmalion, & il s'imaginoit qu'elle n'aimeroit jamais que lui seul. Ce Prince si défiant étoit ainsi plein d'une aveugle confiance pour cette méchante femme ; c'étoit l'amour qui l'aveugloit jusques à cet excès. En même tems l'avarice lui fit chercher des prétextes pour faire mourir Joazar, dont Astarbé étoit si passionnée ; il ne songeoit qu'à ravir les richesses de ce jeune homme.

Mais pendant que Pygmalion étoit en proye à la défiance, à l'amour, & à l'avarice, Astarbé se hâta de lui ôter la vie. Elle crut qu'il avoit peutêtre découvert quelque chose de ses infames amours avec ce jeune homme. D'ailleurs elle savoit que l'avarice seule suffiroit pour porter le Roi à une action cruelle contre Joazar ; elle conclut qu'il n'y avoit pas un moment à perdre pour le prévenir. Elle voyoit les principaux Officiers du Palais prêts à tremper leurs mains dans le sang du Roi ; elle entendoit parler tous les jours de quelque nouvelle conjuration : mais
elle

elle craignoit de se confier à quelqu'un, par qui elle seroit trahie. Enfin il lui parut plus assuré d'empoisonner Pygmalion.

Il mangeoit le plus souvent tout seul avec elle, & apprêtoit lui-même tout ce qu'il devoit manger, ne pouvant se fier qu'à ses propres mains. Il se renfermoit dans le lieu le plus reculé de son Palais, pour mieux cacher sa défiance, & pour n'être jamais observé, quand il préparoit ses repas ; il n'osoit plus chercher aucun des plaisirs de la table. Il ne pouvoit se résoudre à manger d'aucune des choses qu'il ne savoit pas apprêter lui-même. Ainsi non seulement toutes les viandes cuites avec des ragoûts par des cuisiniers ; mais encore le vin, le pain, le sel, l'huile, le lait, & tous les autres alimens ordinaires ne pouvoient être de son usage : il ne mangeoit que des fruits qu'il avoit cueillis lui-même dans son jardin, ou des légumes qu'il avoit semées & qu'il faisoit cuire. Au reste, il ne bûvoit jamais d'autre eau que de celle qu'il puisoit lui-même dans une fontaine, qui étoit renfermée dans un endroit de son Palais, dont il gardoit toûjours la clef. Quoiqu'il parût si rempli de confiance pour Astarbé, il ne laissoit pas de se précautionner contre elle ; il la faisoit toujours manger & boire avant lui de tout ce qui devoit servir à son repas, afin qu'il ne pût point être empoisonné sans elle, & qu'elle n'eut aucune espérance de vivre plus longtems que lui. Mais elle prit du contrepoison qu'une vieille femme encore plus méchante qu'elle, & qui étoit la confidente de ses amours, lui avoit fourni ; après quoi elle ne craignit plus d'empoisonner le Roi.

G 5 Voici

Voici comment elle y parvint. Dans le moment où ils alloient commencer leur repas, cette vieille dont j'ai parlé, fit tout d'un coup du bruit à une porte. Le Roi qui croyoit toujours qu'on alloit le tuer, se trouble, & court à cette porte pour voir si elle étoit assez bien fermée. La vieille se retire. Le Roi demeure interdit, & ne sachant ce qu'il doit croire de ce qu'il a entendu. Il n'ose pourtant ouvrir la porte pour s'éclaircir. Astarbé le rassure, le flâte & le presse de manger; elle avoit déja jetté du poison dans sa coupe d'or pendant qu'il étoit allé à la porte. Pygmalion, selon sa coutume, la fit boire la premiere; elle but sans crainte, se fiant au contrepoison. Pygmalion but aussi, & peu de tems après il tomba dans une défaillance. Astarbé qui le connoissoit capable de la tuer sur le moindre soupçon, commença à déchirer ses habits, à arracher ses cheveux, & à pousser des cris lamentables; elle embrassoit le Roi mourant, elle le tenoit serré entre ses bras; elle l'arrosoit d'un torrent de larmes : car les larmes ne coûtoient rien à cette femme artificieuse. Enfin quand elle vit que les forces du Roi étoient épuisées, & qu'il étoit comme agonisant, dans la crainte qu'il ne revînt, & qu'il ne voulût la faire mourir avec lui, elle passa des caresses & des plus tendres marques d'amitié à la plus horrible fureur; elle se jetta sur lui, & l'étoufa. Ensuite elle arracha de son doigt l'Anneau Royal, lui ôta le Diadême, & fit entrer Joazar à qui elle donna l'un & l'autre. Elle crut que tous ceux qui avoient été attachez à elle, ne manqueroient pas de suivre sa passion, & que son amant seroit proclamé Roi. Mais ceux qui avoient

été

été les plus empreſſez à lui plaire, étoient des eſprits bas & mercenaires qui étoient incapables d'une ſincere affection. D'ailleurs ils manquoient de courage, & craignoient les ennemis qu'Aſtarbé s'étoit attirez. Enfin ils craignoient encore plus la hauteur, la diſſimulation & la cruauté de cette femme impie. Chacun pour ſa propre ſûreté deſiroit qu'elle pérît.

Cependant tout le Palais eſt plein d'un tumulte affreux; on entend par tout les cris de ceux qui diſent: Le Roi eſt mort. Les uns ſont effrayez, les autres courent aux armes. Tous paroiſſent en peine des ſuites, mais ravis de cette nouvelle. La renommée la fait voler de bouche en bouche dans toute la grande ville de Tyr, & il ne ſe trouve pas un ſeul homme qui regrette le Roi; ſa mort eſt la délivrance & la conſolation de tout le peuple.

Narbal frappé d'un coup ſi terrible, déplora en homme de bien le malheur de Pygmalion, qui s'étant trahi lui-même en ſe livrant à l'impie Aſtarbé, & qui avoit mieux aimé être un tyran monſtrueux que d'être, ſelon le devoir d'un Roi, le pere de ſon peuple. Il ſongea au bien de l'Etat, & ſe hâta de rallier tous les gens de bien pour s'oppoſer à Aſtarbé, ſous laquelle on auroit vû un regne encore plus dur que celui qu'on voioit finir.

Narbal ſavoit que Baleazar ne fut point noyé quand on le jetta dans la mer. Ceux qui aſſurérent à Aſtarbé qu'il étoit mort, parlérent ainſi, croyant qu'il l'étoit: mais à la faveur de la nuit il s'étoit ſauvé en nageant, & des Marchands de Crete touchez de compassion l'avoient reçu dans leur barque. Il n'avoit pas osé retourner dans le Royaume de son pere, soupçonnant qu'on avoit voulu le faire périr, & craignant autant la cruelle jalousie de Pygmalion, que les artifices d'Astarbé. Il demeura longtems errant & travesti sur les bords de la mer en Syrie, où les Marchands Crétois l'avoient laissé; il fut même obligé de garder un troupeau pour gagner sa vie. Enfin il trouva moyen de faire savoir à Narbal l'état où il étoit; il crut pouvoir confier son secret & sa vie à un homme d'une vertu si éprouvée. Narbal maltraité par le pere, ne laissa pas d'aimer le fils, & de veiller pour ses intérêts: mais il n'en prit soin que pour l'empêcher de manquer jamais à ce qu'il devoit à son pere, & il l'engagea à souffrir patiemment sa mauvaise fortune.

Baleazar avoit mandé à Narbal: Si vous jugez que je puisse vous aller trouver, envoyez-moi un anneau d'or, & je comprendrai aussitôt qu'il sera tems de vous aller joindre. Narbal ne jugea pas à propos pendant la vie de Pygmalion de faire venir Baleazar: il auroit tout hazardé pour la vie du Prince & pour la sienne propre; tant il étoit difficile de se garantir des recherches rigoureuses de Pygmalion. Mais aussitôt que ce malheureux Roi eut fait une fin digne de ses crimes, Narbal se hâta d'envoyer l'anneau d'or à Baleazar. Baleazar partit aussitôt, & arriva aux portes de Tyr, dans le tems que toute la ville étoit en trouble pour savoir qui succederoit à Pygmalion. Il fut aisément reconnu par les principaux Tyriens, & par tout le peuple.

ple. On l'aimoit, non pour l'amour du feu Roi son pere, qui étoit haï universellement, mais à cause de sa douceur & de sa modération. Ses longs malheurs mêmes lui donnoient je ne sçai quel éclat qui relevoit toutes ses bonnes qualitez, & qui attendrissoit tous les Tyriens en sa faveur.

Narbal assembla les Chefs du peuple, les Vieillards qui formoient le conseil, & les Prêtres de la grande Déesse de Phenicie. Ils saluérent Baleazar comme leur Roi, & le firent proclamer par les Heraults. Le peuple répondit par mille acclamations de joie. Astarbé les entendit du fond du Palais, où elle étoit renfermée avec son lâche & infame Joazar. Tous les méchans dont elle s'étoit servie pendant la vie de Pygmalion, l'avoient abandonnée ; car les méchans craignent les méchans, s'en défient, & ne souhaitent point de les voir en crédit. Les hommes corrompus connoissent combien leurs semblables abuseroient de l'autorité, & quelle seroit leur violence. Mais pour les bons, les méchans s'en accommodent mieux, parce qu'au moins ils espérent trouver en eux de la modération & de l'indulgence. Il ne restoit plus autour d'Astarbé que certains complices de ses crimes les plus affreux, & qui ne pouvoient attendre que le supplice.

On força le Palais ; ces scelerats n'osérent pas résister longtems, & ne songérent qu'à s'enfuir. Astarbé déguisée en esclave voulut se sauver, mais un soldat la reconnut; elle fut prise ; & on eut bien de la peine à empêcher qu'elle ne fût déchirée par le peuple

peuple en fureur. Déja on avoit commencé à la traîner dans la boue; mais Narbal la tira des mains de la populace. Alors elle demanda à parler à Baleazar, esperant de l'éblouir par ses charmes, & de lui faire esperer qu'elle lui découvriroit des secrets importans. Baleazar ne put refuser de l'écouter. D'abord elle montra avec sa beauté une douceur & une modestie capable de toucher les cœurs les plus irritez. Elle flata Baleazar par les louanges les plus délicates & les plus insinuantes; elle lui representa combien Pygmalion l'avoit aimée; elle le conjura par ses cendres d'avoir pitié d'elle; elle invoqua les Dieux comme si elle les eut sincerement adorez; elle versa des torrens de larmes; elle se jetta aux genoux du nouveau Roi : mais ensuite elle n'oublia rien pour lui rendre suspects & odieux tous ses serviteurs les plus affectionnez. Elle accusa Narbal d'être entré dans une conjuration contre Pygmalion, & d'avoir essayé de suborner les peuples pour se faire Roi au préjudice de Baleazar. Elle ajoûta qu'il vouloit empoisonner ce jeune Prince; elle inventa de semblables calomnies contre tous les autres Tyriens qui aiment la vertu; elle esperoit de trouver dans le cœur de Baleazar la même défiance & les mêmes soupçons qu'elle avoit vûs dans celui du Roi son pere. Mais Baleazar ne pouvant plus souffrir la noire malignité de cette femme, l'interrompit, & appella des gardes. On la mit en prison, les plus sages vieillards furent commis pour examiner toutes ses actions.

On découvrit avec horreur qu'elle avoit empoisonné & étoufé Pygmalion. Toute la suite

suite de sa vie parut un enchaînement continuel de crimes monstrueux. On alloit la condamner au supplice qui est destiné à punir les plus grands crimes dans la Phenicie, c'est d'être brûlé à petit feu. Mais quand elle comprit qu'il ne lui restoit plus aucune esperance, elle devint semblable à une furie sortie de l'enfer; elle avala du poison qu'elle portoit toûjours sur elle pour se faire mourir, en cas qu'on voulût lui faire souffrir de longs tourmens. Ceux qui la gardoient, apperçurent qu'elle souffroit une violente douleur, ils voulurent la secourir; mais elle ne voulut jamais leur répondre, & elle fit signe qu'elle ne vouloit aucun soulagement. On lui parla des justes Dieux qu'elle avoit irritez: au lieu de témoigner la confusion & le repentir que ses fautes méritoient, elle regarda le Ciel avec mépris & arrogance, comme pour insulter aux Dieux.

La rage & l'impiété étoient peintes sur son visage mourant; on ne voyoit plus aucun reste de cette beauté qui avoit fait le malheur de tant d'hommes. Toutes ses graces étoient effacées; ses yeux éteints rouloient dans sa tête, & jettoient des regards farouches. Un mouvement convulsif agitoit ses lèvres, & tenoit sa bouche ouverte d'une horrible grandeur. Tout son visage tiré & retressi faisoit des grimaces hideuses; une pâleur livide, & une froideur mortelle avoit saisi tout son corps; quelquefois elle sembloit se ranimer, mais ce n'étoit que pour pousser des hurlemens. Enfin elle expira, laissant remplis d'horreur & d'effroi tous ceux qui la virent. Ses manes impies descendirent sans doute dans ces tristes lieux,
où

où les cruelles Danaïdes puisent éternellement de l'eau dans des vases percez; où Ixion tourne à jamais sa roue; où Tantale brûlant de soif, ne peut avaler l'eau qui s'enfuit de ses lévres; où Siziphile roule inutilement un rocher qui retombe sans cesse; & où Titie sentira éternellement dans ses entrailles toujours renaissantes, un vautour qui les ronge.

Baleazar délivré de ce monstre, rendit graces aux Dieux par d'innombrables sacrifices. Il a commencé son regne par une conduite toute opposée à celle de Pygmalion. Il s'est appliqué à faire refleurir le commerce, qui languissoit tous les jours de plus en plus; il a pris les conseils de Narbal pour les principales affaires, & n'est pourtant pas gouverné par lui; car il veut tout voir par lui-même. Il écoute tous les différens avis qu'on veut lui donner, & décide ensuite sur ce qui lui paroît le meilleur. Il est aimé des peuples: En possedant les cœurs, il possede plus de tresors que son pere n'en avoit amassé par son avarice cruelle; car il n'y a aucune famille qui ne lui donnât tout ce qu'elle a de bien, s'il se trouvoit dans une pressante nécessité: ainsi ce qu'il leur laisse est plus à lui que s'il le leur ôtoit. Il n'a pas besoin de se précautionner pour la sûreté de sa vie; car il a toujours autour de lui la plus sûre garde, qui est l'amour des peuples. Il n'y a aucun de ses sujets qui ne craigne de le perdre, & qui ne hazardât sa propre vie pour conserver celle d'un si bon Roi. Il vit heureux, & tout son peuple est heureux avec lui; il craint de charger trop ses peuples; ses peuples craignent de ne lui offrir pas une assez grande

Livre VIII.

grande partie de leurs biens : il les laisse dans l'abondance, & cette abondance ne les rend ni indociles, ni insolens ; car ils sont laborieux, adonnez au commerce, fermes à conserver la pureté des anciennes loix. La Phenicie est remontée au plus haut point de sa grandeur & de sa gloire. C'est à son jeune Roi qu'elle doit tant de prosperitez.

Narbal gouverne sous lui. O Telemaque! s'il vous voyoit maintenant, avec quelle joie vous combleroit-il de présens ? Quel plaisir seroit-ce pour lui de vous renvoyer magnifiquement dans votre patrie? Ne suis-je pas heureux de faire ce qu'il voudroit pouvoir faire lui-même, & d'aller dans l'isle d'Ithaque mettre sur le trône le fils d'Ulysse, afin qu'il y regne aussi sagement que Baleazar regne à Tyr?

Après qu'Adoam eut ainsi parlé, Telemaque charmé de l'histoire que ce Phenicien venoit de raconter, & plus encore des marques d'amitié qu'il en recevoit dans son malheur, l'embrassa tendrement. Ensuite Adoam lui demanda par quelle avanture il étoit entré dans l'isle de Calypso. Telemaque lui fit à son tour l'histoire de son départ de Tyr ; de son passage dans l'isle de Cypre ; de la maniere dont il avoit retrouvé Mentor ; de leur voyage en Crete ; des jeux publics pour l'élection d'un Roi après la fuite d'Idomenée; de la colere de Venus ; de leur naufrage ; du plaisir avec lequel Calypso les avoit reçûs; de la jalousie de cette Déesse contre une de ses Nymphes, & de l'action de Mentor qui avoit jetté son ami dans la mer dès qu'il vit le vaisseau Phenicien.

Après ces entretiens Adoam fit servir un magnifique repas ; & pour témoigner une
plus

plus grande joie, il rassembla tous les plaisirs dont on pouvoit jouir. Pendant le repas, qui fut servi par de jeunes Pheniciens vêtus de blancs & couronnez de fleurs, on brûla les plus exquis parfums de l'Orient. Tous les bancs des rameurs étoient pleins de joueurs de flutes. Achitoas les interrompoit de tems en tems par les doux accords de sa voix & de sa lyre, dignes d'être entendues à la table des Dieux, & de ravir les oreilles d'Apollon même. Les Tritons, les Nereïdes, toutes les Divinitez qui obéïssent à Neptune, les monstres marins mêmes sortoient de leurs grotes humides & profondes pour venir en foule autour du vaisseau, charmez par cette mélodie. Une troupe de jeunes Pheniciens d'une rare beauté, & vêtus de fin lin plus blanc que la neige, dansérent longtems les danses de leur païs, puis celles d'Egypte, & enfin celles de la Grece. De tems en tems des trompettes faisoient retentir l'onde jusqu'aux rivages éloignez. Le silence de la nuit, le calme de la mer, la lumiere tremblante de la Lune répandue sur la face des ondes, le sombre azur du Ciel semé de brillantes étoiles, servoient à rendre ce spectacle encore plus beau.

Telemaque d'un naturel vif & sensible goûtoit tous ces plaisirs ; mais il n'osoit y livrer son cœur. Depuis qu'il avoit éprouvé avec tant de honte dans l'isle de Calypso, combien la jeunesse est promte à s'enflamer, tous les plaisirs mêmes les plus innocens lui faisoient peur ; tout lui étoit suspect. Il regardoit Mentor ; il cherchoit sur son visage & dans ses yeux ce qu'il devoit penser de tous ces plaisirs.

Mentor

Mentor étoit bien aise de le voir dans cet embarras, & ne faisoit pas semblant de le remarquer. Enfin touché de la modération de Telemaque, il lui dit en soûriant: Je comprens ce que vous craignez, vous êtes louable de cette crainte: mais il ne faut pas la pousser trop loin. Personne ne souhaitera jamais plus que moi que vous goûtiez des plaisirs, mais des plaisirs qui ne vous passionnent, ni ne vous amolissent point. Il vous faut des plaisirs qui vous délassent, & que vous goûtiez en vous possedant; mais non pas des plaisirs qui vous entraînent. Je vous souhaite des plaisirs doux & moderez, qui ne vous ôtent point la raison, & qui ne vous rendent jamais semblable à une bête en fureur. Maintenant il est à propos de vous délasser de toutes vos peines. Goûtez avec complaisance pour Adoam, les plaisirs qu'il vous offre. Réjouissez-vous, Telemaque, réjouissez-vous. La sagesse n'a rien d'austere ni d'affecté: c'est elle qui donne les vrais plaisirs; elle seule les sçait assaisonner pour les rendre purs & durables, elle sçait mêler les jeux & les ris avec les occupations graves & sérieuses; elle prépare le plaisir par le travail, & elle délasse du travail par le plaisir. La sagesse n'a point de honte de paroître enjouée quand il le faut.

En disant ces paroles, Mentor prit une lyre, & en joua avec tant d'art, qu'Achitoas jaloux laissa tomber la sienne de dépit; ses yeux s'allumoient, son visage troublé changea de couleur: tout le monde eut apperçu sa peine & sa honte, si la lyre de Mentor n'eut enlevé l'ame de tous les assistans. A peine osoit-on respirer, de peur de troubler le silence, & de perdre quelque chose de ce chant divin ; on craignoit toujours qu'il ne finît trop tôt. La voix de Mentor n'avoit aucune douceur effeminée ; mais elle étoit flexible, forte, & elle passionnoit jusqu'aux moindres choses.

Il chanta d'abord les louanges de Jupiter Pere & Roi des Dieux & des hommes, qui d'un signe de sa tête ébranle l'Univers. Puis il representa Minerve qui sort de sa tête, c'est-à-dire la sagesse que ce Dieu forme au-dedans de lui-même, & qui sort de lui pour instruire les hommes dociles. Mentor chanta ces véritez d'une voix si touchante, & avec tant de religion, que toute l'assemblée crut être transportée au plus haut de l'Olympe à la face de Jupiter, dont les regards sont plus perçans que son tonnerre. Ensuite il chanta le malheur du jeune Narcisse, qui devenant folement amoureux de sa propre beauté, qu'il regardoit sans cesse au bord d'une fontaine, se consuma lui-même de douleur, & fut changé en une fleur qui porte son nom. Enfin il chanta aussi la funeste mort du bel Adonis, qu'un sanglier déchira, & que Venus passionnée pour lui ne put ranimer en faisant au ciel des plaintes ameres.

Tous ceux qui l'écoutérent, ne purent retenir leurs larmes, & chacun sentoit je ne sçai quel plaisir en pleurant. Quand il eut cessé de chanter, les Pheniciens étonnez se regardoient les uns les autres. L'un disoit, C'est Orphée ; c'est ainsi qu'avec une lyre il apprivoisoit les bêtes farouches, & enlevoit les bois & les rochers ; c'est ainsi qu'il enchanta Cerbere ; qu'il suspendit les tourmens d'Ixion & des Danaïdes, & qu'il toucha

cha l'inexorable Pluton, pour tirer des enfers la belle Euridice. Un autre s'écrioit : Non, c'est Linus fils d'Apollon. Un autre répondit : Vous vous trompez, c'est Apollon lui-même. Telemaque n'étoit guere moins surpris que les autres ; car il ignoroit que Mentor sçût avec tant de perfection chanter & jouer de la lyre. Achitoas qui avoit eu le loisir de cacher sa jalousie, commença à donner des louanges à Mentor : mais il rougit en le louant, & il ne put achever son discours. Mentor qui voyoit son trouble, prit la parole, comme s'il eut voulu l'interrompre, & tâcha de le consoler, en lui donnant toutes les louanges qu'il méritoit. Achitoas ne fut point consolé ; car il sentoit que Mentor le surpassoit encore plus par sa modestie, que par les charmes de sa voix.

Cependant Telemaque dit à Adoam : Je me souviens que vous m'avez parlé d'un voyage que vous fites dans la Betique depuis que nous fumes partis d'Egypte. La Betique est un païs dont on raconte tant de merveilles, qu'à peine peut-on les croire. Daignez m'apprendre si tout ce qu'on en dit est vrai. Je ferai bien aise, dit Adoam, de vous dépeindre ce fameux païs digne de votre curiosité, & qui surpasse tout ce que la renommée en publie. Aussitôt il commença ainsi :

Le fleuve Betis coule dans un païs fertile, & sous un ciel doux, qui est toûjours serein. Le païs a pris le nom de ce fleuve qui se jette dans le grand Ocean, assez près des Colomnes d'Hercule, & de cet endroit où la mer furieuse rompant ses digues sépara autrefois la terre de Tarsis d'avec la grande Affrique. Ce païs

païs semble avoir conservé les délices de l'âge d'or. Les hyvers y sont tiedes, & les rigoureux Aquilons n'y soufflent jamais. L'ardeur de l'Eté y est toujours temperée par des zephirs rafraîchissans qui viennent adoucir l'air vers le milieu du jour. Ainsi toute l'année n'est qu'un heureux hymen du Printems & de l'Automne, qui semblent se donner la main. La terre dans les vallons & dans les campagnes unies y porte chaque année une double moisson. Les chemins y sont bordez de lauriers, de grenadiers, de jasmins, & d'autres arbres toujours verds, & toujours fleuris. Les montagnes sont couvertes de troupeaux qui fournissent des laines fines recherchées de toutes les nations connues. Il y a plusieurs mines d'or & d'argent dans ce beau païs. Mais les habitans simples, & heureux dans leur simplicité, ne daignent pas seulement compter l'or & l'argent parmi leurs richesses; ils n'estiment que ce qui sert véritablement aux besoins de l'homme.

Quand nous avons commencé à faire notre commerce chez ces peuples, nous avons trouvé l'or & l'argent parmi eux employez aux mêmes usages que le fer; par exemple, pour des socs de charue. Comme ils ne faisoient aucun commerce audehors, ils n'avoient besoin d'aucune monnoye. Ils sont presque tous Bergers ou Laboureurs. On voit en ce païs peu d'artisans, car ils ne veulent souffrir que les arts qui servent aux véritables nécessitez des hommes; encore même la plûpart des hommes en ce païs étant adonnez à l'agriculture, ou à conduire des troupeaux, ne laissent pas d'exercer les arts nécessaires à leur vie simple & frugale.

Les

Livre VIII.

Les femmes filent cette laine, & en font des étofes fines & d'une merveilleuse blancheur; elles font le pain, apprêtent à manger, & ce travail leur est facile; car on ne vit en ce païs que de fruits ou de lait, & rarement de viande. Elles employent le cuir de leurs moutons à faire une legere chauffure pour elles, pour leurs maris, & pour leurs enfans: elles font des tentes, dont les unes font de peaux cirées, & les autres d'écorces d'arbres. Elles font & lavent tous les habits de la famille, tiennent les maisons dans un ordre & une propreté admirable. Leurs habits font aisez à faire; car en ce doux climat, on ne porte qu'une piece d'étofe fine & legere, qui n'est point taillée, & que chacun met à longs plis autour de son corps pour la modestie, lui donnant la forme qu'il veut.

Les hommes n'ont d'autres arts à exercer, outre la culture des terres, & la conduite des troupeaux, que l'art de mettre le bois & le fer en œuvre; encore même ne se servent-ils guére du fer, excepté pour les instrumens nécessaires au labourage. Tous les arts qui regardent l'architecture leur font inutiles, car ils ne bâtissent jamais de maison. C'est, disent-ils, s'attacher trop à la terre, que de s'y faire une demeure qui dure beaucoup plus que nous; il suffit de se défendre des injures de l'air. Pour tous les autres arts estimez chez les Grecs, chez les Egyptiens, & chez tous les autres peuples bien policez, ils les détestent comme des inventions de la vanité & de la molesse.

Quand on leur parle des peuples, qui ont l'art de faire des bâtimens superbes, des meubles d'or & d'argent, des étofes ornées

de

de broderies & de pierres précieuses, des parfums exquis, des mets délicieux, des instrumens, dont l'harmonie charme; ils répondent en ces termes: Ces peuples sont bien malheureux d'avoir employé tant de travail & d'industrie à se corrompre eux-mêmes; ce superflu amolit, enyvre, tourmente ceux qui le possèdent; il tente ceux qui en sont privez, de vouloir l'acquerir par l'injustice & par la violence. Peut-on nommer bien un superflu, qui ne sert qu'à rendre les hommes mauvais? Les hommes de ce païs sont-ils plus sains & plus robustes que nous? Vivent-ils plus longtems? Sont-ils plus unis entre eux? Mènent-ils une vie plus libre, plus tranquile, plus gaie? Au contraire ils doivent être jaloux les uns des autres, rongez par une lâche & noire envie, toujours agitez par l'ambition, par la crainte, par l'avarice; incapables de plaisirs purs & simples, puisqu'ils sont esclaves de tant de fausses nécessitez, dont ils font dépendre tout leur bonheur.

C'est ainsi, continuoit Adoam, que parlent ces hommes sages, qui n'ont appris la sagesse qu'en étudiant la simple nature. Ils ont horreur de notre politesse, & il faut avouer que la leur est grande dans leur aimable simplicité. Ils vivent tous ensemble sans partager les terres; chaque famille est gouvernée par son chef, qui en est le véritable Roi. Le pere de famille est en droit de punir chacun de ses enfans, ou petits enfans, qui fait une mauvaise action: mais avant que de le punir, il prend l'avis du reste de la famille. Ces punitions n'arrivent presque jamais; car l'innocence des mœurs, la bonne foi, l'obéïssance

&

LIVRE VIII.   169

& l'horreur du vice habitent dans cette heureuse terre. Il semble qu'Astrée qu'on dit qui est retirée dans le Ciel, est encore ici-bas cachée parmi ces hommes. Il ne faut point de Juges parmi eux ; car leur propre conscience les juge. Tous les biens sont communs, les fruits des arbres, les légumes de la terre, le lait des troupeaux, sont des richesses si abondantes, que des peuples si sobres & si modérez n'ont pas besoin de les partager. Chaque famille errante dans ce beau païs transporte ses tentes d'un lieu à autre, quand elle a consumé les fruits, & épuisé les pâturages de l'endroit où elle s'étoit mise. Ainsi ils n'ont point d'intérêts à soûtenir les uns contre les autres, & ils s'aiment tous d'un amour fraternel que rien ne trouble. C'est le retranchement des vaines richesses & des plaisirs trompeurs, qui leur conserve cette paix, cette union & cette liberté. Ils sont tous libres, tous égaux.

On ne voit parmi eux aucune distinction, que celle qui vient de l'expérience des sages vieillards, ou de la sagesse extraordinaire de quelques jeunes hommes, qui égalent les vieillards consommez en vertu. La fraude, la violence, le parjure, les procès, les guerres ne font jamais entendre leur voix cruelle & empestée dans ce païs chéri des Dieux. Jamais le sang humain n'a rougi cette terre ; à peine y voit-on couler celui des agneaux. Quand on parle à ces peuples des batailles sanglantes, des rapides conquêtes, des renversemens d'Etats qu'on voit dans les autres Nations, ils ne peuvent assez s'étonner. Quoi, disent-ils, les hommes ne font-ils pas assez mortels, sans se donner encore les uns aux autres une mort précipitée? La vie est si courte, & il semble qu'elle leur paroisse trop longue. Sont-ils sur la terre pour se déchirer les uns les autres, & pour se rendre mutuellement malheureux?

Au reste, ces peuples de la Betique ne peuvent comprendre qu'on admire tant les Conquerans, qui subjuguent les grands Empires. Quelle folie, disent-ils, de mettre son bonheur à gouverner les autres hommes, dont le gouvernement donne tant de peine, si on veut les gouverner avec raison & suivant la justice! Mais pourquoi prendre plaisir à les gouverner malgré eux? C'est tout ce qu'un homme sage peut faire, que de s'assujettir à gouverner un peuple docile, dont les Dieux l'ont chargé, ou un peuple qui le prie d'être comme son pere & son pasteur. Mais gouverner les peuples contre leur volonté, c'est se rendre très-miserable, pour avoir le faux honneur de les tenir dans l'esclavage. Un Conquerant est un homme que les Dieux irritez contre le genre humain, ont donné à la terre dans leur colere pour ravager les Royaumes, pour répandre par tout l'effroi, la misere, le desespoir, & pour faire autant d'esclaves qu'il y a d'hommes libres. Un homme qui cherche la gloire ne la trouvet-il pas assez, en conduisant avec sagesse ce que les Dieux ont mis dans ses mains? Croit-il ne pouvoir mériter des louanges qu'en devenant violent, injuste, hautain, usurpateur & tyrannique sur tous ses voisins? Il ne faut jamais songer à la guerre, que pour défendre sa liberté. Heureux celui, qui n'étant point esclave

esclave d'autrui, n'a point la folle ambition de faire d'autrui son esclave! Ces grands Conquerans qu'on nous dépeint avec tant de gloire, ressemblent à ces fleuves débordez, qui paroissent majestueux, mais qui ravagent toutes les fertiles campagnes qu'ils devroient seulement arroser.

Aprés qu'Adoam eut fait cette peinture de la Betique, Telemaque charmé lui fit diverses questions curieuses. Ces peuples, lui dit-il, boivent-ils du vin? Ils n'ont garde d'en boire, reprit Adoam, car ils n'ont jamais voulu en faire. Ce n'est pas qu'ils manquent de raisins; aucune terre n'en porte de plus délicieux: mais ils se contentent de manger le raisin comme les autres fruits, & ils craignent le vin comme le corrupteur des hommes. C'est une espece de poison, disent-ils, qui met en fureur. Il ne fait pas mourir l'homme, mais il le rend bête. Les hommes peuvent conserver leur santé & leurs forces sans vin. Avec le vin, ils courent risque de ruiner leur santé & de perdre les bonnes mœurs.

Telemaque disoit ensuite: Je voudrois bien savoir quelles loix reglent les mariages dans cette Nation. Chaque homme, répondit Adoam, ne peut avoir qu'une femme, & il faut qu'il la garde tant qu'elle vit. L'honneur des hommes en ce païs dépend autant de leur fidélité à l'egard de leurs femmes, que l'honneur des femmes dépend chez les autres peuples de leur fidélité pour leurs maris. Jamais peuple ne fut si honnête, ni si jaloux de la pureté. Les femmes y sont belles & agréables; mais simples, modestes & laborieuses.

rieuses. Les mariages y sont paisibles, féconds, sans tache. Le mari & la femme semblent n'être plus qu'une seule personne en deux corps différens ; le mari & la femme partagent ensemble tous les soins domestiques: le mari regle toutes les affaires du dehors ; la femme se renferme dans son ménage : elle soulage son mari, elle paroît n'être faite que pour lui plaire ; elle gagne sa confiance, & le charme moins par sa beauté que par sa vertu. Le vrai charme de leur societé dure autant que leur vie. La sobrieté, la modération, & les mœurs pures de ce peuple lui donnent une vie longue & exemte de maladie. On y voit des vieillards de cent & de six-vingts ans, qui ont encore de la gayeté, & de la vigueur.

Il me reste, ajoûtoit Telemaque, à savoir comment ils font pour éviter la guerre avec les autres peuples voisins. La nature, dit Adoam, les a séparez des autres peuples, d'un côté par la mer, & de l'autre par de hautes montagnes vers le Nord. D'ailleurs les peuples voisins les respectent à cause de leur vertu. Souvent les autres Nations ne pouvant s'accorder ensemble, les ont pris pour juges de leurs différends, & leur ont confié les terres & les villes qu'ils disputoient entre eux. Comme cette sage Nation n'a jamais fait aucune violence, personne ne se défie d'elle. Ils rient, quand on leur parle des Rois qui ne peuvent regler entre eux les frontiéres de leurs Etats. Peut-on craindre, disent-ils, que la terre manque aux hommes ? Il y en aura toujours plus qu'ils n'en pourront cultiver.

cultiver. Tandis qu'il restera des terres libres & incultes, nous ne voudrions pas même défendre les nôtres contre des voisins qui viendroient s'en saisir. On ne trouve dans tous les habitans de la Bétique, ni orgueil, ni hauteur, ni mauvaise foi, ni envie d'étendre leur domination. Ainsi leurs voisins n'ont jamais rien à craindre d'un tel peuple, & ils ne peuvent espérer de s'en faire craindre; c'est pourquoi ils les laissent en repos. Ce peuple abandonneroit son païs, ou se livreroit à la mort, plûtôt que d'accepter la servitude. Ainsi il est autant difficile à subjuguer, qu'il est incapable de vouloir subjuguer les autres. C'est ce qui fait une paix profonde entre eux & leurs voisins.

Adoam finit ce discours, en racontant de quelle maniere les Pheniciens faisoient leur commerce dans la Bétique. Ces peuples, disoit-il, furent étonnez quand ils virent venir au travers des ondes de la mer des hommes étrangers qui venoient de si loin : ils nous laissèrent fonder une ville dans l'isle de Gades. Ils nous reçûrent même chez eux avec bonté, & nous firent part de tout ce qu'ils avoient, sans vouloir de nous aucun payement. De plus ils nous offrirent de nous donner liberalement tout ce qui leur resteroit de leurs laines, après qu'ils en auroient fait leur provision pour leur usage. En effet, ils nous en envoyérent un riche présent. C'est un plaisir pour eux que de donner aux étrangers leur superflu.

Pour leurs mines, ils n'eurent aucune peine à nous les abandonner; elles leur étoient inuti-

inutiles. Il leur paroissoit que les hommes n'étoient guére sages d'aller chercher par tant de travaux dans les entrailles de la terre, ce qui ne peut les rendre heureux, ni satisfaire à aucun vrai besoin. Ne creusez point, nous disoient-ils, si avant dans la terre ; contentez-vous de la labourer, elle vous donnera de véritables biens, qui vous nourriront ; vous en tirerez des fruits qui valent mieux que l'or & que l'argent, puisque les hommes ne veulent de l'or & de l'argent que pour en acheter les alimens qui soûtiennent la vie.

Nous avons souvent voulu leur apprendre la navigation, & mener les jeunes hommes de leur païs dans la Phenicie ; mais ils n'ont jamais voulu que leurs enfans apprissent à vivre comme nous. Ils apprendroient, nous disoient-ils, à avoir besoin de toutes les choses qui vous sont devenues nécessaires. Ils voudroient les avoir ; ils abandonneroient la vertu pour les obtenir par des mauvaises industries. Ils deviendroient comme un homme qui a de bonnes jambes, & qui perdant l'habitude de marcher, s'accoutume enfin au besoin d'être toûjours porté comme un malade. Pour la navigation, ils l'admirent à cause de l'industrie de cet art : mais ils croyent que c'est un art pernicieux. Si ces gens-là, disent-ils, ont suffisamment en leur païs ce qui est nécessaire à la vie, que vont-ils chercher en un autre ? Ce qui suffit au besoin de la nature, ne leur suffit-il pas ? Ils mériteroient de faire naufrage, puisqu'ils cherchent la mort au milieu des tempêtes, pour assouvir l'avarice des Marchands,

chands, & pour flater les passions des autres hommes.

Telemaque étoit ravi d'entendre ce discours d'Adoam, & se réjouissoit qu'il y eût encore au monde un peuple, qui suivant la droite nature fût si sage & si heureux tout ensemble. O! combien ces mœurs, disoit-il, sont-elles éloignées des mœurs vaines & ambitieuses des peuples qu'on croit les plus sages! Nous sommes tellement gâtez, qu'à peine pouvons-nous croire que cette simplicité si naturelle puisse être véritable. Nous regardons les mœurs de ce peuple comme une belle fable, & il doit regarder les nôtres comme un songe monstrueux.

Fin du huitiéme Livre.

Liv. 9.

Vn Sacrificateur consulte les Entrailles des Victim

LES AVANTURES DE TELEMAQUE, FILS D'ULYSSE.

LIVRE NEUVIEME.

SOMMAIRE.

Venus toûjours irritée contre Telemaque en demande la perte à Jupiter. Mais les destinées ne permettant pas qu'il périsse, la Déesse va concerter avec Neptune les moyens de l'éloigner d'Ithaque, où Adoam le conduisoit. Ils employent une Divinité trompeuse pour surprendre le Pilote Achamas, qui croyant arriver en Ithaque, entre à pleines voiles dans le port des Salentins. Leur Roi Idomenée reçoit Telemaque dans sa nouvelle Ville, où il préparoit actuellement un sacrifice à Jupiter pour le succez d'une guerre contre les Manduriens. Le Sacrificateur consultant les entrailles des Victimes fait tout esperer à Idomenée, & lui fait entendre qu'il devra son bonheur à ses deux nouveaux Hôtes.

PENDANT que Telemaque & Adoam s'entretenoient de la sorte, oublians le sommeil, & n'appercevans pas que la nuit étoit déja au milieu de sa course, une Divinité ennemie & trompeuse les éloignoit d'Ithaque, que leur Pilote Athamas cherchoit en vain. Neptune, quoique favorable aux Pheniciens, ne pouvoit supporter plus long-tems que Telemaque eut échapé à la tempête qui l'avoit jetté contre les rochers de l'isle de Calypso. Venus étoit encore plus irritée de voir ce jeune homme qui triomphoit, ayant vaincu l'Amour & tous ses charmes. Dans le transport de sa douleur, elle quitta Cythere, Paphos, Idalie, & tous les honneurs qu'on lui rend dans l'isle de Cypre. Elle ne pouvoit plus demeurer dans des lieux où Telemaque avoit méprisé son Empire. Elle monte vers l'éclatant Olympe, où les Dieux étoient assemblez auprès du trône de Jupiter. De ce lieu ils apperçoivent les Astres qui roulent sous leurs pieds; ils voient le globe de la terre comme un petit amas de boue. Les mers immenses ne leur paroissent que comme des gouttes d'eau dont ce morceau de boue est un peu détrempé. Les plus grands Royaumes ne sont à leurs yeux qu'un peu de sable qui couvre la surface de cette boue. Les peuples innombrables & les plus puissantes armées ne sont que comme des fourmis qui se disputent les unes aux autres

LIVRE IX.

tres un brin d'herbe sur ce morceau de boue. Les Immortels rient des affaires les plus sérieuses qui agitent les foibles humains, & elles leur paroissent des jeux d'enfans. Ce que les hommes appellent grandeur, gloire, puissance, profonde politique, ne paroît à ces suprêmes Divinitez, que misere & foiblesse.

C'est dans cette demeure si élevée audessus de la terre, que Jupiter a posé son trône immobile; ses yeux percent jusques dans l'abîme, & éclairent jusques dans les derniers replis des cœurs : ses regards doux & serains répandent le calme & la joie dans tout l'Univers. Au contraire, quand il secoue sa chevelure, il ébranle le ciel & la terre. Les Dieux mêmes éblouis des rayons de gloire qui l'environnent, ne s'en approchent qu'avec tremblement.

Toutes les Divinitez celestes étoient dans ce moment auprès de lui. Venus se presenta avec tous les charmes qui naissent dans son sein; sa robe flotante avoit plus d'éclat que toutes les couleurs dont Iris se pare au milieu des sombres nuages, quand elle vient promettre aux Mortels effrayez la fin des tempêtes, & leur annoncer le retour du beau tems. Sa robe étoit nouée par cette fameuse ceinture sur laquelle paroissent les graces. Les cheveux de la Déesse étoient attachez par derriere négligemment avec une tresse d'or. Tous les Dieux furent surpris de sa beauté, comme s'ils ne l'eussent jamais vue, & leurs yeux en furent éblouis, comme ceux des Mortels le font, quand Phœbus après une longue nuit vient les éclairer par ses rayons. Ils se regardoient les uns les autres avec étonnement;

ment, & leurs yeux revenoient toujours sur Venus. Mais ils apperçurent que les yeux de cette Déesse étoient baignez de larmes, & qu'une douleur amere étoit peinte sur son visage.

Cependant elle s'avançoit vers le trône de Jupiter d'une démarche douce & legere, comme le vol rapide d'un oiseau qui fend l'espace immense des airs. Il la regarda avec complaisance; il lui fit un doux soûris, & se levant il l'embrassa. Ma chere fille, lui dit-il, quelle est votre peine? Je ne puis vo[ir vos] larmes sans en être touché: ne craignez point de m'ouvrir votre cœur, vous connoissez ma tendresse & ma complaisance.

Venus lui répondit d'une voix douce, mais entrecoupée de profonds soûpirs : O Pere des Dieux & des hommes ! Vous qui voyez tout, pouvez-vous ignorer ce qui fait ma peine? Minerve ne s'est pas contentée d'avoir renversé jusqu'aux fondemens la superbe Ville de Troye que je défendois, & de s'être vengée de Pâris qui avoit préféré ma beauté à la sienne; elle conduit par toutes les terres & par toutes les mers le fils d'Ulysse, ce cruel destructeur de Troye. Telemaque est accompagné par Minerve; c'est ce qui empéche qu'elle ne paroisse ici en son rang avec les autres Divinitez; elle a conduit ce jeune téméraire dans l'isle de Cypre pour m'outrager : il a méprisé ma puissance; il n'a pas daigné seulement brûler de l'encens sur mes autels; il a témoigné avoir horreur des Fêtes que l'on célebre en mon honneur; il a fermé son cœur à tous mes plaisirs. En vain Neptune pour le punir à ma priere a irrité les vents & les flots contre lui

lui. Telemaque jetté par un naufrage horrible dans l'isle de Calypso, a triomphé de l'Amour même que j'avois envoyé dans cette isle pour attendrir le cœur de ce jeune Grec. Ni la jeunesse, ni les charmes de Calypso & de ses Nymphes, ni les traits enflamez de l'Amour n'ont pu surmonter les artifices de Minerve. Elle l'a arraché de cette isle; me voilà confonduë; un enfant triomphe de moi.

Jupiter pour consoler Venus, lui dit: Il est vrai, ma fille, que Minerve défend le cœur de ce jeune Grec contre toutes les flêches de votre fils, & qu'elle lui prépare une gloire que jamais jeune homme n'a méritée. Je suis fâché qu'il ait méprisé vos autels; mais je ne puis le soumettre à votre puissance. Je consens pour l'amour de vous qu'il soit encore errant par mer & par terre, qu'il vive loin de sa patrie, exposé à toutes sortes de maux & de dangers: mais les destins ne permettent ni qu'il périsse, ni que sa vertu succombe dans les plaisirs dont vous flatez les hommes. Consolez-vous donc, ma fille, soyez contente de tenir dans votre Empire tant d'autres Héros, & tant d'Immortels.

En disant ces paroles, il fit à Venus un soûris plein de grace & de majesté. Un éclat de lumiere semblable aux plus perçans éclairs sortit de ses yeux. En baisant Venus avec tendresse, il répandit une odeur d'ambroisie dont l'Olympe fut parfumé. La Déesse ne put s'empêcher d'être sensible à cette caresse du plus grand des Dieux. Malgré ses larmes & sa douleur, on vit la joie se répandre sur son visage; elle baissa son voile pour cacher la rougeur de ses joues, & l'embarras où elle
se

se trouvoit. Toute l'assemblée des Dieux applaudit aux paroles de Jupiter, & Venus sans perdre un moment alla trouver Neptune pour concerter avec lui les moyens de se venger de Telemaque.

Elle raconta à Neptune ce que Jupiter lui avoit dit. Je savois déja, répondit Neptune, l'ordre immuable des destins: mais si nous ne pouvons abîmer Telemaque dans les flots de la mer, du moins n'oublions rien pour le rendre malheureux, & pour retarder son retour à Ithaque. Je ne puis consentir à faire périr le vaisseau Phenicien dans lequel il est embarqué. J'aime les Pheniciens, c'est mon peuple, nulle autre nation ne cultive comme eux mon Empire. C'est par eux que la mer est devenue le lien de la societé de tous les peuples de la terre. Ils m'honorent par de continuels sacrifices sur mes Autels; ils sont justes, sages & laborieux dans le commerce; ils répandent par tout la commodité & l'abondance. Non, Déesse, je ne puis souffrir qu'un de leurs vaisseaux fasse naufrage; mais je ferai que le Pilote perdra sa route, & qu'il s'éloignera d'Ithaque où il veut aller. Venus contente de cette promesse rit avec malignité, & retourna dans son char volant sur les prez fleuris d'Idalie, où les graces, les jeux & les ris témoignérent leur joie de la revoir, dansans autour d'elle sur les fleurs qui parfument ce charmant séjour.

Neptune envoya aussitôt une Divinité trompeuse, semblable aux songes, excepté que les songes ne trompent que pendant le sommeil; au lieu que cette Divinité enchante le sens de ceux qui veillent. Ce Dieu mal-faisant environné d'une foule innombrable de men-

mensonges aîlez, qui voltigent autour de lui, vint répandre une liqueur subtile & enchantée sur les yeux du Pilote Athamas, qui consideroit attentivement la clarté de la Lune, le cours des étoiles, & le rivage d'Ithaque, dont il découvroit déja assez près de lui les rochers escarpez. Dans ce même moment les yeux du Pilote ne lui montrérent plus rien de véritable. Un faux ciel & une terre feinte se présentérent à lui. Les étoiles parurent comme si elles avoient changé leur cours & qu'elles fussent revenues sur leurs pas. Tout l'Olympe sembloit se mouvoir par des loix nouvelles, la terre même étoit changée. Une fausse Ithaque se présentoit toujours au Pilote pour l'amuser, tandis qu'il s'éloignoit de la véritable. Plus il s'avançoit vers cette image trompeuse du rivage de l'isle, plus cette image reculoit; elle fuyoit toujours devant lui, & il ne savoit que croire de cette fuite. Quelquefois il s'imaginoit entendre déja le bruit qu'on fait dans un port. Déja il se préparoit selon l'ordre qu'il en avoit reçu, aller aborder secretement dans une petite isle qui est auprès de la grande, pour dérober aux amans de Penelope conjurez contre Telemaque le retour de celui-ci. Quelquefois il craignoit les écueils, dont cette côte de la mer est bordée, & il lui sembloit entendre l'horrible mugissement des vagues qui vont se briser contre les écueils. Puis tout-à-coup il remarquoit que la terre paroissoit encore éloignée. Les montagnes n'étoient à ses yeux dans cet éloignement que comme de petits nuages qui obscurcissent quelquefois l'horison pendant que le Soleil se couche.

che. Ainsi Athamas étoit étonné, & l'impression de la Divinité trompeuse qui charmoit ses yeux, lui faisoit éprouver un certain saisissement qui lui avoit été jusqu'alors inconnu. Il étoit même tenté de croire qu'il ne veilloit pas, & qu'il étoit dans l'illusion d'un songe. Cependant Neptune commanda au vent d'Orient de souffler pour jetter le navire sur les côtes de l'Hesperie. Le vent obéit avec tant de violence, que le navire arriva bientôt sur le rivage que Neptune avoit marqué.

Déja l'Aurore annonçoit le jour : déja les étoiles qui craignent les rayons du Soleil, & qui en sont jalouses, alloient cacher dans l'Ocean leurs sombres feux, quand le Pilote s'écria : Enfin je n'en puis plus douter, nous touchons presque à l'isle d'Ithaque; Telemaque, réjouissez-vous, dans une heure vous pourrez revoir Penelope, & peutêtre trouver Ulysse remonté sur son trône.

A ce cri, Telemaque qui étoit immobile dans les bras du sommeil, s'éveille, se leve, monte au gouvernail, embrasse le Pilote, & de ses yeux à peine encore ouverts, regarde fixement la côte voisine. Il gémit, ne reconnoissant pas les rivages de sa patrie. Helas! où sommes-nous, dit-il? Ce n'est point là ma chere Ithaque. Vous vous êtes trompé, Athamas; vous connoissez mal cette côte si éloignée de notre païs. Non, non, répondit Athamas, je ne puis me tromper en considerant les bords de cette isle. Combien de fois suis-je entré dans votre port? J'en connois jusqu'aux moindres rochers; le rivage de Tyr n'est guére mieux dans ma mémoire. Reconnoissez cette montagne qui avance; voiez ce rocher qui s'éleve comme une tour; n'entendez-vous pas la vague qui se rompt contre ces autres rochers, lorsqu'ils semblent menacer la mer par leur chûte ? Mais ne remarquez-vous pas ce Temple de Minerve qui fend la nuë ? Voilà la forteresse & la maison d'Ulysse votre pere.

Vous vous trompez, ô Athamas, répondit Telemaque ; je vois au contraire une côte assez relevée, mais unie; j'apperçois une ville qui n'est point Ithaque. O Dieux ! est-ce ainsi que vous vous jouez des hommes ?

Pendant qu'il disoit ces paroles, tout-à-coup les yeux d'Athamas furent changez. Le charme se rompit, il vit le rivage tel qu'il étoit véritablement, & reconnut son erreur. Je l'avoue, ô Telemaque, s'écria-t-il : quelque Divinité ennemie avoit enchanté mes yeux : je croyois voir Ithaque, & son image toute entiere se présentoit à moi ; mais dans ce moment elle disparoît comme un songe. Je vois une autre ville, c'est sans doute Salante, qu'Idomenée fugitif de Crete vient de fonder dans l'Hesperie; j'apperçois des murs qui s'élevent, & qui ne sont pas encore achevez : je vois un port qui n'est pas entierement fortifié.

Pendant qu'Athamas remarquoit les divers ouvrages nouvellement faits dans cette ville naissante, & que Telemaque déploroit son malheur, le vent que Neptune faisoit souffler, les fit entrer à pleines voiles dans une rade où ils se trouvérent à l'abri, & tout auprès du port.

Mentor qui n'ignoroit ni la vengeance de Neptune, ni le cruel artifice de Venus, n'avoit fait que soûrire de l'erreur d'Athamas.
Quand

Quand ils furent dans cette rade, Mentor dit à Telemaque: Jupiter vous éprouve, mais il ne veut pas votre perte. Au contraire, il ne vous éprouve que pour vous ouvrir le chemin de la gloire. Souvenez-vous des travaux d'Hercule, ayez toujours devant vos yeux ceux de votre pere. Quiconque ne sçait pas souffrir, n'a point un grand cœur. Il faut par votre patience & votre courage lasser la cruelle fortune qui se plaît à vous persécuter. Je crains moins pour vous les plus affreuses disgraces de Neptune, que je ne craignois les caresses flateuses de la Déesse qui vous retenoit dans son isle. Que tardons-nous ? Entrons dans ce port ; voici un peuple ami ; c'est chez les Grecs que nous arrivons: Idomenée maltraité par la fortune aura pitié des malheureux. Aussitôt ils entrérent dans le port de Salante, où le vaisseau Phenicien fut reçu sans peine, parce que les Pheniciens sont en paix & en commerce avec tous les peuples de l'Univers.

Telemaque regardoit avec admiration cette ville naissante. Semblable à une jeune plante, qui ayant été nourrie par la douce rosée de la nuit, sent dès le matin les rayons du Soleil qui viennent l'embellir: elle croît, elle ouvre ses tendres boutons, elle étend ses feuilles vertes, elle épanouit ses fleurs odoriférantes avec mille couleurs nouvelles. A chaque moment qu'on la voit, on y trouve un nouvel éclat. Ainsi florissoit la nouvelle ville d'Idomenée sur le rivage de la mer. Chaque jour, chaque heure elle croissoit avec magnificence, & elle montroit de loin aux étrangers qui étoient sur la mer, de nouveaux ornemens d'architecture qui s'é-
levoient

levoient jusqu'au ciel. Toute la côte retentissoit des cris des ouvriers, & des coups de marteaux. Les pierres étoient suspendues en l'air par des grues avec des cordes. Tous les chefs animoient le peuple au travail dès que l'aurore paroissoit; & le Roi Idomenée donnant par-tout ses ordres lui-même, faisoit avancer les ouvrages avec une incroyable diligence.

A peine le vaisseau Phenicien fut arrivé, que les Crétois donnèrent à Telemaque & à Mentor toutes les marques d'amitié sinceres. On se hâta d'avertir Idomenée de l'arrivée du fils d'Ulysse. Le fils d'Ulysse, s'écria-t-il; d'Ulysse ce cher ami, ce sage Heros par qui nous avons enfin renversé la ville de Troye ! qu'on l'améne ici, & que je lui montre combien j'ai aimé son pere. Aussitôt on lui présente Telemaque, qui lui demande l'hospitalité, en lui disant son nom.

Idomenée lui répondit avec un visage doux & riant : Quand même on ne m'auroit pas dit qui vous êtes, je crois que je vous aurois connu. Voilà Ulysse lui-même; voilà ses yeux pleins de feu, & dont le regard est si ferme. Voilà son air d'abord froid & réservé, qui cachoit tant de vivacité & de graces. Je reconnois même ce soûrire fin, cette action négligée, cette parole douce, simple & insinuante, qui persuadoit avant qu'on eût le tems de s'en défier. Oui, vous êtes le fils d'Ulysse, mais vous serez aussi le mien. O mon fils, mon cher fils ! Quelle avanture vous améne sur ce rivage ? Est-ce pour chercher votre pere? Helas ! je n'en ai aucune nouvelle. La fortune nous a persécutez lui & moi : il a eu le malheur de ne pouvoir

voir retrouver sa patrie, & j'ai eu celui de retrouver la mienne pleine de la colere des Dieux contre moi. Pendant qu'Idomenée disoit ces paroles, il regardoit fixement Mentor, comme un homme dont le visage ne lui étoit pas inconnu, mais dont il ne pouvoit retrouver le nom.

Cependant Telemaque lui répondit les larmes aux yeux: O Roi! pardonnez-moi la douleur que je ne saurois vous cacher dans un tems où je ne devrois vous marquer que de la joie & de la reconnoissance pour vos bontez. Par le regret que vous me témoignez de la perte d'Ulysse, vous m'apprenez vous-même à sentir le malheur de ne point retrouver mon pere. Il y a déja longtems que je le cherche dans toutes les mers. Les Dieux irritez ne me permettent pas de le revoir, ni de savoir s'il a fait naufrage, ni de pouvoir retourner à Ithaque, où Penelope languit dans le desir d'être délivrée de ses Amans. J'avois cru vous trouver dans l'isle de Crete; j'y ai sçu votre cruelle destinée, & je ne croyois pas devoir jamais approcher de l'Hesperie où vous avez fondé un nouveau Royaume. Mais la fortune qui se joue des hommes, & qui me tient errant dans tous les païs loin d'Ithaque, m'a enfin jetté sur vos côtes. Parmi tous les maux qu'elle m'a fait, c'est celui que je supporte le plus volontiers. Si elle m'éloigne de ma patrie, du moins elle me fait connoître le plus généreux de tous les Rois.

A ces mots Idomenée embrassa tendrement Telemaque, & le menant dans son Palais, il lui dit: Quel est donc ce prudent vieillard qui vous accompagne? Il me semble que
je

je l'ai souvent vû autrefois. C'est Mentor, répliqua Telemaque, Mentor ami d'Ulysse, à qui il avoit confié mon enfance. Qui pourroit vous dire tout ce que je lui dois?

Aussitôt Idomenée s'avance, tend la main à Mentor: Nous nous sommes vûs, dit-il, autrefois. Vous souvenez-vous du voyage que vous fites en Crete, & des bons conseils que vous me donnâtes? Mais alors l'ardeur de la jeunesse, & le goût des vains plaisirs m'entraînoient. Il a falu que mes malheurs m'ayent instruit pour m'apprendre ce que je ne voulois pas croire. Plût aux Dieux que je vous eusse crû, ô sage vieillard! Mais je remarque avec étonnement que vous n'êtes presque point changé depuis tant d'années; c'est la même fraîcheur de visage, la même taille droite, la même vigueur; vos cheveux seulement sont un peu blanchis.

Grand Roi, répondit Mentor, si j'étois flateur, je vous dirois de même, que vous avez conservé cette fleur de jeunesse qui éclattoit sur votre visage avant le siege de Troye. Mais j'aimerois mieux vous déplaire que de blesser la vérité. D'ailleurs je vois par votre sage discours que vous n'aimez pas la flaterie, & qu'on ne hazarde rien en vous parlant avec sincérité. Vous êtes bien changé, & j'aurois eu de la peine à vous reconnoître. J'en connois clairement la cause, c'est que vous avez beaucoup souffert dans vos malheurs; mais vous avez bien gagné en souffrant, puisque vous avez acquis la sagesse. On doit se consoler aisément des rides qui viennent sur le visage, pendant que le cœur s'exerce & se fortifie dans la vertu. Au reste, sachez

sachez que les Rois s'usent toujours plus que les autres hommes. Dans l'adversité, les peines de l'esprit & les travaux du corps les font vieillir avant le tems. Dans la prospérité, les délices d'une vie molle les usent bien plus encore que tous les travaux de la guerre. Rien n'est si mal sain que les plaisirs où l'on ne peut se modérer. De là vient que les Rois & en paix & en guerre ont toujours des peines & des plaisirs qui font venir la vieillesse avant l'âge où elle doit venir naturellement. Une vie sobre, modérée, simple, exemte d'inquiétudes & de passions, réglée & laborieuse, retient dans les membres d'un homme sage la vive jeunesse, qui sans ces précautions est toujours prête à s'envoler sur les aîles du tems.

Idomenée charmé du discours de Mentor, l'eût écouté longtems, si on ne fût venu l'avertir pour un sacrifice qu'il devoit faire à Jupiter. Telemaque & Mentor le suivirent, environnez d'une grande foule de peuple qui consideroit avec empressement & curiosité ces deux étrangers. Les Salentins se disoient les uns aux autres : Ces deux hommes sont bien différens. Le jeune a je ne sçai quoi de vif & d'aimable ; toutes les graces de la beauté & de la jeunesse sont répandues sur son visage & sur son corps : mais cette beauté n'a rien de mou ni d'efféminé. Avec cette fleur si tendre de la jeunesse, il paroit vigoureux, robuste, endurci au travail. Cet autre, quoique bien plus âgé, n'a encore rien perdu de sa force ; sa mine paroît d'abord moins haute, & son visage moins gracieux : mais quand on le regarde de près, on trouve dans sa simplicité des marques de sagesse & de vertu, avec une noblesse qui étonne. Quand les Dieux sont descendus sur la terre pour se communiquer aux Mortels, sans doute qu'ils ont pris de telles figures d'Etrangers & de Voyageurs.

Cependant on arrive dans le Temple de Jupiter, qu'Idomenée, du sang de ce Dieu, avoit orné avec beaucoup de magnificence. Il étoit environné d'un double rang de colonnes de marbre jaspé. Les chapiteaux étoient d'argent : le Temple étoit tout incrusté de marbre avec des bas reliefs qui representoient Jupiter changé en Taureau; le raviffement d'Europe, & son passage en Crete au travers des flots. Ils sembloient respecter Jupiter, quoiqu'il fût sous une forme étrangere. On voyoit ensuite la naissance & la jeunesse de Minos. Enfin ce sage Roi donnant dans un âge plus avancé des loix à toute son isle pour la rendre à jamais florissante. Telemaque y remarqua aussi les principales avantures du siege de Troye, où Idomenée avoit acquis la gloire d'un grand Capitaine. Parmi ces représentations de combats, il chercha son pere ; il le reconnut prenant les chevaux de Rhesus que Diomede venoit de tuer ; ensuite disputant avec Ajax les armes d'Achilles devant tous les Chefs de l'armée Grecque affemblez ; enfin fortant du cheval fatal pour verser le sang de tant de Troyens.

Telemaque le reconnut d'abord à ces fameuses actions, dont il avoit souvent ouï parler, & que Mentor même lui avoit racontées. Les larmes coulérent de ses yeux; il changea de couleur, son visage parut trou-

troublé. Idomenée l'apperçut, quoiqu[e] Telemaque se détournât pour cacher so[n] trouble. N'ayez point de honte, lui di[t] Idomenée, de nous laisser voir combie[n] vous êtes touché de la gloire & des mal[-]heurs de votre pere.

Cependant le peuple s'assemble en foul[e] sous ces vastes portiques formez par le dou[-]ble rang de colonnes qui environnoient l[e] Temple. Il y avoit deux troupes de jeune[s] garçons & de jeunes filles qui chantoien[t] des vers à la louange du Dieu qui tien[t] dans ses mains la foudre. Ces enfans choi[-]sis de la figure la plus agreable, avoient d[e] longs cheveux flotans sur leurs épaules. Leurs têtes étoient couronnées de roses & parfumées : ils étoient tous vêtus de blanc. Idomenée faisoit à Jupiter un sacrifice d[e] cent taureaux pour se le rendre favorabl[e] dans une guerre qu'il avoit entreprise con[-]tre ses voisins. Le sang des victimes fu[-]moit de tous côtez : on le voyoit ruisse[-]ler dans les profondes coupes d'or & d'ar[-]gent.

Le vieillard Theophane ami des Dieux & Prêtre du Temple, tenoit pendant le sa[-]crifice sa tête couverte d'un bout de sa ro[-]be de pourpre. Ensuite il consulta les en[-]trailles des victimes, qui palpitoient enco[-]re. Puis s'étant mis sur le Trepied sacré : O Dieux ! s'écria-t-il, quels sont donc ce[s] deux Etrangers que le Ciel envoye en ce[s] lieux? Sans eux la guerre entreprise nous se[-]roit funeste, & Salante tomberoit en ruine avant que d'achever d'être élevée sur ses fon[-]demens. Je vois un jeune Heros que la Sa[-]gesse mene par la main ; il n'est pas permis

à

à une bouche mortelle d'en dire davantage.

En disant ces paroles, son regard étoit farouche, & ses yeux étincelans ; il sembloit voir d'autres objets que ceux qui paroissoient devant lui ; son visage étoit enflamé : il étoit troublé & hors de lui-même ; ses cheveux étoient hérissez, sa bouche écumante, ses bras levez & immobiles. Sa voix émûe étoit plus forte qu'aucune voix humaine ; il étoit hors d'haleine, & ne pouvoit tenir renfermé au-dedans de lui l'esprit divin qui l'agitoit.

O heureux Idomenée, s'écria-t-il encore ! que vois-je ? Quels malheurs évitez ! Quelle douce paix au-dedans, mais au-dehors quels combats ! Quelles victoires ! O Telemaque ! tes travaux surpassent ceux de ton pere, le fier ennemi gémit dans la poussiere sous ton glaive, les portes d'airain, les inaccessibles ramparts tombent à tes pieds. O grande Déesse ! que son pere..... O jeune homme ! tu reverras enfin..... A ces mots la parole meurt dans sa bouche, & il demeure comme malgré lui dans un silence plein d'étonnement.

Tout le peuple est glacé de crainte. Idomenée tremblant n'ose lui demander qu'il acheve. Telemaque même surpris comprend à peine ce qu'il vient d'entendre ; à peine peut-il croire qu'il ait entendu ces hautes prédictions. Mentor est le seul que l'esprit divin n'a point étonné. Vous entendez, dit-il à Idomenée, le dessein des Dieux. Contre quelque Nation que vous ayez à combattre, la victoire sera dans vos mains, & vous devrez au jeune fils de votre ami le bonheur de vos armes. N'en soyez point jaloux, profitez seulement de ce que les Dieux vous donnent par lui.

Idomenée n'étant pas encore revenu de son étonnement, cherchoit en vain des paroles ; sa langue demeuroit immobile. Telemaque plus prompt dit à Mentor : Tant de gloire promise ne me touche point; mais que peuvent donc signifier ces dernieres paroles, Tu reverras ? Est-ce mon pere, ou seulement Ithaque ? Helas ! que n'a-t-il achevé ! il m'a laissé plus en doute que je n'étois. O Ulysse ! ô mon pere ! seroit-ce vous-même que je dois revoir ? Seroit-il vrai ? Mais je me flate ; cruel Oracle, tu prens plaisir à te jouer d'un malheureux ; encore une parole, & j'étois au comble du bonheur.

Mentor lui dit : Respectez ce que les Dieux découvrent, & n'entreprenez pas de découvrir ce qu'ils veulent cacher. Une curiosité téméraire mérite d'être confondue. C'est par une sagesse pleine de bonté que les Dieux cachent aux foibles hommes leurs destinées dans une nuit impénétrable. Il est utile de prévoir ce qui dépend de nous pour le bien faire : mais il n'est pas moins utile d'ignorer ce qui ne dépend pas de nos soins, & ce que les Dieux veulent faire de nous.

Telemaque touché de ces paroles, se retint avec beaucoup de peine. Idomenée qui étoit revenu de son étonnement, commença de son côté à louer le grand Jupiter, qui lui avoit envoyé le jeune Telemaque & le sage Mentor pour le rendre victorieux de ses ennemis

Livre IX.

nemis. Après qu'on eut fait un magnifique repas qui suivit le sacrifice, il parla ainsi aux deux Étrangers :

J'avoue que je ne connoissois point encore assez l'art de regner, quand je revins en Crete après le siege de Troye. Vous savez, chers amis, les malheurs qui m'ont privé de regner dans cette grande isle, puisque vous m'assurez que vous y avez été depuis que j'en suis parti. Encore trop heureux si les coups les plus cruels de la fortune ont servi à m'instruire & à me rendre plus moderé. Je traversai les mers, comme un fugitif, que la vengeance des Dieux & des hommes poursuit. Toute ma grandeur passée ne servoit qu'à me rendre ma chûte plus honteuse & plus insupportable. Je vins refugier mes Dieux Penates sur cette côte deserte, où je ne trouvai que des terres incultes couvertes de ronces & d'épines, des forêts aussi anciennes que la terre, des rochers presque inaccessibles où se retiroient les bêtes farouches. Je fus réduit à me réjouir de posseder avec un petit nombre de soldats & de compagnons, qui avoient bien voulu me suivre dans mes malheurs, cette terre sauvage, & d'en faire ma patrie, ne pouvant plus esperer de revoir jamais cette isle fortunée, où les Dieux m'avoient fait naître pour y regner. Helas ! disois-je en moi-même, quel changement ! Quel exemple terrible ne suis-je point pour les Rois ! Il faudroit me montrer à tous ceux qui regnent dans le monde, pour les instruire par mon exemple. Ils s'imaginent n'avoir rien à craindre à cause de leur élevation au-dessus du reste des hommes. Hé, c'est leur élevation même, qui fait qu'ils ont tout à craindre. J'étois craint de mes ennemis, & aimé de mes sujets. Je commandois à une nation puissante & belliqueuse : la renommée avoit porté mon nom dans les païs les plus éloignez. Je regnois dans une isle fertile & délicieuse : cent villes me donnoient chaque année un tribut de leurs richesses; ces peuples me reconnoissoient pour être du sang de Jupiter né dans leur païs. Ils m'aimoient comme le petit-fils du sage Minos, dont les Loix les rendent si puissans & si heureux. Que manquoit-il à mon bonheur, sinon d'en savoir jouir avec modération? Mais mon orgueil & la flaterie que j'ai écoutée, ont renversé mon trône. Ainsi tomberont tous les Rois qui se livreront à leurs desirs & aux conseils des esprits flateurs. Pendant le jour je tâchois de montrer un visage gai, & plein d'esperance pour soûtenir le courage de ceux qui m'avoient suivi. Faisons, leur disois-je, une nouvelle ville, qui nous console de tout ce que nous avons perdu. Nous sommes environnez de peuples qui nous ont donné un bel exemple pour cette entreprise. Nous voyons Tarente qui s'éleve assez près de nous. C'est Phalante avec ses Lacedemoniens, qui a fondé ce nouveau Royaume. Philoctete donne le nom de Petilie à une grande ville qu'il bâtit sur la même côte. Metaponte est encore une semblable colonie. Ferons-nous moins que tous ces Etrangers errans comme nous? La fortune ne nous est pas plus rigoureuse?

Pendant que je tâchois d'adoucir par ces paroles les peines de mes compagnons, je cachois au fond de mon cœur une douleur mortelle. C'étoit une consolation pour moi
que

que la lumiere du jour me quittât, & que la nuit vînt m'envelopper de ses ombres pour déplorer en liberté ma miserable destinée. Deux torrens de larmes améres couloient de mes yeux, & le doux sommeil m'étoit inconnu. Le lendemain je recommençois mes travaux avec une nouvelle ardeur. Voilà, Mentor, ce qui fait que vous m'avez trouvé si vieilli.

Après qu'Idomenée eut achevé de raconter ses peines, il demanda à Telemaque & à Mentor leurs secours dans la guerre où il se trouvoit engagé. Je vous renvoyerai, leur disoit-il, à Ithaque dès que la guerre sera finie. Cependant je ferai partir des vaisseaux vers toutes les côtes les plus éloignées pour apprendre des nouvelles d'Ulysse. En quelque endroit des terres connues que la tempête ou la colere de quelque Divinité l'ait jetté, je saurai bien l'en retirer. Plaise aux Dieux qu'il soit encore vivant ! Pour vous, je vous renvoyerai avec les meilleurs vaisseaux qui ont jamais été construits dans l'isle de Crete ; ils sont faits du bois coupé sur le veritable mont Ida, où Jupiter nâquit. Ce bois sacré ne sauroit périr dans les flots : les vents & les rochers le craignent & le respectent. Neptune même dans son plus grand courroux n'oseroit soulever les vagues contre lui. Assurez-vous donc que vous retournerez heureusement à Ithaque sans peine, & qu'aucune Divinité ennemie ne pourra plus vous faire errer sur tant de mers : le trajet est court & facile. Renvoyez le vaisseau Phenicien qui vous a portez jusqu'ici, & ne songez qu'à acquerir la gloire d'établir le nouveau Royaume d'Idomenée pour réparer tous ces mal-

heurs.

heurs. C'est à ce prix, ô fils d'Ulysse, que vous serez jugé digne de votre pere. Quand même les destinées rigoureuses l'auroient déja fait descendre dans le sombre Royaume de Pluton, toute la Grece charmée croira le revoir en vous.

A ces mots, Telemaque interrompit Idomenée : Renvoyons, dit-il, le vaisseau Phenicien. Que tardons-nous à prendre les armes pour attaquer vos ennemis ? Ils sont devenus les nôtres. Si nous avons été victorieux en combattant dans la Sicile pour Acette Troyen & ennemi de la Grece, ne serons-nous pas encore plus ardens & plus favorisez des Dieux, quand nous combatrons pour un des Heros Grecs qui ont renversé l'injuste ville de Priam. L'Oracle que nous venons d'entendre ne nous permet pas d'en douter.

Fin du neuviéme Livre.

Les ennemis d'Idomenée surprennent Salente

LES AVANTURES DE TELEMAQUE, FILS D'ULYSSE.

LIVRE DIXIEME.

SOMMAIRE.

Idomenée informe Mentor du sujet de la guerre contre les Manduriens. Il lui raconte que ces peuples lui avoient cedé d'abord la côte de l'Hesperie, où il a fondé sa Ville ; qu'ils s'étoient retirez sur les montagnes voisines, où quelques-uns des leurs ayant été maltraitez par une troupe de ses gens, cette Nation lui avoit député deux Vieillards, avec lesquels il avoit reglé des articles de paix : qu'après une infraction de ce traité, faite par ceux des siens qui l'ignoroient, ces peuples se préparoient à lui faire la guerre. Pendant ce recit d'Idomenée, les Manduriens qui s'étoient hâtez de prendre les armes, se presentent aux portes de Salente. Nestor, Philoctete & Phalante, qu'Idomenée croyoit neutres, sont contre lui dans l'armée des Manduriens. Mentor sort de Salente, & va seul proposer aux ennemis des conditions de paix.

MEntor regardant d'un œil doux & tranquile Telemaque, qui étoit déja plein d'une noble ardeur pour les combats, prit ainsi la parole : Je suis bien aise, fils d'Ulysse, de voir en vous une si belle passion pour la gloire : mais souvenez-vous que votre pere n'en a acquis une si grande parmi les Grecs au siege de Troye, qu'en se montrant le plus sage & le plus moderé d'entre eux. Achille, quoiqu'invincible & invulnérable, quoique sûr de porter la terreur & la mort par-tout où il combattoit, n'a pu prendre la ville de Troye. Il est tombé lui-même aux pieds des murs de cette ville, & elle a triomphé du vainqueur d'Hector. Mais Ulysse en qui la prudence conduisoit la valeur, a porté la flame & le fer au milieu des Troyens, & c'est à ses mains qu'on doit la chûte de ces hautes & superbes tours qui menacérent pendant dix ans toute la Grece conjurée. Autant que Minerve est au-dessus de Mars, autant une vapeur discrete & prévoyante surpasse-t-elle un courage bouillant & farouche. Commençons donc par nous instruire des circonstances de cette guerre

qu'il

qu'il faut soûtenir. Je ne refuse aucun péril: mais je crois, ô Idomenée, que vous devez nous expliquer premierement si votre guerre est juste; ensuite contre qui vous la faites, & enfin quelles sont vos forces pour en esperer un heureux succès.

Idomenée lui répondit: Quand nous arrivâmes sur cette côte, nous y trouvâmes un peuple sauvage, qui erroit dans les forêts, vivant de sa chasse & des fruits que les arbres portent d'eux-mêmes. Ces peuples qu'on nomme les Manduriens furent épouvantez, voyant nos vaisseaux & nos armes. Ils se retirérent dans les montagnes: mais comme nos soldats furent curieux de voir le païs, & voulurent poursuivre des cerfs, ils rencontrérent ces sauvages fugitifs. Alors les Chefs de ces Sauvages leur dirent: Nous avons abandonné les doux rivages de la mer pour vous les ceder: il ne nous reste que des montagnes presque inaccessibles; du moins est-il juste que vous nous y laissiez en paix & en liberté. Nous vous trouvons errans, dispersez & plus foibles que nous: il ne tiendroit qu'à nous de vous égorger, & d'ôter même à vos compagnons la connoissance de votre malheur. Mais nous ne voulons point tremper nos mains dans le sang de ceux qui sont hommes aussi-bien que nous. Allez, souvenez-vous que vous devez la vie à nos sentimens d'humanité. N'oubliez jamais que c'est d'un peuple que vous nommez grossier & sauvage, que vous recevez cette leçon de modération & de générosité.

Ceux d'entre les nôtres qui furent ainsi renvoyez par ces Barbares, revinrent dans le camp, & racontérent ce qui leur étoit arrivé.

Nos soldats en furent émûs, ils eurent honte de voir que des Crétois dûssent la vie à cette troupe d'hommes fugitifs, qui leur paroissoit ressembler plûtôt à des ours qu'à des hommes : ils s'en allérent à la chasse en plus grand nombre que les premiers, & avec toutes sortes d'armes. Bientôt ils rencontrérent les Sauvages, & les attaquérent. Le combat fut cruel. Les traits voloient de part & d'autre comme la grêle tombe dans une campagne pendant un orage. Les Sauvages furent contraints de se retirer dans leurs montagnes escarpées, où les nôtres n'osérent s'engager.

Peu de tems après ces peuples envoyérent vers moi deux de leurs plus sages vieillards, qui venoient me demander la paix. Ils m'apportérent des présens; c'étoit des peaux de bêtes farouches qu'ils avoient tuées, & des fruits du païs. Après m'avoir donné leurs présens, ils parlérent ainsi :

O Roi, Nous tenons, comme tu vois, dans une main l'épée, & dans l'autre une branche d'olivier. (En effet, ils tenoient l'un & l'autre dans leurs mains.) Voilà la paix, ou la guerre; choisis. Nous aimeriōns mieux la paix ; c'est pour l'amour d'elle que nous n'avons point eu de honte de te ceder le doux rivage de la mer, où le Soleil rend la terre fertile, & produit tant de fruits délicieux. La paix est plus douce que tous ces fruits: c'est pour elle que nous nous sommes retirez dans ces hautes montagnes toujours couvertes de glace & de neige, où l'on ne voit jamais, ni les fleurs du Printems, ni les riches fruits de l'Automne. Nous avons horreur de cette brutalité, qui sous de beaux noms d'ambition

bition & de gloire va follement ravager les Provinces, & répand le sang des hommes qui sont tous freres. Si cette fausse gloire te touche, nous n'avons garde de te l'envier; nous te plaignons, & nous prions les Dieux de nous préserver d'une fureur semblable. Si les sciences que les Grecs apprennent avec tant de soin, & si la politesse dont ils se picquent ne leur inspire que cette détestable injustice, nous nous croyons trop heureux de n'avoir point ces avantages. Nous ferons gloire d'être toujours ignorans & barbares, mais justes, humains, fideles, désinteressez, accoutumez à nous contenter de peu, & à mépriser la vaine délicatesse qui fait qu'on a besoin d'avoir beaucoup. Ce que nous estimons, c'est la santé, la frugalité, la liberté, la vigueur du corps & de l'esprit. C'est l'amour de la vertu, la crainte des Dieux, le bon naturel pour nos proches, l'attachement à nos amis, la fidélité pour tout le monde, la modération dans la prosperité, la fermeté dans les malheurs, le courage pour dire toujours hardiment la vérité, l'horreur de la flaterie. Voilà quels sont les peuples que nous t'offrons pour voisins & pour alliez. Si les Dieux irritez t'aveuglent jusqu'à te faire refuser la paix, tu apprendras, mais trop tard, que les gens qui aiment par modération la paix, sont les plus redoutables dans la guerre.

Pendant que ces vieillards me parloient ainsi, je ne pouvois me lasser de les regarder. Ils avoient la barbe longue & négligée, les cheveux plus courts, mais blancs; les sourcils épais, les yeux vifs, un regard & une contenance ferme, une parole grave & pleine d'autorité, des maniéres simples & ingenues. Les

fournifourures qui leur fervoient d'habit, étoient nouées fur l'épaule, & laiffoient voir des bras plus nerveux, & des mufcles mieux nourris que ceux de nos Atletes. Je répondis à ces deux Envoyez, que je défirois la paix. Nous reglâmes enfemble de bonne foi plufieurs conditions; nous en prîmes tous les Dieux à témoins, & je renvoyai ces hommes chez eux avec des préfens. Mais les Dieux qui m'avoient chaffé du Royaume de mes Ancêtres, n'étoient pas encore laffez de me perfécuter. Nos chaffeurs qui ne pouvoient pas être fitôt avertis de la paix que nous venions de faire, rencontrérent le même jour une grande troupe de ces barbares qui accompagnoient leurs Envoyez, lorfqu'ils revenoient de notre camp; il les attaquérent avec fureur, en tuérent une partie, & pourfuivirent le refte dans le bois. Voilà la guerre rallumée. Ces barbares croyent qu'ils ne peuvent plus fe fier ni à nos promeffes, ni à nos fermens.

Pour être plus puiffans contre nous, ils appellent à leur fecours les Locriens, les Apuliens, les Lucaniens, les Brutiens, les peuples de Crotone, de Nerite, & de Brindes. Les Lucaniens viennent avec des chariots armez de faux tranchantes. Parmi les Apuliens, chacun eft couvert de quelque peau de bête farouche qu'il a tuée; ils portent des maffues pleines de gros nœuds, & garnies de pointes de fer; ils font prefque de la taille des geants, & leurs corps fe rendent fi robuftes par les exercices pénibles aufquels ils s'adonnent, que leur feule vûe épouvante. Les Locriens venus de la Grece fentent encore leur origine, & font plus humains

que

que les autres: mais ils ont joint à l'exacte discipline des troupes Grecques, la vigueur des barbares, & l'habitude de mener une vie dure, ce qui les rend invincibles. Ils portent des boucliers legers qui sont faits d'un tissu d'ozier, & couverts de peaux; leurs épées sont longues. Les Brutiens sont legers à la course comme les cerfs, & comme les daims. On croiroit que l'herbe même la plus tendre n'est point foulée sous leurs pieds; à peine laissent-ils dans le sable quelques traces de leurs pas. On les voit tout-à-coup fondre sur leurs ennemis, & puis disparoître avec une égale rapidité. Les peuples de Crotone sont adroits à tirer des flêches. Un homme ordinaire parmi les Grecs ne pourroit bander un arc tel qu'on en voit communément chez les Crotoniates; & si jamais ils s'appliquent à nos jeux, ils y remporteront les prix. Leurs flêches sont trempées dans le suc de certaines herbes venimeuses, qui viennent, dit-on, des bords de l'Averne, & dont le poison est mortel. Pour ceux de Nerite, de Messapie, & de Brindes, ils n'ont en partage que la force du corps, & une valeur sans art. Les cris qu'ils poussent jusqu'au Ciel à la vûe de leurs ennemis sont affreux. Ils se servent assez bien de la fronde, & ils obscurcissent l'air par une grêle de pierres lancées, mais ils combattent sans ordre. Voilà, Mentor, ce que vous desirez de savoir. Vous connoissez maintenant l'origine de cette guerre, & quels sont nos ennemis.

Après cet éclaircissement, Telemaque impatient de combattre, croyoit n'avoir plus qu'à prendre les armes. Mentor le retint
enco-

encore, & parla ainsi à Idomenée: D'où vient donc que les Locriens mêmes, peuples sortis de la Grece, s'unissent aux barbares contre les Grecs? D'où vient que tant de Colonies fleurissent sur cette côte de la mer, sans avoir les mêmes guerres que vous à soûtenir? O Idomenée, vous dites que les Dieux ne sont pas encore las de vous persécuter. Et moi je dis qu'ils n'ont pas encore achevé de vous instruire. Tant de malheurs que vous avez soufferts ne vous ont pas encore appris ce qu'il faut faire pour prévenir la guerre. Ce que vous racontez vous-même de la bonne foi de ces barbares, suffit pour montrer que vous auriez pû vivre en paix avec eux: mais la hauteur & la fierté attirent les guerres les plus dangereuses. Vous auriez pû leur donner des ôtages & en prendre d'eux. Il eût été facile d'envoyer avec leurs Ambassadeurs quelques-uns de vos Chefs pour les reconduire avec sûreté. Depuis cette guerre renouvellée, vous auriez dû encore les appaiser, en leur représentant qu'on les avoit attaquez, faute de savoir l'alliance qui venoit d'être jurée. Il faloit leur offrir toutes les sûretez qu'ils auroient demandées, & établir de rigoureuses peines contre ceux de vos sujets, qui auroient manqué à l'alliance : mais qu'est-il arrivé depuis ce commencement de guerre?

Je crûs, répondit Idomenée, que nous n'aurions pû sans bassesse rechercher ces barbares, qui assemblérent à la hâte tous leurs hommes en âge de combattre, & qui implorérent le secours de tous les peuples voisins, ausquels ils nous rendirent suspects & odieux. Il me parut que le parti le plus assuré

étoit

étoit de s'emparer promptement de certains passages dans les montagnes qui étoient mal gardez. Nous les prîmes sans peine, & par là nous nous sommes mis en état de désoler ces barbares. J'y ai fait élever des tours, d'où nos troupes peuvent accabler de traits tous les ennemis qui viendroient des montagnes dans notre païs. Nous pouvons entrer dans le leur, & ravager quand il nous plaira leurs principales habitations. Par ce moyen nous sommes en état de résister avec des forces inégales à cette multitude inombrable d'ennemis qui nous environnent. Au reste la paix entre eux & nous est devenue très-difficile. Nous ne saurions leur abandonner ces tours sans nous exposer à leurs incursions, & ils les regardent comme des Citadelles, dont nous voulons nous servir pour les réduire en servitude.

Mentor répondit ainsi à Idomenée : Vous êtes un sage Roi, & vous voulez qu'on vous découvre la vérité sans aucun adoucissement. Vous n'êtes point comme ces hommes foibles qui craignent de la voir, & qui manquant de courage pour se corriger, n'employent leur autorité qu'à soutenir les fautes qu'ils ont faites. Sachez donc que ce peuple barbare vous a donné une merveilleuse leçon, quand il est venu vous demander la paix. Etoit-ce par foiblesse qu'il la demandoit ? manquoit-il de courage, ou de ressources contre vous ? Vous voyez que non, puisqu'il est si aguerri & soûtenu par tant de voisins redoutables. Que n'imitiez-vous sa modération ? Mais une mauvaise honte & une fausse gloire vous ont jetté dans ce malheur. Vous avez craint de rendre l'ennemi

nemi trop fier, & vous n'avez pas craint de le rendre trop puissant, en réunissant tant de peuples contre vous par une conduite hautaine & injuste. A quoi servent ces tours que vous vantez tant, sinon à mettre tous vos voisins dans la nécessité de périr, ou de vous faire périr vous-même pour se preserver d'une servitude prochaine. Vous n'avez élevé ces tours que pour votre sûreté, & c'est par ces tours que vous êtes dans un si grand péril. Le rampart le plus sûr d'un Etat, est la justice, la modération, la bonne foi, & l'assurance où sont vos voisins que vous êtes incapable d'usurper leurs terres. Les plus fortes murailles peuvent tomber par divers accidens imprévûs. La fortune est capricieuse & inconstante dans la guerre; mais l'amour & la confiance de vos voisins quand ils ont senti votre modération, font que votre Etat ne peut être vaincu, & n'est presque jamais attaqué. Quand même un voisin injuste l'attaqueroit, tous les autres interessez à sa conservation prennent aussitôt les armes pour le défendre. Cet appui de tant de peuples qui trouvent leurs véritables interêts à soutenir les vôtres, vous auroit rendu bien plus puissant que ces tours qui rendent vos maux irremediables. Si vous aviez songé d'abord à éviter la jalousie de tous vos voisins, votre Ville naissante fleuriroit dans une heureuse paix, & vous seriez l'arbitre de toutes les Nations de l'Hesperie. Retranchons-nous maintenant à examiner comment on peut réparer le passé par l'avenir. Vous avez commencé à me dire qu'il y a sur cette côte diverses colonies Grecques. Ces peuples doivent être disposez à vous secou-

secourir. Ils n'ont oublié, ni le grand nom de Minos fils de Jupiter, ni vos travaux au siege de Troye, où vous vous êtes signalé tant de fois entre les Princes Grecs pour la querelle commune de toute la Grece. Pourquoi ne songez-vous pas à mettre ces colonies dans votre parti?

Elles sont toutes, répondit Idomenée, résolues à demeurer neutres. Ce n'est pas qu'elles n'eussent quelque inclination à me secourir ; mais le trop grand éclat que cette ville a eu dès sa naissance, les a épouvantez. Ces Grecs aussi-bien que les autres peuples ont craint que nous n'eussions des desseins sur leur liberté. Ils ont pensé qu'après avoir subjugué les barbares des montagnes, nous pousserions plus loin notre ambition. En un mot, tout est contre nous. Ceux mêmes qui ne nous font pas une guerre ouverte, desirent notre abaissement, & la jalousie ne nous laisse aucun allié.

Etrange extrémité! reprit Mentor: Pour vouloir paroître trop puissant, vous ruinez votre puissance ; & pendant que vous êtes audehors l'objet de la crainte & de la haine de vos voisins, vous vous épuisez audedans par les efforts nécessaires pour soûtenir une telle guerre. O malheureux, & doublement malheureux Idomenée, que ce malheur même n'a pû instruire qu'à demi! Aurez-vous encore besoin d'une seconde chûte pour apprendre à prévoir les maux qui menacent les plus grands Rois? Laissez-moi faire, & racontez-moi seulement en détail quelles sont donc ces Villes Grecques.

La principale, lui répondit Idomenée, est la ville de Tarente ; Phalante l'a fondée

dée depuis trois ans. Il ramaſſa en Laconie un grand nombre de jeunes hommes nez des femmes qui avoient oublié leurs maris abſens pendant la guerre de Troye. Quand les maris revinrent, les femmes ne ſongérent qu'à les appaiſer, & qu'à deſavouer leurs fautes. Cette jeuneſſe nombreuſe, qui étoit née hors du mariage, ne connoiſſant plus ni pere ni mere, vêcut avec une licence ſans bornes. La ſeverité des loix reprima leurs deſordres. Ils ſe réunirent ſous Phalante chef hardi, intrépide, ambitieux, & qui ſçut gagner les cœurs par ces artifices. Il eſt venu ſur ce rivage avec ces jeunes Laconiens: ils ont fait de Tarente une ſeconde Lacedemone. D'un autre côté, Philoctete qui a eu une ſi grande gloire au ſiege de Troye, en y portant les flêches d'Hercule, a élevé dans ce voiſinage les murs de Petilie, moins puiſſante à la verité, mais plus ſagement gouvernée que Tarente. Enfin nous avons ici près la ville de Metaponte, que le ſage Neſtor a fondée avec les Pyliens.

Quoi, reprit Mentor, vous avez Neſtor dans l'Heſperie, & vous n'avez pas ſçu l'engager dans vos interêts! Neſtor qui vous a vû tant de fois combattre contre les Troyens, & dont vous aviez l'amitié! Je l'ai perdue, repliqua Idomenée, par l'artifice de ces peuples qui n'ont rien de barbare que le nom; ils ont eu l'adreſſe de lui perſuader que je voulois me rendre le Tyran de l'Heſperie. Nous le détromperons, dit Mentor. Telemaque le vit à Pylos avant qu'il fût venu fonder ſa Colonie, &

avant

avant que nous eussions entrepris nos grands voyages pour chercher Ulysse. Il n'aura pas encore oublié ce Heros, ni les marques de tendresse qu'il donna à son fils Telemaque : mais le principal est de guérir sa défiance. C'est par les ombrages donnez à tous vos voisins, que cette guerre s'est allumée; & c'est en dissipant ces vains ombrages que cette guerre peut s'éteindre. Encore un coup laissez-moi faire.

A ces mots Idomenée embrassant Mentor, s'attendrissoit, & ne pouvoit parler. Enfin il prononça à peine ces paroles : O sage Vieillard envoyé par les Dieux pour reparer toutes mes fautes ! j'avoue que je me serois irrité contre tout autre qui m'auroit parlé aussi librement que vous : j'avoue qu'il n'y a que vous seul qui puissiez m'obliger à rechercher la paix. J'avois résolu de périr, ou de vaincre tous mes ennemis : mais il est juste de croire vos sages conseils plûtôt que ma passion. O heureux Telemaque ! vous ne pourrez jamais vous égarer comme moi, puisque vous avez un tel guide. Mentor vous êtes le maître, toute la sagesse des Dieux est en vous. Minerve même ne pourroit donner de plus salutaires conseils. Allez, promettez, concluez, donnez tout ce qui est à moi, Idomenée approuvera tout ce que vous jugerez à propos de faire.

Pendant qu'ils raisonnoient ainsi, on entendit tout-à-coup un bruit confus de chariots, de chevaux hennissans, d'hommes qui poussoient des hurlemens épouventables, & de trompettes qui remplissoient l'air d'un d'un son belliqueux. On s'écrie, Voilà les ennemis qui ont fait un grand détour pour éviter les passages gardez. Les voilà qui viennent assieger Salente. Les Vieillards & les femmes paroissent consternez. Helas! disoient-ils, faloit-il quitter notre chere patrie, la fertile Crete, & suivre un Roi malheureux au travers de tant de mers, pour fonder une Ville qui sera mise en cendres comme Troye? On voyoit de dessus les murailles nouvellement bâties, dans la vaste campagne briller au Soleil les casques, les cuirasses, & les boucliers des ennemis; les yeux en étoient éblouis. On voyoit aussi les piques herissées qui couvroient la terre comme elle est couverte par une abondante moisson que Cerès prépare dans les campagnes d'Enna en Sicile pendant les chaleurs de l'Eté, pour récompenser le Laboureur de toutes ses peines. Déja on remarquoit les chariots armez de faulx tranchantes, on distinguoit facilement chaque peuple venu à cette guerre.

Mentor monta sur une haute tour pour les mieux découvrir. Idomenée & Telemaque le suivirent de près. A peine y fut-il arrivé qu'il apperçut d'un côté Philoctete, & de l'autre Nestor avec Pisistrate son fils. Nestor étoit facile à reconnoître à sa vieillesse vénérable. Quoi donc! s'écria Mentor, vous avez cru, ô Idomenée, que Philoctete & Nestor se contentoient de ne vous point secourir! Les voilà qui ont pris les armes contre vous, & si je ne me trompe, ces autres troupes

pes qui marchent en si bon ordre avec tant de lenteur, sont des troupes Lacedemoniennes commandées par Phalante; tout est contre vous. Il n'y a aucun voisin de cette côte dont vous n'ayez fait un ennemi sans vouloir le faire.

En disant ces paroles, Mentor descend à la hâte de cette tour; il marche vers une porte de la ville du côté par où les ennemis s'avançoient : il la fait ouvrir, & Idomenée surpris de la majesté avec laquelle il fait ces choses, n'ose pas même lui demander quel est son dessein. Mentor fait signe de la main, afin que personne ne songe à le suivre. Il va au-devant des ennemis, étonnez de voir un seul homme qui se présente à eux. Il leur montra de loin une branche d'olivier en signe de paix; & quand il fut à portée de se faire entendre, il leur demanda d'assembler tous les Chefs. Aussitôt tous les Chefs s'assemblèrent, & il leur parla ainsi :

O hommes généreux assemblez de tant de Nations qui fleurissent dans la riche Hesperie, je sçai que vous n'êtes venus ici que pour l'interêt commun de la liberté. Je loue votre zele; mais souffrez que je vous représente un moyen facile de conserver la liberté & la gloire de tous vos peuples, sans répandre le sang humain. O Nestor, sage Nestor, que j'aperçois dans cette assemblée, vous n'ignorez pas combien la guerre est funeste à ceux mêmes qui l'entreprennent avec justice, sous la protection des Dieux. La guerre est le plus grand des maux dont les Dieux affligent les hommes. Vous n'oublierez jamais ce que les Grecs ont souffert pendant dix ans devant

vant la malheureuse Troye. Quelles divisions entre les Chefs ! quels caprices de la fortune ! quels carnages des Grecs par la main d'Hector ! quels malheurs dans toutes les villes les plus puissantes, causez par la guerre, pendant la longue absence de leurs Rois. Au retour les uns ont fait naufrage au promontoire de Capharée, les autres ont trouvé une mort funeste dans le sein même de leurs épouses. O Dieux ! c'est donc dans votre colere que vous armates les Grecs pour cette éclatante expedition. O peuples Hesperiens ! je prie les Dieux de ne vous donner jamais une victoire si funeste. Troye est en cendre, il est vrai: mais il vaudroit mieux pour les Grecs qu'elle fut encore dans toute sa gloire, & que le lâche Paris jouît de ses infames amours avec Helene. Philoctete si longtems malheureux, & abandonné dans l'isle de Lemnos, ne craignez-vous point de retrouver de semblables malheurs dans une semblable guerre ? Je sçai que les peuples de la Laconie ont senti aussi les troubles causez par la longue absence des Princes, des Capitaines, & des Soldats qui allérent contre les Troyens. O Grecs, qui avez passé dans l'Hesperie, vous n'y avez tous passé que par une suite des malheurs qui ont été les suites de la guerre de Troye.

Après avoir ainsi parlé, Mentor s'avança vers les Pyliens ; & Nestor qui l'avoit reconnu, s'avança aussi pour le saluer. O Mentor, lui dit-il, c'est avec plaisir que je vous revois. Il y a bien des années que je vous vis pour la premiere fois dans la Phocide ;

cide ; vous n'aviez que quinze ans, & je prévis dèslors que vous seriez aussi sage que vous l'avez été dans la suite. Mais par quelle avanture avez-vous été conduit en ces lieux ? Quels sont donc les moyens que vous avez pour finir cette guerre ? Idomenée nous a contraint de l'attaquer. Nous ne demandons que la paix ; chacun de nous avoit un interêt pressant de la desirer : mais nous ne pouvions plus trouver de sûreté avec lui. Il a violé toutes ses promesses à l'égard de ses plus proches voisins. La paix avec lui ne seroit pas une paix, elle lui serviroit seulement à dissiper notre ligue, qui est notre unique ressource. Il a montré à tous les autres peuples son dessein ambitieux de les mettre dans l'esclavage, & il ne nous a laissé aucun moyen de défendre notre liberté, qu'en tâchant de renverser son nouveau Royaume. Par sa mauvaise foi nous sommes réduits à le faire périr, ou à recevoir de lui le joug de la servitude. Si vous trouvez quelque expedient, pour faire en sorte qu'on puisse se confier en lui, & s'assurer d'une bonne paix, tous les peuples que vous voyez ici, quitteront volontiers les armes, & nous avouerons avec joie que vous nous surpassez en sagesse.

Mentor lui répondit : Sage Nestor, vous savez qu'Ulysse m'avoit confié son fils Telemaque. Ce jeune homme impatient de découvrir la destinée de son pere, passa chez vous à Pylos, & vous le reçûtes avec tous les soins qu'il pouvoit attendre

tendre d'un fidele ami de fon pere. Vous lui donnâtes même votre fils pour le conduire : il entreprit enfuite de longs voyages fur la mer ; il a vû la Sicile, l'Egypte, l'ifle de Cypre, celle de Crete. Les vents, ou plûtôt les Dieux, l'ont jetté fur cette côte comme il vouloit retourner à Ithaque. Nous fommes arrivez ici tout à propos, pour vous épargner l'horreur d'une cruelle guerre. Ce n'eft plus Idomenée ; c'eft le fils du fage Ulyffe, c'eft moi qui vous réponds de toutes les chofes qui vous feront promifes.

Pendant que Mentor parloit ainfi avec Neftor au milieu des Troupes confederées, Idomenée & Telemaque avec tous les Crétois armez, le regardoient du haut des murs de Salente ; ils étoient attentifs pour remarquer comment les difcours de Mentor feroient reçus, & ils auroient voulu pouvoir entendre les fages entretiens de ces deux Vieillards. Neftor avoit toujours paffé pour le plus experimenté & le plus éloquent de tous les Rois de la Grece. C'étoit lui qui modéroit pendant le fiege de Troye le bouillant courroux d'Achilles, l'orgueil d'Agamemnon, la fierté d'Ajax, & le courage impétueux de Diomede. La douce perfuafion couloit de fes lévres comme un ruiffeau de miel ; fa voix feule fe faifoit entendre à tous ces Heros ; tous fe taifoient dès qu'il ouvroit la bouche ; & il n'y avoit que lui qui pouvoit appaifer dans le camp la farouche difcorde. Il commençoit à fentir les injures de la

froide

froide vieillesse : mais ses paroles étoient encore pleines de force & de douceur. Il racontoit les choses passées pour instruire la jeunesse par ses expériences; mais il les racontoit avec grace, quoiqu'avec un peu de lenteur.

Ce vieillard admiré de toute la Grece sembla avoir perdu toute son éloquence & toute sa majesté, dès que Mentor parut avec lui. Sa vieillesse paroissoit flétrie & abatue auprès de celle de Mentor, en qui les ans sembloient avoir respecté la force & la vigueur du tempérament. Les paroles de Mentor, quoique graves & simples, avoient une vivacité & une autorité qui commençoient à manquer à l'autre. Tout ce qu'il disoit étoit court, précis & nerveux. Jamais il ne faisoit aucune redite ; jamais il ne racontoit que le fait nécessaire pour l'affaire qu'il faloit décider. S'il étoit obligé de parler plusieurs fois d'une même chose, pour l'inculquer, ou pour parvenir à la persuasion, c'étoit toujours par des tours nouveaux & des comparaisons sensibles. Il avoit même je ne sçai quoi de complaisant & d'enjoué quand il vouloit se proportionner aux besoins des autres, & leur insinuer quelque vérité. Ces deux hommes si vénérables furent un spectacle touchant à tant de peuples assemblez. Pendant que tous les alliez ennemis de Salante, se jettoient les uns sur les autres pour les voir de plus près, & pour tâcher d'entendre leurs sages discours, Idomenée & tous les siens s'efforçoient de découvrir par leurs regards avides & empressez ce que signifioient leurs gestes & l'air de leur visage.

Fin du dixiéme Livre.

Tome I.

LES AVANTURES DE TELEMAQUE, FILS D'ULYSSE.

LIVRE ONZIEME.

SOMMAIRE.

Telemaque voyant Mentor au milieu des Alliez, veut savoir ce qui se passe entre eux. Il se fait ouvrir les portes de Salante, va joindre Mentor; & sa presence contribue auprès des Alliez à leur faire accepter les conditions de paix que celui-ci leur proposoit de la part d'Idomenée. Les Rois entrent comme amis dans Salante. Idomenée accepte tout ce qui a été arrêté. On se donne reciproquement des ôtages,

Telemaque et Mentor proposent la paix.

& on fait un Sacrifice commun entre la Ville & le camp, pour la confirmation de cette alliance.

CEpendant Telemaque impatient, se dérobe à la multitude qui l'environne; il court à la porte par où Mentor étoit sorti; il se la fait ouvrir avec autorité. Bientôt Idomenée qui le croit à ses côtez, s'étonne de le voir qui court au milieu de la campagne, & qui est déja auprès de Nestor. Nestor le reconnoît, & se hâte, mais d'un pas pesant & tardif, de l'aller recevoir. Telemaque saute à son cou, & le tient serré entre ses bras sans parler. Enfin il s'écrie: O mon pere (je ne crains pas de vous nommer ainsi). Le malheur de ne retrouver point mon véritable pere, & les bontez que vous m'avez fait sentir, me donnent droit de me servir d'un nom si tendre. Mon pere, mon cher pere, je vous revoi! ainsi puissai-je revoir Ulysse. Si quelque chose pouvoit me consoler d'en être privé, ce seroit de trouver en vous un autre lui-même.

Nestor ne put à ces paroles retenir ses larmes, & il fut touché d'une secrette joie, voyant celles qui couloient avec une merveilleuse grace sur les joues de Telemaque. La beauté, la douceur & la noble assurance de ce jeune inconnu, qui traversoit sans précaution tant de troupes ennemies, étonna tous les alliez. N'est-ce pas, disoient-ils, le fils de ce vieillard qui est venu parler à Nestor? sans doute, c'est la même sagesse dans les deux âges les plus opposez de la vie. Dans l'un elle ne fait encore que fleurir; dans l'autre elle porte avec abondance les fruits les plus mûrs.

Mentor qui avoit pris plaisir à voir la tendresse avec laquelle Nestor venoit de recevoir Telemaque, profita de cette heureuse disposition. Voilà, dit-il, le fils d'Ulysse si cher à toute la Grece, & si cher à vous-même, ô sage Nestor! le voilà, je vous le livre comme un ôtage & comme le gage le plus précieux qu'on puisse vous donner de la fidelité des promesses d'Idomenée. Vous jugez bien que je ne voudrois pas que la perte du fils suivît celle du pere, & que la malheureuse Penelope pût reprocher à Mentor qu'il a sacrifié son fils à l'ambition du nouveau Roi de Salante. Avec ce gage qui est venu de lui-même s'offrir, & que les Dieux amateurs de la paix vous envoyent, je commence, ô peuples assemblez de tant de Nations, à vous faire des propositions pour établir à jamais une solide paix.

A ce nom de paix, on entend un bruit confus de rang en rang. Toutes ces differentes Nations frémissoient de couroux, croyant perdre tout le tems, où l'on retardoit le combat; ils s'imaginoient qu'on ne faisoit tous ces discours, que pour ralentir leur fureur & pour faire échaper leur proye. Sur tout les Manduriens souffroient impatiemment qu'Idomenée esperât de les tromper encore une fois. Souvent ils entreprirent d'interrompre Mentor; car ils craignoient que ses discours pleins de sagesse ne détachassent leurs alliez. Ils commençoient à se défier de tous les Grecs qui étoient dans l'assemblée. Mentor qui l'apperçut, se hâta d'augmenter cette défiance, pour jetter la division dans l'esprit de tous ces peuples.

J'avoue, disoit-il, que les Manduriens ont sû et de se plaindre & de demander quelque réparation des torts qu'ils ont soufferts: mais il n'est pas juste aussi, que les Grecs qui sont sur cette côte des Colonies, soient suspects & odieux aux anciens peuples du païs. Au contraire, les Grecs doivent être unis entre eux, & se faire bien traiter par les autres; il faut seulement qu'ils soient modérez, & qu'ils n'entreprennent jamais d'usurper les terres de leurs voisins. Je sçai qu'Idomenée a eu le malheur de vous donner des ombrages, mais il est aisé de guérir toutes vos defiances. Telemaque & moi nous vous offrons à être des ôtages, qui vous répondent de la bonne foi d'Idomenée. Nous demeurerons entre vos mains jusqu'à ce que les choses qu'on vous promettra, soient fidèlement accomplies. Ce qui vous irrite, ô Manduriens, s'écria-t-il, c'est que les troupes des Crétois ont saisi les passages de vos montagnes par surprise, & que par là ils sont en état d'entrer malgré vous aussi souvent qu'il leur plaira dans le païs où vous vous êtes retirez, pour leur laisser le païs uni qui est sur les rivages de la mer. Ces passages que les Crétois ont fortifiez par de hautes tours pleines de gens armez, sont donc le véritable sujet de la guerre. Répondez-moi, y en a-t-il encore quelqu'autre?

Alors le Chef des Manduriens s'avança & parla ainsi: Que n'avons-nous pas fait pour éviter cette guerre? Les Dieux nous sont témoins que nous n'avons renoncé à la paix, que quand la paix nous est échapée sans ressource, par l'ambition inquiéte des

Cré-

Crétois, & par l'impossibilité où ils nous ont mis de nous fier à leurs sermens. Nation insensée ! qui nous a réduits malgré nous à l'affreuse nécessité de prendre un parti de désespoir contre elle, & de ne pouvoir plus chercher notre sûreté que dans sa perte. Tandis qu'ils conserveront ces passages, nous croirons toujours qu'ils veulent usurper nos terres & nous mettre en servitude. S'il étoit vrai qu'ils ne songeassent qu'à vivre en paix avec leurs voisins, ils se contenteroient de ce que nous leur avons cedé sans peine, & ils ne s'attacheroient pas à conserver des entrées dans un païs, contre la liberté duquel ils ne formeroient aucun dessein ambitieux. Mais vous ne les connoissez pas, ô sage Vieillard. C'est par un grand malheur que nous avons appris à les connoître. Cessez, ô homme aimé des Dieux, de retarder une guerre juste & nécessaire, sans laquelle l'Hespérie ne pourroit jamais espérer une paix constante. O Nation ingrate, trompeuse & cruelle, que les Dieux irritez ont envoyé auprès de nous pour troubler notre paix, & pour nous punir de nos fautes ! Mais après nous avoir punis, ô Dieux ! vous nous vengerez. Vous ne serez pas moins justes contre nos ennemis que contre nous.

A ces paroles toute l'assemblée parut émue ; il sembloit que Mars & Bellone alloient de rang en rang rallumans dans les cœurs la fureur des combats que Mentor tâchoit d'éteindre. Il reprit ainsi la parole :

Si je n'avois que des promesses à vous faire, vous pourriez refuser de vous y fier : mais je vous offre des choses certaines & présentes. Si vous n'êtes pas content d'avoir pour ôtage Telemaque & moi, je vous ferai donner douze des plus notables & des plus vaillans Crétois. Mais il est juste que vous donniez aussi de votre côté des ôtages ; car Idomenée qui desire sincerement la paix, la desire sans crainte & sans bassesse. Il desire la paix, comme vous dites vous-même que vous l'avez desirée, par sagesse & par moderation ; mais non par l'amour d'une vie molle, ou par foiblesse à la vûe des dangers dont la guerre menace les hommes. Il est pret à perir ou à vaincre, mais il aime mieux la paix que la victoire la plus éclatante. Il auroit honte de craindre d'être vaincu ; mais il craint d'être injuste, & il n'a point de honte de vouloir reparer ses fautes. Les armes à la main, il vous offre la paix; il ne veut point en imposer les conditions avec hauteur ; car il ne fait aucun cas d'une paix forcée. Il veut une paix dont tous les partis soient contens, qui finisse toutes les jalousies, qui appaise tous les ressentimens, & qui guerisse toutes les défiances. En un mot, Idomenée est dans les sentimens où je suis sûr que vous voudriez qu'il fût. Il n'est question que de vous en persuader. La persuasion ne sera pas difficile, si vous voulez m'écouter avec un esprit dégagé & tranquile.

Ecoutez donc, ô peuples remplis de valeur; & vous, ô Chefs si sages & si unis: écoutez ce que je vous offre de la part d'Idomenée. Il n'est pas juste qu'il puisse entrer dans les terres de ses voisins; il n'est pas juste aussi que ses voisins puissent entrer dans les siennes. Il consent que les passages que l'on a fortifiez par de hautes tours, soient gardez par des troupes neutres. Vous Nestor, &

vous Philoctete, vous êtes Grecs d'origine; mais en cette occasion vous vous êtes déclarez contre Idomenée. Ainsi vous ne pouvez être suspects d'être trop favorables à ses interêts. Ce qui vous touche, c'est l'interêt commun de la paix & de la liberté de l'Hesperie. Soyez vous-mêmes les dépositaires & les gardiens de ces passages qui causent la guerre. Vous n'avez pas moins d'intérêt à empêcher que les anciens peuples de l'Hesperie ne détruisent Salante nouvelle Colonie des Grecs, semblable à celle que vous avez fondée, qu'à empêcher qu'Idomenée n'usurpe les terres de ses voisins. Tenez l'équilibre entre les uns & les autres. Au lieu de porter le fer & le feu chez un peuple que vous devez aimer, réservez-vous la gloire d'être les juges & les médiateurs. Vous me direz que ces conditions vous paroîtroient merveilleuses, si vous pouviez vous assurer qu'Idomenée les accompliroit de bonne foi; mais je vais vous satisfaire.

Il y aura pour sûreté réciproque les ôtages dont je vous ai parlé, jusqu'à ce que tous les passages soient mis en dépôt dans vos mains. Quand le salut de l'Hesperie entiére, quand celui de Salante même & d'Idomenée sera à votre discretion, serez-vous contens? De qui pourrez-vous désormais vous défier? Sera-ce de vous-mêmes? Vous n'osez vous fier à Idomenée, & Idomenée est si incapable de vous tromper, qu'il veut se fier à vous. Oui, il veut vous confier le repos, la vie, la liberté de tout son peuple & de lui-même. S'il est vrai que vous ne desiriez qu'une bonne paix, la voilà qui se présente à vous, & qui vous ôte tout prétexte de reculer.

ler. Encore une fois ne vous imaginez pas que la crainte réduise Idomenée à vous faire ces offres. C'est la sagesse & la justice qui l'engagent à prendre ce parti, sans se mettre en peine si vous imputerez à foiblesse ce qu'il fait par vertu. Dans les commencemens il a fait des fautes, & il met sa gloire à les reconnoître par les offres dont il vous prévient. C'est foiblesse, c'est vanité, c'est ignorance grossière de son propre intérêt, que d'espérer de pouvoir cacher ses fautes en affectant de les soûtenir avec fierté & avec hauteur. Celui qui avoue ses fautes à son ennemi, & qui offre de les réparer, montre par-là qu'il est devenu incapable d'en commettre, & que l'ennemi a tout à craindre d'une conduite si sage & si ferme, à moins qu'il ne fasse la paix. Gardez-vous bien de souffrir qu'il vous mette à son tour dans le tort. Si vous refusez la paix & la justice qui viennent à vous, la paix & la justice seront vengées. Idomenée qui devoit craindre de trouver les Dieux irritez contre lui, les tournera pour lui contre vous. Telemaque & moi nous combattrons pour la bonne cause. Je prens tous les Dieux du Ciel & des Enfers à témoins des justes propositions que je viens de vous faire.

En achevant ces mots, Mentor leva son bras pour montrer à tant de peuples le rameau d'olivier qui étoit dans sa main le signe pacifique. Les Chefs qui le regardèrent de près, furent étonnez & éblouis du feu divin qui éclatoit dans ses yeux. Il parut avec une majesté & une autorité qui est au-dessus de tout ce qu'on voit dans les plus grands d'entre les mortels. Le charme de ses paroles douces & fortes enlevoit les cœurs. Elles étoient semblables à ces paroles enchantées, qui tout-à-coup dans le profond silence de la nuit arrêtent la Lune & les Etoiles, calment la mer irritée, font taire les vents & les flots, & suspendent le cours des fleuves rapides.

Mentor étoit au milieu de ces peuples furieux, comme Bacchus lorsqu'il étoit environné de tygres, qui oubliant leur cruauté, venoient par la puissance de sa douce voix lécher ses pieds & se soûmettre par leurs caresses. D'abord il se fit un profond silence dans toute l'armée. Les Chefs se regardoient les uns les autres, ne pouvant résister à cet homme, ni comprendre qui il étoit. Toutes les troupes immobiles avoient les yeux attachez sur lui. On n'osoit parler de peur qu'il n'eût encore quelque chose à dire, & qu'on ne l'empêchât d'être entendu. Quoiqu'on ne trouvât rien à ajoûter aux choses qu'il avoit dites, on auroit souhaité qu'il eût parlé plus longtems. Tout ce qu'il avoit dit, demeuroit comme gravé dans tous les cœurs. En parlant il se faisoit aimer, il se faisoit croire ; chacun étoit avide, & comme suspendu pour recueillir jusqu'aux moindres paroles qui sortoient de sa bouche.

Enfin après un assez long silence, on entendit un bruit sourd qui se répandoit peu à peu. Ce n'étoit plus ce bruit confus de peuples qui frémissoient dans leur indignation; c'étoit au contraire un murmure doux & favorable. On découvroit déja sur les visages je ne sçai quoi de serein & de radouci. Les Manduriens si irritez sentoient que leurs armes leur tomboient des mains. Le farouche

che Phalante avec les Lacedemoniens furent surpris de trouver leurs entrailles si attendries. Les autres commencérent à soûpirer après cette heureuse paix qu'on venoit leur montrer. Philoctete plus sensible qu'un autre par l'expérience de ses malheurs ne put retenir ses larmes. Nestor ne pouvant parler dans le transport où le discours de Mentor venoit de le mettre, l'embrassa tendrement ; & tous les peuples à la fois, comme si ç'eût été un signal, s'écriérent aussitôt : O sage Vieillard, vous nous desarmez ! La paix, la paix.

Nestor un moment après voulut commencer un discours ; mais toutes les troupes impatientes craignirent qu'il ne voulût représenter quelque difficulté. La paix, la paix ; s'écriérent-elles encore une fois. On ne put leur imposer silence, qu'en faisant crier avec eux par tous les Chefs de l'armée : La paix, la paix.

Nestor voyant bien qu'il n'étoit pas libre de faire un discours suivi, se contenta de dire : Vous voyez, ô Mentor, ce que peut la parole d'un homme de bien. Quand la sagesse & la vertu parlent, elles calment toutes les passions. Nos justes ressentimens se changent en amitié & en desirs d'une paix durable. Nous l'acceptons telle que vous l'offrez. En même tems tous les Chefs tendirent les mains en signe de consentement.

Mentor courut vers la porte de Salante pour la faire ouvrir, & pour mander à Idomenée de sortir de la Ville sans précaution. Cependant Nestor embrassoit Telemaque, disant : Aimable fils du plus sage de tous les Grecs, puissiez-vous être aussi sage & plus
heu-

heureux que lui : n'avez-vous rien découvert sur sa destinée ? Le souvenir de votre pere, à qui vous ressemblez, a servi à étouffer notre indignation. Phalante, quoique dur & farouche, quoiqu'il n'eût jamais vû Ulysse, ne laissa pas d'être touché de ses malheurs & de ceux de son fils. Déja on pressoit Telemaque de raconter ses avantures, lorsque Mentor revint avec Idomenée & toute la jeunesse Crétoise qui le suivoit.

A la vûe d'Idomenée, les alliez sentirent que leur courroux se rallumoit : mais les paroles de Mentor éteignirent ce feu prêt à éclater. Que tardons-nous, dit-il, à conclure cette sainte alliance, dont les Dieux seront les témoins & les défenseurs ? Qu'ils la vengent, si jamais quelque impie ose la violer, & que tous les maux horribles de la guerre, loin d'accabler les peuples fideles & innocens, retombent sur la tête parjure & execrable de l'ambitieux, qui foulera aux pieds les droits sacrez de cette alliance. Qu'il soit detesté des Dieux & des hommes ; qu'il ne jouisse jamais du fruit de sa perfidie ; Que les furies infernales sous les figures les plus hideuses viennent exciter sa rage & son desespoir ; Qu'il tombe mort sans aucune espérance de sépulture ; Que son corps soit la proye des chiens & des vautours, & qu'il soit aux enfers dans le profond abîme du Tartare, tourmenté à jamais plus rigoureusement que Tantale, Ixion, & les Danaïdes. Mais plûtôt que cette paix soit inébranlable comme les rochers d'Atlas qui soûtiennent le ciel ; Que tous les peuples la révérent & goûtent ses fruits de génération en génération ; Que les noms de ceux qui l'auront jurée,

rée, soient avec amour & vénération dans la bouche de nos derniers neveux ; Que cette paix fondée sur la justice & sur la bonne foi, soit le modéle de toutes les paix qui se feront à l'avenir chez toutes les Nations de la terre, & que tous les peuples qui voudront se rendre heureux en se réunissant, songent à imiter les peuples de l'Hesperie.

A ces paroles Idomenée & les autres Rois jurérent la paix aux conditions marquées. On donna de part & d'autre douze ôtages. Telemaque veut être du nombre des ôtages donnez par Idomenée ; mais on ne peut consentir que Mentor en soit, parce que les alliez veulent qu'il demeure auprès d'Idomenée pour répondre de sa conduite & de celle de ses Conseillers jusqu'à l'entiere execution des choses promises. On immola entre la Ville & l'armée cent genisses blanches comme la neige, & autant de taureaux de même couleur, dont les cornes étoient dorées & ornées de festons. On entendoit retentir jusques dans les montagnes voisines les mugissemens affreux des victimes qui tomboient sous le couteau sacré. Le sang fumant ruisseloit de toutes parts. On faisoit couler avec abondance un vin exquis pour les Libations. Les Haruspices consultoient les entrailles qui palpitoient encore. Les Sacrificateurs brûloient sur l'Autel un encens qui formoit un épais nuage, & dont la bonne odeur parfumoit toute la campagne.

Cependant les Soldats des deux partis cessant de se regarder d'un œil ennemi, commençoient à s'entretenir sur leurs avantures. Ils se délassoient déja de leurs travaux, & goûtoient par avance les douceurs de la paix.

Plusieur

Plusieurs de ceux qui avoient suivi Idoménée au siege de Troye, reconnurent ceux de Nestor qui avoient combatu dans la même guerre. Ils s'embrassoient avec tendresse, & se racontoient mutuellement tout ce qui leur étoit arrivé, depuis qu'ils avoient ruiné la superbe Ville, qui étoit l'ornement de toute l'Asie. Déja ils se couchoient sur l'herbe, se couronnoient de fleurs, & bûvoient ensemble le vin qu'on apportoit de la Ville dans de grands vases, pour célébrer une si heureuse journée.

Tout-à-coup Mentor dit : O Rois ! O Capitaines assemblez ! desormais sous divers noms & divers Chefs, vous ne serez plus qu'un seul peuple. C'est ainsi que les justes Dieux amateurs des hommes qu'ils ont formez, veulent être le lien éternel de leur parfaite concorde. Tout le genre humain n'est qu'une famille dispersée sur la face de toute la terre. Tous les peuples sont freres, & doivent s'aimer comme tels. Malheur à ces impies qui cherchent une gloire cruelle dans le sang de leurs freres, qui est leur propre sang. La guerre est quelquefois nécessaire, il est vrai : mais c'est la honte du genre humain qu'elle soit inévitable en certaines occasions. O Rois ! ne dites point qu'on doit la desirer pour acquerir de la gloire. La vraye gloire ne se trouve point hors de l'humanité. Quiconque préfere sa propre gloire aux sentimens de l'humanité, est un monstre d'orgueil, & non pas un homme : il ne parviendra même qu'à une fausse gloire ; car la vraye gloire ne se trouve que dans la modération & dans la bonté. On pourra le flater pour contenter sa vanité folle ;

le; mais on dira toujours de lui en secret, quand on voudra parler sincérement. Il a d'autant moins mérité la gloire, qu'il l'a desirée avec une passion injuste. Les hommes ne doivent point l'estimer, puisqu'il a si peu estimé les hommes, & qu'il a prodigué leur sang par une brutale vanité. Heureux le Roi qui aime son peuple, qui en est aimé, qui se confie en ses voisins, & qui a leur confiance; qui loin de leur faire la guerre, les empêche de l'avoir entre eux, & qui fait envier à toutes les Nations étrangeres le bonheur qu'ont ses Sujets de l'avoir pour Roi. Songez donc à vous rassembler de tems en tems, ô vous qui gouvernez les plus puissantes Villes de l'Hesperie. Faites de trois ans en trois ans une assemblée générale, où tous les Rois qui sont ici présens se trouvent pour renouveller l'alliance par un nouveau serment, pour raffermir l'amitié promise, & pour délibérer sur tous les intérêts communs. Tandis que vous serez unis, vous aurez au-dedans de ce beau païs la paix, la gloire, & l'abondance : au-dehors vous serez toujours invincibles. Il n'y a que la discorde sortie de l'enfer pour tourmenter les hommes, qui puisse troubler la félicité que les Dieux vous préparent.

Nestor lui répondit : Vous voyez par la facilité avec laquelle nous faisons la paix, combien nous sommes éloignez de vouloir faire la guerre par une vaine gloire, ou par l'injuste avidité de nous agrandir au préjudice de nos voisins. Mais que peut-on faire quand on se trouve auprès d'un Prince violent, qui ne connoît point d'autre loi que son intérêt, & qui ne perd aucune occasion d'envahir les terres des autres Etats ? Ne croyez

pas

pas que je parle d'Idomenée : non, je n'ai plus de lui cette pensée; c'est Adraste Roi des Dauniens de qui nous avons tout à craindre. Il méprise les Dieux, & croit que tous les hommes qui sont nez sur la terre ne sont nez que pour servir à sa gloire par leur servitude. Il ne veut point de sujets dont il soit le Roi & le pere : il veut des esclaves & des adorateurs. Il se fait rendre les honneurs divins. Jusqu'ici l'aveugle fortune a favorisé ses plus injustes entreprises. Nous nous étions hâtez de venir attaquer Salante pour nous défaire du plus foible de nos ennemis, qui ne commençoit qu'à s'établir dans cette côte, afin de tourner ensuite nos armes contre cet autre ennemi plus puissant. Il a déja pris plusieurs Villes de nos alliez. Ceux de Crotone ont perdu contre lui deux batailles. Il se sert de toutes sortes de moyens pour contenter son ambition. La force & l'artifice, tout lui est égal, pourvû qu'il accable ses ennemis. Il a amassé de grands trésors; ses troupes sont disciplinées & aguerries; ses Capitaines sont expérimentez; il est bien servi; il veille lui-même sans cesse sur tous ceux qui agissent par ses ordres. Il punit séverement les moindres fautes, & récompense avec libéralité les services qu'on lui rend. Sa valeur soûtient & anime celle de toutes ses troupes. Ce seroit un Roi accompli, si la justice & la bonne foi régloient sa conduite : mais il ne craint ni les Dieux ni les reproches de sa conscience. Il compte même pour rien la réputation ; il la regarde comme un vain fantôme qui ne doit arrêter que les esprits foibles. Il ne compte pour un bien solide & réel, que l'avantage de posseder de gran-

grandes richesses, d'être craint, & de fouler aux pieds tout le genre humain. Bientôt son armée paroîtra sur nos terres; & si l'union de tant de peuples ne nous met en état de lui résister, toute l'espérance de liberté nous sera ôtée. C'est l'intérêt d'Idomenée aussi-bien que le nôtre, de s'opposer à ce voisin qui ne peut souffrir rien de libre dans son voisinage. Si nous étions vaincus, Salante seroit menacée du même malheur. Hâtons-nous donc tous ensemble de le prévenir. Pendant que Nestor parloit ainsi, on s'avançoit vers la ville ; car Idomenée avoit prié tous les Rois & les principaux Chefs d'y entrer pour y passer la nuit.

Fin du onzième Livre.

LES AVANTURES DE TELEMAQUE, FILS D'ULYSSE.
LIVRE DOUZIEME.

SOMMAIRE.

Nestor au nom des alliez demande du secours à Idomenée contre les Dauniens leurs ennemis. Mentor qui veut policer la Ville de Salante, & exercer le peuple à l'agriculture, fait en sorte qu'ils se contentent d'avoir Telemaque à la tête de cent nobles Crétois. Après le départ de celui-ci, Mentor fait une revue exacte dans la Ville & dans le Port, s'informe de tout, fait faire à Idomenée de nouveaux reglemens pour le commerce & pour la police, lui fait partager en sept classes le peuple, dont il distingue les rangs & la naissance par la diversité des habits ; lui fait retrancher
le

Liv. 12.

Académie des beaux arts érigée par Mentor.

le luxe & les arts inutiles, pour appliquer les Artisans au labourage qu'il met en honneur.

TOUTE l'armée des alliez dressoit déja les tentes, & la campagne étoit couverte de riches pavillons de toutes sortes de couleurs, où les Hesperiens fatiguez attendoient le sommeil. Quand les Rois avec leur suite furent entrez dans la Ville, ils parurent étonnez qu'en si peu de tems on eut pu faire tant de batimens magnifiques, & que l'embaras d'une si grande guerre n'eut point empêché cette Ville naissante de croître, & de s'embellir tout-à-coup.

On admira la sagesse & la vigilance d'Idomenée qui avoit fondé un si beau Royaume ; & chacun conclut que la paix étant faite avec lui, les alliez seroient bien puissans s'il entroit dans leur ligue contre les Dauniens. On proposa à Idomenée d'y entrer, il ne put rejetter une si juste proposition, & il promit des troupes : mais comme Mentor n'ignoroit rien de tout ce qui est nécessaire, pour rendre un Etat florissant, il comprit que les forces d'Idomenée ne pourroient pas être aussi grandes qu'elles le paroissoient ; il le prit en particulier, & lui parla ainsi :

Vous voyez que nos soins ne vous ont pas été inutiles. Salante est garantie des malheurs qui la menaçoient. Il ne tient plus qu'à vous d'en élever jusqu'au Ciel la gloire, & d'égaler la sagesse de Minos votre ayeul dans le gouvernement de vos peuples. Je continue à vous parler librement, supposant que
vous

vous le voulez, & que vous détestez toute flaterie. Pendant que ces Rois ont loué votre magnificence, je pensois en moi-même à la témérité de votre conduite. A ce mot de témérité Idomenée changea de visage, ses yeux se troublérent, il rougit, & peu s'en falut qu'il n'interrompît Mentor pour lui témoigner son ressentiment. Mentor lui dit d'un ton modeste & respectueux, mais libre & hardi. Ce mot de témérité vous choque, je le voi bien : tout autre que moi auroit eu tort de s'en servir ; car il faut respecter les Rois, & ménager leur délicatesse, même en les reprenant. La vérité par elle-même les blesse assez sans y ajoûter des termes forts ; mais j'ai cru que vous pouviez souffrir que je vous parlasse sans adoucissement, pour vous découvrir votre faute. Mon dessein a été de vous accoûtumer à entendre nommer les choses par leur nom, & à comprendre que quand les autres vous donneront des conseils sur votre conduite, ils n'oseront jamais vous dire tout ce qu'ils penseront. Il faudra si vous voulez n'y être pas trompé, que vous compreniez toujours plus qu'ils ne vous diront sur les choses qui vous seront desavantageuses. Pour moi je veux bien adoucir mes paroles selon votre besoin : mais il vous est utile qu'un homme sans intérêt & sans conséquence vous parle en secret un langage dur. Nul autre n'osera jamais vous le parler. Vous ne verrez la vérité qu'à demi, & sous de belles enveloppes.

A ces mots Idomenée déja revenu de sa premiere promptitude, parut honteux de sa délicatesse. Vous voyez, dit-il à Mentor, ce que fait l'habitude d'être flaté. Je vous dois
le

Livre XII.

le salut de mon nouveau Royaume. Il n'y a aucune vérité que je ne me croye heureux d'entendre de votre bouche; mais ayez pitié d'un Roi que la flaterie avoit empoisonné, & qui n'a pu même dans ses malheurs trouver des hommes assez généreux pour lui dire la vérité. Non, je n'ai jamais trouvé personne qui m'ait assez aimé, pour vouloir me déplaire, en me disant la vérité toute entiere.

En disant ces paroles, les larmes lui vinrent aux yeux, & il embrassa tendrement Mentor. Alors ce sage Vieillard lui dit : C'est avec douleur que je me vois contraint de vous dire des choses dures : mais puis-je vous trahir en vous cachant la vérité ? Mettez-vous en ma place; si vous avez été trompé jusqu'ici, c'est que vous avez bien voulu l'être. C'est que vous avez craint des conseillers trop sincéres. Avez-vous cherché les gens les plus désintéressez & les plus propres à vous contredire ? Avez-vous pris soin de choisir les hommes les moins empressez à vous plaire, les plus désintéressez dans leur conduite, & les plus capables de condamner vos passions & vos sentimens injustes ? Quand vous avez trouvé des flateurs, les avez-vous écartez ? Vous en êtes-vous défié ? Non, non, vous n'avez point fait ce que font ceux qui aiment la vérité, & qui méritent de la connoître. Voyons si vous aurez maintenant le courage de vous laisser humilier par la vérité qui vous condamne.

Je vous disois donc, que ce qui vous attire tant de louanges, ne mérite que d'être blâmé. Pendant que vous aviez au-dehors tant d'ennemis qui menaçoient votre Royaume
encore

encore mal établi, vous ne songiez au dedans de votre nouvelle Ville qu'à y faire des ouvrages magnifiques. C'est ce qui vous a coûté tant de mauvaises nuits, comme vous me l'avez avoué vous-même. Vous avez épuisé vos richesses; vous n'avez songé ni à augmenter votre peuple, ni à cultiver les terres fertiles de cette côte. Ne faloit-il pas regarder ces deux choses comme les deux fondemens essentiels de votre puissance, avoir beaucoup de bons hommes, & des terres bien cultivées pour les nourrir. Il faloit une longue paix dans ces commencemens pour favoriser la multiplication de votre peuple. Vous ne deviez songer qu'à l'agriculture, & à l'établissement des plus sages loix. Une vaine ambition vous a poussé jusqu'au bord du précipice. A force de vouloir paroître grand, vous avez pensé ruiner votre véritable grandeur. Hâtez-vous de réparer ces fautes; suspendez tous vos grands ouvrages; renoncez à ce faste qui ruineroit votre nouvelle Ville; laissez en paix respirer vos peuples: appliquez-vous à les mettre dans l'abondance pour faciliter les mariages. Sachez que vous n'êtes Roi qu'autant que vous avez des peuples à gouverner; & que votre puissance doit se mesurer, non par l'étendue des terres que vous occuperez, mais par le nombre des hommes qui habiteront ces terres, & qui seront attachez à vous obéir. Possedez une bonne terre, quoique médiocre en étendue; couvrez-la de peuples innombrables, laborieux & disciplinez: faites que ces peuples vous aiment. Vous êtes plus puissant, plus heureux, & plus rempli de gloire que tous les Conquérans qui ravagent tant de Roiaumes.
Que

LIVRE XII.

Que ferai-je donc à l'égard de ces Rois, reprit Idomenée ? leur avouerai-je ma foiblesse ? Il est vrai que j'ai négligé l'agriculture, & même le commerce qui m'est si facile sur cette côte. Je n'ai songé qu'à faire une Ville magnifique. Faudra-t-il donc, mon cher Mentor, me deshonorer dans l'assemblée de tant de Rois, & découvrir mon imprudence ? S'il le faut, je le veux, je le ferai sans hesiter, quoi qu'il m'en coûte ; car vous m'avez appris qu'un vrai Roi qui est fait pour ses peuples, & qui se doit tout entier à eux, doit préférer le salut de son Royaume à sa propre réputation.

Ce sentiment est digne du pere des peuples, reprit Mentor ; c'est à cette bonté, & non à la vaine magnificence de votre Ville, que je reconnois en vous le cœur d'un vrai Roi. Mais il faut ménager votre honneur pour l'intérêt même de votre Royaume. Laissez-moi faire, je vais faire entendre à ces Rois que vous êtes engagé à rétablir Ulysse s'il est encore vivant, ou du moins son fils dans la puissance Royale, à Ithaque, & que vous voulez en chasser par force tous les amans de Penelope. Ils n'auront pas de peine à comprendre que cette guerre demande des troupes nombreuses. Ainsi ils consentiront que vous ne leur donniez d'abord qu'un foible secours contre les Dauniens.

A ces mots Idomenée parut comme un homme qu'on soulage d'un fardeau accablant. Vous sauvez, cher ami, dit-il à Mentor, mon honneur, & la réputation de cette Ville naissante, dont vous cacherez l'épuisement à tous mes voisins. Mais quelle apparence de dire que je veux envoyer des troupes

pes à Ithaque pour y rétablir Ulysse, ou du moins Telemaque son fils, pendant que Telemaque lui-même est engagé d'aller à la guerre contre les Dauniens ? Ne soyez point en peine, repliqua Mentor ; je ne dirai rien que de vrai. Les vaisseaux que vous envoyerez pour l'établissement de votre commerce, iront sur la côte de l'Epire ; ils feront deux choses à la fois ; l'une, de rappeller sur votre côte les Marchands étrangers, que les trop grands impôts éloignent de Salante ; l'autre, de chercher des nouvelles d'Ulysse. S'il est encore vivant, il faut qu'il ne soit pas loin de ces mers qui divisent la Grece d'avec l'Italie, & on assure qu'on l'a vû chez les Pheaciens. Quand même il n'y auroit plus aucune espérance de le revoir, vos vaisseaux rendront un signalé service à son fils : ils repandront dans Ithaque & dans tous les païs voisins la terreur du nom du jeune Telemaque, qu'on croyoit mort comme son pere. Les amans de Penelope seront étonnez d'apprendre qu'il est prêt à revenir avec le secours d'un puissant Allié. Les Ithaciens n'oseront secouer le joug. Penelope sera consolée, & refusera toujours de choisir un nouvel époux. Ainsi vous servirez Telemaque pendant qu'il sera en votre place avec les alliez de cette côte d'Italie contre les Dauniens. A ces mots Idomenée s'écria : Heureux le Roi qui est soutenu par de sages conseils ! Un ami sage & fidele vaut mieux à un Roi que des armées victorieuses. Mais doublement heureux le Roi qui sent son bonheur, & qui sçait en profiter par le bon usage des sages conseils ! car souvent il arrive qu'on éloigne de sa confiance les hommes sages & ver-

Livre XII.

tueux dont on craint la vertu, pour prêter l'oreille à des flateurs dont on ne craint point la trahison. Je suis moi-même tombé dans cette faute, & je vous raconterai tous les malheurs qui me sont venus par un faux ami qui flatoit mes passions, dans l'espérance que je flaterois à mon tour les siennes.

Mentor fit aisément entendre aux Rois alliez qu'Idomenée devoit se charger des affaires de Telemaque pendant que celui-ci iroit avec eux. Ils se contentérent d'avoir dans leur armée le jeune fils d'Ulysse avec cent jeunes Crétois qu'Idomenée lui donna pour l'accompagner; c'étoit la fleur de la jeune noblesse que le Roi avoit emmenée de Créte; Mentor lui avoit conseillé de les envoyer dans cette guerre. Il faut, disoit-il, avoir soin pendant la paix de multiplier le peuple; mais de peur que toute la Nation ne s'amolisse & ne tombe dans l'ignorance de la guerre, il faut envoyer dans les guerres étrangéres la jeune noblesse. Ceux-là suffisent pour entretenir toute la Nation dans une émulation de gloire, dans l'amour des armes, dans le mépris des fatigues & de la mort même, enfin dans l'expérience de l'art militaire.

Les Rois alliez partirent de Salante contens d'Idomenée, & charmez de la sagesse de Mentor. Ils étoient pleins de joie de ce qu'ils emmenoient avec eux Telemaque. Celui-ci ne put modérer sa douleur quand il falut se séparer de son ami. Pendant que les Rois alliez faisoient leurs adieux, & juroient à Idomenée qu'ils garderoient avec lui une éternelle alliance, Mentor tenoit Telelemaque serré entre ses bras, il se sentoit arrosé de ses larmes. Je suis insensible, disoit Telemaque, à la joie d'aller acquerir de la gloire; je ne suis touché que de la douleur de notre séparation. Il me semble que je vois encore ce tems infortuné, où les Egyptiens m'arrachérent d'entre vos bras & m'éloignérent de vous, sans me laisser aucune espérance de vous revoir.

Mentor répondit à ces paroles avec douceur pour le consoler: Voici, lui disoit-il, une séparation bien différente; elle est volontaire, elle sera courte, vous allez chercher la victoire. Il faut, mon fils, que vous m'aimiez d'un amour moins tendre & plus courageux; accoutumez-vous à mon absence: vous ne m'aurez pas toujours; il faut que ce soit la sagesse & la vertu, plûtôt que la présence de Mentor qui vous inspirent ce que vous devez faire.

En disant ces mots, la Déesse cachée sous la figure de Mentor, couvrit Telemaque de son Egide; elle répandit au-dedans de lui l'esprit de sagesse & de prévoyance, la valeur intrépide, & la douce modération qui se trouvent si rarement ensemble. Allez, disoit Mentor, au milieu des plus grands périls toutes les fois qu'il sera utile que vous y alliez. Un Prince se deshonore encore plus en évitant les dangers dans les combats, qu'en n'allant jamais à la guerre. Il ne faut point que le courage de celui qui commande aux autres puisse être douteux. S'il est nécessaire à un peuple de conserver son Chef ou son Roi, il lui est encore plus nécessaire de ne le point voir dans une réputation douteuse sur la valeur. Souvenez-vous que celui qui commande, doit être le modele de tous les autres; son exemple doit animer toute l'armée. Ne craignez donc aucun danger, ô Telemaque, & périssez dans les combats, plûtôt que de faire douter de votre courage. Les flateurs qui auront plus d'empressement pour vous empêcher de vous exposer au péril dans les occasions nécessaires, seront les premiers à dire en secret que vous manquez de cœur, s'ils vous trouvent facile à arrêter dans ces occasions. Mais aussi n'allez pas chercher les périls sans utilité. La valeur ne peut être une vertu, qu'autant qu'elle est réglée par la prudence. Autrement c'est un mépris insensé de la vie, & une ardeur brutale; la valeur emportée n'a rien de sûr. Celui qui ne se possede point dans les dangers, est plûtôt fougueux que brave; il a besoin d'être hors de lui pour se mettre au-dessus de la crainte; parce qu'il ne peut la surmonter par la situation naturelle de son cœur. En cet état, s'il ne fuit point, du moins il se trouble; il perd la liberté de son esprit, qui lui seroit nécessaire pour donner de bons ordres, pour profiter des occasions, pour renverser les ennemis, & pour servir sa patrie. S'il a toute l'ardeur d'un soldat, il n'a point le discernement d'un Capitaine; encore même n'a-t-il pas le vrai courage d'un simple soldat; car le soldat doit conserver dans le combat la présence d'esprit & la modération nécessaire pour obéir. Celui qui s'expose témérairement, trouble l'ordre de la discipline des troupes, donne un exemple de témérité, & expose souvent l'armée entiere à de grands malheurs. Ceux qui préferent leur vaine ambition à la sûreté de la cause commune, méritent des châtimens, & non des récompenses.

Gardez-vous donc bien, mon cher fils, de chercher la gloire avec impatience. Le vrai moyen de la trouver est d'attendre tranquilement l'occasion favorable. La vertu se fait d'autant plus révérer qu'elle se montre plus simple, plus modeste, plus ennemie de tout faste. C'est à mesure que la nécessité de s'exposer au péril augmente, qu'il faut aussi de nouvelles ressources de prévoyance & de courage qui aille toujours croissant. Au reste souvenez-vous qu'il ne faut s'attirer l'envie de personne. De votre côté ne soiez point jaloux du succès des autres : louez-les pour tout ce qui mérite quelque louange ; mais louez avec discernement, disant le bien avec plaisir; cachez le mal, & n'y pensez qu'avec douleur. Ne décidez point devant ces anciens Capitaines, qui ont toute l'expérience que vous ne pouvez avoir; écoutez-les avec déférence : consultez-les, priez les plus habiles de vous instruire, & n'ayez point de honte d'attribuer à leurs instructions tout ce que vous ferez de meilleur. Enfin n'écoutez jamais des discours par lesquels on voudra exciter votre défiance ou votre jalousie contre les autres Chefs. Parlez-leur avec confiance & ingénuité. Si vous croyez qu'ils ayent manqué à votre égard, ouvrez-leur votre cœur, expliquez-leur toutes vos raisons. S'ils sont capables de sentir la noblesse de cette conduite, vous les charmerez, & vous tirerez d'eux tout ce que vous aurez sujet d'en attendre. Si au contraire ils ne sont pas assez raisonnables pour entrer dans vos sentimens, vous serez instruit par vous-même me de ce qu'il y aura en eux d'injuste à souffrir ; vous ne prendrez vos mesures pour ne vous plus commettre, jusqu'à ce que la guerre finisse, & vous n'aurez rien à vous reprocher. Mais sur tout, ne dites jamais à certains flateurs qui sément la division, les sujets de peine que vous croirez avoir contre les Chefs de l'armée où vous serez. Je demeurerai ici, continua Mentor, pour secourir Idomenée dans le besoin où il est de travailler pour le bonheur de ses peuples, & pour achever de lui faire réparer les fautes que ses mauvais conseils, & les flateurs lui ont fait commettre dans l'établissement de son nouveau Royaume.

Alors Telemaque ne put s'empêcher de témoigner à Mentor quelque surprise, & même quelque mépris pour la conduite d'Idomenée. Mais Mentor l'en reprit d'un ton févére : Etes-vous étonné, lui dit-il, de ce que les hommes les plus estimables sont encore hommes, & montrent encore quelques restes des foiblesses de l'humanité parmi les pieges inombrables, & les embarras inséparables de la Royauté ? Idomenée, il est vrai, a été nourri dans des idées de faste & de hauteur. Mais quel Philosophe pourroit se défendre de la flaterie, s'il avoit été en sa place ? Il est vrai qu'il s'est laissé trop prévenir par ceux qui ont eu sa confiance : mais les plus sages Rois sont souvent trompez, quelques précautions qu'ils prennent pour ne l'être pas. Un Roi ne peut se passer de Ministres qui le soulagent, & en qui il se confie, puisqu'il ne peut tout faire. D'ailleurs un Roi connoît beaucoup moins que les particuliers, les hommes qui l'environnent. On est

est toujours masqué auprès de lui. On épuise toutes sortes d'artifices pour le tromper. Helas ! cher Telemaque, vous ne l'éprouverez que trop ! On ne trouve point dans les hommes ni les vertus, ni les talens qu'on y cherche. On a beau les étudier & les approfondir, on s'y mécompte tous les jours. On ne vient même jamais à bout de faire des meilleurs hommes, ce qu'on auroit besoin d'en faire pour le public. Ils ont leurs entêtemens, leurs incompatibilitez, leurs jalousies. On ne les persuade, ni on ne les corrige guéres.

Plus on a de peuples à gouverner, plus il faut de Ministres pour faire par eux ce qu'on ne peut faire soi-même ; & plus on a besoin d'hommes, à qui on confie l'autorité, plus on est exposé à se tromper dans de tels choix. Tel critique aujourd'hui impitoyablement les Rois, qui gouverneroit demain moins bien qu'eux, & qui feroit les mêmes fautes avec d'autres infiniment plus grandes, si on lui confioit la même puissance. La condition privée, quand on y joint un peu d'esprit pour bien parler, couvre tous les defauts naturels, releve des talens éblouissans, & fait paroître un homme digne de toutes les places dont il est éloigné. Mais c'est l'autorité qui met tous les talens à une rude épreuve, & qui découvre de grands défauts.

La grandeur est comme certains verres qui grossissent tous les objets : tous les défauts paroissent croître dans ces hautes places, où les moindres choses ont de grandes consequences, & où les plus legéres fautes ont de violens contre-coups. Le monde entier

tier est occupé à observer un seul homme à toute heure, & à le juger en toute rigueur. Ceux qui le jugent n'ont aucune expérience de l'état où il est. Ils n'en sentent point les difficultez, & ils ne veulent plus qu'il soit homme, tant ils exigent de perfection de lui. Un Roi quelque bon & sage qu'il soit, est encore homme ; son esprit a des bornes, & sa vertu en a aussi. Il a de l'humeur, des passions, des habitudes, dont il n'est pas tout-à-fait le maître. Il est obsedé par des gens interessez & artificieux ; il ne trouve point les secours qu'il cherche : il tombe chaque jour dans quelque mécompte, tantôt par ses passions, & tantôt par celles de ses Ministres. A peine a-t-il réparé une faute, qu'il retombe dans une autre. Telle est la condition des Rois les plus éclairez & les plus vertueux.

Les plus longs & les meilleurs regnes sont trop courts & trop imparfaits pour réparer à la fin ce qu'on a gâté sans le vouloir dans les commencemens. La Royauté porte avec elle toutes ces miseres. L'impuissance humaine succombe sous un fardeau si accablant : il faut plaindre les Rois & les excuser. Ne sont-ils pas à plaindre d'avoir à gouverner tant d'hommes, dont les besoins sont infinis, & qui donnent tant de peines à ceux qui veulent les bien gouverner ? Pour parler franchement, les hommes sont fort à plaindre d'avoir à être gouvernez par un Roi qui n'est qu'un homme semblable à eux ; car il faudroit des Dieux pour redresser les hommes. Mais les Rois ne sont pas moins à plaindre n'étant qu'hommes, c'est-à-dire foibles & imparfaits, d'avoir à gouverner

cette

cette multitude innombrable d'hommes corrompus & trompeurs.

Telemaque répondit avec vivacité : Idoménée a perdu par sa faute le Royaume de ses ancêtres en Crete ; & sans vos conseils, il en auroit perdu un second à Salante. J'avoue, reprit Mentor, qu'il a fait de grandes fautes; mais cherchez dans la Grece, & dans tous les autres païs les mieux policez, un Roi qui n'en ait point fait d'inexcusables. Les plus grands hommes ont dans leur tempérament, & dans le caractere de leur esprit, des défauts qui les entraînent ; & les plus louables sont ceux qui ont le courage de connoître & de réparer leurs égaremens. Pensez-vous qu'Ulysse, le grand Ulysse votre pere, qui est le modele des Rois de la Grece, n'ait pas aussi ses foiblesses & ses défauts ? Si Minerve ne l'eut conduit pas à pas, combien de fois auroit-il succombé dans les périls & dans les embarras, où la fortune s'est jouée de lui ? Combien de fois Minerve l'a-t-elle retenu ou redressé pour le conduire toujours à la gloire par le chemin de la vertu ? N'attendez pas même quand vous le verrez regner avec tant de gloire à Ithaque, de le trouver sans imperfection, vous lui en verrez sans doute. La Grece, l'Asie, & toutes les isles des mers l'ont admiré malgré ces défauts. Mille qualitez merveilleuses les font oublier. Vous serez trop heureux de pouvoir l'admirer aussi, & de l'étudier sans cesse comme un modele.

Accoutumez-vous, ô Telemaque, à n'attendre des plus grands hommes que ce que l'humanité est capable de faire. La jeunesse sans expérience se livre à une critique présomptueuse

somptueuse qui la dégoûte de tous les modèles qu'elle a besoin de suivre, & qui la jette dans une indocilité incurable. Nonseulement vous devez aimer, respecter, imiter votre père, quoiqu'il ne soit point parfait, mais encore vous devez avoir une haute estime pour Idomenée malgré tout ce que j'ai repris en lui. Il est naturellement sincére, droit, équitable, liberal, bienfaisant ; sa valeur est parfaite ; il déteste la fraude quand il la connoît, & qu'il suit librement la véritable pente de son cœur. Tous ses talens exterieurs sont grands, & proportionnez à sa place. Sa simplicité à avouer son tort, sa douceur, sa patience pour se laisser dire par moi les choses les plus dures, son courage contre lui-même pour réparer publiquement ses fautes, & pour se mettre par là au-dessus de toute la critique des hommes, montrent une ame véritablement grande. Le bonheur, ou le conseil d'autrui peuvent préserver de certaines fautes un homme très-médiocre ; mais il n'y a qu'une vertu extraordinaire qui puisse engager un Roi si longtems seduit par la flaterie, à réparer son tort. Il est bien plus glorieux de se relever ainsi, que de n'être jamais tombé. Idomenée a fait les fautes que presque tous les Rois font : mais aucun Roi ne fait pour se corriger ce qu'il vient de faire. Pour moi je ne pouvois me lasser de l'admirer dans les momens mêmes où il me permettoit de le contredire. Admirez-le aussi, mon cher Telemaque, c'est moins pour sa réputation que pour votre utilité que je vous donne ce conseil.

Mentor fit sentir à Telemaque par ce discours combien il est dangereux d'être injuste en se laissant aller à une critique rigoureuse contre les autres hommes, & sur tout contre ceux qui sont chargez des embarras & des difficultez du gouvernement. Ensuite il lui dit : Il est tems que vous partiez ; adieu. Je vous attendrai, ô mon cher Telemaque ! Souvenez-vous que ceux qui craignent les Dieux, n'ont rien à craindre des hommes. Vous vous trouverez dans les plus extrêmes perils : mais sachez que Minerve ne vous abandonnera point.

A ces mots Telemaque crut sentir la présence de la Déesse, & il eut même reconnu que c'étoit elle qui parloit pour le remplir de confiance, si la Déesse n'eut rappellé l'idée de Mentor, en lui disant : N'oubliez pas, mon fils, tous les soins que j'ai pris pendant votre enfance pour vous rendre sage & courageux comme votre pere. Ne faites rien qui ne soit digne de ses grands exemples, & des maximes de vertu que j'ai tâché de vous inspirer.

Le Soleil s'élevoit déja, & doroit le sommet des montagnes, quand les Rois sortirent de Salante pour rejoindre leurs troupes. Ces troupes campées autour de la Ville se mirent en marche sous leurs Commandans. On voyoit de tous côtez le fer des piques herissées; l'éclat des boucliers éblouissoit les yeux; un nuage de poussière s'élevoit jusqu'aux nues. Idomenée avec Mentor conduisoit dans la campagne les Rois alliez qui s'éloignoient des murs de la Ville. Enfin ils se séparèrent, après s'être donné de part & d'autre les marques d'une vraie amitié ; & les alliez ne doutérent plus que la paix ne fût durable, lorsqu'ils connurent la bonté du

cœur

cœur d'Idomenée, qu'on leur avoit représenté bien différent de ce qu'il étoit ; c'est qu'on jugeoit de lui, non par ses sentimens naturels, mais par les conseils flateurs & injustes auxquels il s'étoit livré.

Après que l'armée fut partie, Idomenée mena Mentor dans tous les quartiers de la Ville. Voyons, disoit Mentor, combien vous avez d'hômes, & dans la ville & dans la campagne ; faisons-en le dénombrement. Examinons aussi combien vous avez de laboureurs parmi ces hommes. Voyons combien vos terres portent dans les années médiocres de bled, de vin, d'huile & des autres choses utiles. Nous saurons par cette voie si la terre fournit dequoi nourrir tous ses habitans, & si elle produit encore dequoi faire un commerce utile de son superflu avec les païs étrangers. Examinons aussi combien vous avez de vaisseaux & de matelots ; c'est par-là qu'il faut juger de votre puissance. Il alla visiter le port, & entra dans chaque vaisseau. Il s'informa du païs où chaque vaisseau alloit faire le commerce ; quelles marchandises il portoit, celles qu'il prenoit au retour ; quelle étoit la dépense du vaisseau pendant la navigation ; les prêts que les Marchands se faisoient les uns aux autres ; les societez qu'ils faisoient entre eux, pour savoir si elles étoient équitables & fidélement observées : enfin les hazards du naufrage, & les autres malheurs du commerce, pour prévenir la ruine des Marchands, qui par l'avidité du gain, souvent entreprennent des choses qui sont au-delà de leurs forces.

Il voulut qu'on punît sévérement toutes les banqueroutes, parce que celles qui sont exemtes de mauvaise foi ne le font presque jamais de témérité. En même tems il fit des regles pour faire en sorte qu'il fut aisé de ne jamais faire banqueroute. Il établit des Magistrats à qui les Marchands rendoient compte de leurs effets, de leurs profits, de leurs dépenses, & de leurs entreprises. Il ne leur étoit jamais permis de risquer le bien d'autrui, & ils ne pouvoient même risquer que la moitié du leur. De plus ils faisoient en societé les entreprises qu'ils ne pouvoient faire seuls; & la police de ces societez étoit inviolable par la rigueur des peines imposées à ceux qui ne les suivroient pas. D'ailleurs la liberté du commerce étoit entiere. Bien loin de le gêner par des impôts, on promettoit une récompense à tous les Marchands qui pourroient attirer à Salante le commerce de quelque nouvelle Nation.

Ainsi les peuples y accoururent bientôt en foule de toutes parts; le commerce de cette Ville étoit semblable au flux & au reflux de la mer. Les trésors y entroient comme les flots viennent l'un sur l'autre. Tout y étoit apporté & en sortoit librement: tout ce qui y entroit, étoit utile; tout ce qui en sortoit, laissoit en sortant d'autres richesses en sa place. La justice sévere présidoit dans le port au milieu de tant de Nations. La franchise, la bonne foi, la candeur sembloient du haut de ces superbes tours appeller les Marchands des terres les plus éloignées. Chacun de ces Marchands, soit qu'il vînt des rives orientales où le Soleil sort chaque jour du sein des ondes, soit qu'il fût parti de cette grande mer, où le Soleil lassé de son cours, va éteindre ses feux, vivoit paisiblement & en sûreté

reté dans Salante comme dans sa patrie.

Pour le dedans de la ville, Mentor visita tous les magasins, toutes les boutiques d'artisans & toutes les places publiques. Il défendit toutes les marchandises des païs étrangers qui pouvoient introduire le luxe & la molesse. Il regla les habits, la nourriture, les meubles, les grandeurs, & l'ornement des maisons pour toutes les conditions différentes; il bannit tous les ornemens d'or & d'argent; & il dit à Idomenée: Je ne reconnois qu'un seul moyen pour rendre votre peuple modeste dans sa dépense, c'est que vous lui en donniez vous-même l'exemple. Il est nécessaire que vous ayez une certaine majesté dans votre exterieur; mais votre autorité sera assez marquée par vos Gardes, & par les principaux Officiers qui vous environnent. Contentez-vous d'un habit de laine très-fine teinte en pourpre, que les principaux de l'Etat après vous soient vêtus de la même laine; & que toute la différence ne consiste que dans la couleur, & dans une legere broderie d'or, que vous aurez sur le bord de votre habit. Les différentes couleurs serviront à distinguer les différentes conditions, sans avoir besoin ni d'or, ni d'argent, ni de pierreries. Reglez les conditions par la naissance; mettez au premier rang ceux qui ont une noblesse plus ancienne & plus éclatante. Ceux qui auront le mérite & l'autorité des emplois, seront assez contens de venir après ces anciennes & illustres familles, qui sont dans une si longue possession des premiers honneurs. Les hommes qui n'ont pas la même noblesse leur cederont sans peine, pourvu que vous ne les accoutumiez pas à ne se point

point méconnoître dans une trop haute & trop prompte fortune, & que vous donniez des louanges à la modération de ceux qui sont modestes dans la prospérité. La distinction la moins exposée à l'envie, est celle qui vient d'une longue suite d'ancêtres.

Pour la vertu elle sera assez excitée,& l'on aura assez d'empressement à servir l'Etat, pourvu que vous donniez des couronnes & des statues aux belles actions, & que ce soit un commencement de noblesse pour les enfans de ceux qui les auront faites.

Les personnes du premier rang après vous feront vêtues de blanc avec une frange d'or au bas de leurs habits. Ils auront au doigt un anneau d'or,& au col une médaille d'or avec votre portrait. Ceux du second rang feront vêtus de bleu, ils porteront une frange d'argent avec l'anneau,& point de médaille. Les troisièmes de verd & sans anneau, sans frange, mais avec la médaille. Les quatrièmes d'un jaune d'aurore. Les cinquièmes d'un rouge pâle ou de roses. Les sixièmes de gris de lin. Les septièmes qui feront les derniers du peuple, d'une couleur mêlée de jaune & de blanc.

Voilà les habits de sept conditions différentes pour les hommes libres. Tous les esclaves feront habillez de gris brun. Ainsi sans aucune dépense, chacun sera distingué suivant sa condition,& on bannira de Salante tous les arts qui ne servent qu'à entretenir le faste. Tous les artisans qui feront employez à ces arts pernicieux, serviront aux arts nécessaires qui sont en petit nombre, ou au commerce, ou à l'agriculture. On ne souffrira jamais aucun changement, ni pour la nature des étofes,

étofes, ni pour la forme des habits ; car il est indigne que des hommes destinez à une vie sérieuse & noble, s'amusent à inventer des parures affectées, ni qu'ils permettent que leurs femmes, à qui ces amusemens seroient moins honteux, tombent jamais dans cet excès.

Mentor semblable à un habile Jardinier, qui retranche dans les arbres fruitiers le bois inutile, tâchoit ainsi de retrancher le faste qui corrompoit les mœurs. Il ramenoit toute chose à une noble & frugale simplicité. Il regla de même la nourriture des Citoyens & des esclaves. Quelle honte, disoit-il, que les hommes les plus élevez fassent consister leur grandeur dans les ragoûts par lesquels ils amolissent leur ame, & ruinent incessamment la santé de leur corps ! Ils doivent faire consister leur bonheur dans leur modération & dans leur autorité pour faire du bien aux autres hommes, & dans la réputation que les bonnes actions doivent leur procurer. La sobriété rend la nourriture la plus simple très-agréable. C'est elle qui donne avec la santé la plus vigoureuse, les plaisirs les plus purs & les plus constans. Il faut donc borner vos repas aux viandes les meilleures, mais apprêtées sans aucun ragoût. C'est un art pour empoisonner les hommes que celui d'irriter leur appetit au-delà des vrais besoins.

Idomenée comprit bien qu'il avoit eu tort de laisser les habitans de sa nouvelle Ville amolir & corrompre leurs mœurs, en violant toutes les loix de Minos sur la sobriété: mais le sage Mentor lui fit remarquer que les loix mêmes, quoique renouvellées, seroient

roient inutiles, si l'exemple du Roi ne leur donnoit une autorité qui ne pouvoit venir d'ailleurs. Aussitôt Idomenée regla sa table, où il n'admit que du pain excellent, du vin du païs qui est fort & agréable, mais en fort petite quantité, avec des viandes simples telles qu'il en mangeoit avec les autres Grecs au siege de Troye. Personne n'osa se plaindre d'une regle que le Roi s'imposoit luimême; & chacun se corrigea ainsi de la profusion & de la délicatesse où l'on commençoit à se plonger pour les repas.

Mentor retrancha ensuite la musique molle & effeminée qui corrompoit toute la jeunesse. Il ne condamna pas avec une moindre sévérité la musique bachique qui n'enyvre guére moins que le vin, & qui produit les mœurs pleines d'emportemens & d'impudence. Il borna toute la musique aux fêtes dans les Temples pour y chanter les louanges des Dieux, & des Heros qui ont donné l'exemple des plus rares vertus. Il ne permit aussi que pour les Temples les grands ornemens d'architectures, tels que les colomnes, les frontons, les portiques; il donna des modeles d'une architecture simple & gracieuse, pour faire dans un médiocre espace une maison gaye & commode pour une famille nombreuse; en sorte qu'elle fut tournée à un aspect sain, que les logemens en fussent dégagez les uns des autres, que l'ordre & la propreté s'y conservassent facilement, & que l'entretien fût de peu de dépense.

Il voulut que chaque maison un peu considerable eût un salon & un petit peristyle, avec des petites chambres pour toutes les personnes libres. Mais il défendit très-sévérement

rement la multitude superflue, & la magnificence des logemens.

Ces divers modeles des maisons suivant la grandeur des familles servirent à embellir à peu de frais une partie de la ville, & à la rendre reguliere; au lieu que l'autre partie déja achevée suivant le caprice & le faste des particuliers, avoit malgré sa magnificence une disposition moins agréable & moins commode. Cette nouvelle ville fut bâtie en très-peu de tems, parce que la côte voisine de la Grece fournit de bons Architectes, & qu'on fit venir un très-grand nombre de maçons de l'Epire, & de plusieurs autres païs, à condition qu'après avoir achevé leurs travaux, ils s'établiroient autour de Salante, y prendroient des terres à défricher, & serviroient à peupler la campagne.

La Peinture & la Sculpture parurent à Mentor des arts qu'il n'est pas permis d'abandonner; mais il voulut qu'on souffrît dans Salante peu d'hommes attachez à ces arts. Il établit une Ecole où présidoient des maîtres d'un goût exquis qui examinoient les jeunes élèves. Il ne faut, disoit-il, rien de bas & de foible dans les arts qui ne sont pas absolument nécessaires. Par conséquent on ne doit y admettre que de jeunes gens d'un génie qui promette beaucoup, & qui tende à la perfection. Les autres sont nez pour les arts moins nobles, & ils seront emploiez fort utilement aux besoins ordinaires de la République. Il ne faut employer les Sculpteurs & les Peintres que pour conserver la mémoire des plus grands hommes & des grandes actions. C'est dans les bâtimens publics ou dans les tombeaux qu'on doit conserver

des

des représentations de tout ce qui a été fait avec une vertu extraordinaire pour le service de la patrie. Au reste la modération & la frugalité de Mentor n'empêchérent point qu'il n'autorisât tous ces grands bâtimens destinez aux courses des chevaux & des chariots, aux combats de Luteurs, à ceux du Ceste, & à tous les autres exercices qui cultivent les corps pour les rendre plus adroits & plus vigoureux.

Il retrancha un nombre prodigieux de Marchands qui vendoient des étofes façonnées dans les païs éloignez, des broderies d'un prix excessif, des vases d'or & d'argent avec des figures des Dieux, d'hommes & d'animaux; enfin des liqueurs & des parfums. Il voulut même que les meubles de chaque maison fussent simples, & faits de maniere à durer longtems. Ensorte que les Salantins qui se plaignoient hautement de leur pauvreté, commencérent à sentir combien ils avoient de richesses superflues. Mais c'étoit des richesses trompeuses qui les appauvrissoient; & ils devenoient effectivement riches, à mesure qu'ils avoient le courage de s'en dépouiller. C'est s'enrichir, disoient-ils eux-mêmes, que de mépriser de telles richesses qui épuisent l'Etat, & que de diminuer ses besoins en les réduisant aux vrayes nécessitez de la nature.

Mentor se hâta de visiter les Arcenaux, & tous les magasins, pour savoir si les armes & toutes les autres choses nécessaires à la guerre étoient en bon état; car il faut, disoit-il, être toûjours prêt à faire la guerre, pour n'être jamais réduit au malheur de la faire. Il trouva que plusieurs choses manquoient par tout.

LIVRE XII.

tout. Aussitôt on assembla des ouvriers pour travailler sur le fer, sur l'acier, & sur l'airain. On voyoit s'élever des fournaises ardentes & des tourbillons de fumées & des flames semblables à ces feux soûterrains que vomit le mont Etna. Le marteau résonnoit sur l'enclume qui gémissoit sous les coups redoublez. Les montagnes voisines & les rivages de la mer en retentissoient : on eût cru être dans cette isle, où Vulcain animant les Cyclopes, forge des foudres pour le Pere des Dieux; & par une sage prévoyance, on voioit tous les préparatifs de la guerre.

Ensuite Mentor sortit de la ville avec Idomenée, & trouva une grande étendue de terres fertiles qui demeuroient incultes : d'autres n'étoient cultivées qu'à demi par la négligence & la pauvreté des laboureurs, qui manquant d'hommes, manquoient aussi de courage & de force de corps pour mettre l'agriculture dans sa perfection. Mentor voyant cette campagne désolée, dit au Roi : La terre ne demande ici qu'à enrichir les habitans ; mais les habitans manquent à la terre. Prenons donc tous ces artisans superflus qui sont dans la ville, & dont les métiers ne serviroient qu'à déregler les mœurs, pour leur faire cultiver ces plaines & ces collines. Il est vrai que c'est un malheur que tous ces hommes exercez à des arts qui demandent une vie sedentaire, ne soient point exercez au travail : mais voici un moyen d'y remedier. Il faut partager entre eux les terres vacantes, & appeller à leur secours des peuples voisins qui feront sous eux le plus rude travail. Ces peuples le feront, pourvu qu'on qu'on leur promette des récompenses convenables sur les fruits des terres mêmes qu'ils défricheront : ils pourront dans la suite en posseder une partie, & être ainsi incorporez à votre peuple, qui n'est pas assez nombreux. Pourvu qu'ils soient laborieux & dociles aux loix, vous n'aurez point de meilleurs sujets, & ils accroîtront votre puissance. Vos artisans de la ville, transplantez dans la campagne, éleveront leurs enfans au travail & au joug de la vie champêtre. De plus, tous les maçons des païs étrangers, qui travaillent à bâtir votre ville, se sont engagez à défricher une partie de vos terres, & à se faire laboureurs : incorporez-les à votre peuple, dès qu'ils auront achevé leurs ouvrages de la ville. Ces ouvriers sont ravis de s'engager à passer leur vie sous une domination qui est maintenant si douce. Comme ils sont robustes & laborieux, leur exemple servira pour exciter au travail les artisans transplantez de la ville à la campagne, avec lesquels ils seront mêlez. Dans la suite tout le païs sera peuplé de familles vigoureuses, & adonnées à l'agriculture.

Au reste ne soyez point en peine de la multiplication de ce peuple; il deviendra bientôt innombrable, pourvu que vous facilitiez les mariages. La maniere de les faciliter est bien simple; presque tous les hommes ont de l'inclination de se marier : il n'y a que la misere qui les en empêche. Si vous ne les chargez point d'impôts, ils vivent sans peine avec leurs femmes & leurs enfans ; car la terre n'est jamais ingrate, elle nourrit toujours de ses fruits ceux qui la culti-

cultivent soigneusement. Elle ne refuse des biens qu'à ceux qui craignent de lui donner leurs peines. Plus les Laboureurs ont d'enfans, plus ils sont riches, si le Prince ne les appauvrit pas ; car leurs enfans dès leur plus tendre jeunesse commencent à les secourir. Les plus jeunes conduisent les moutons dans les pâturages ; les autres qui sont plus avancez en âge mènent déja les grands troupeaux ; enfin les plus âgez labourent avec leur pere. Cependant la mere & toute la famille prépare un repas simple à son époux & à ses chers enfans, qui doivent revenir fatiguez du travail de la journée; elle a soin de traire ses vaches & ses brebis, & on voit couler des ruisseaux de lait : elle fait un grand feu, autour duquel toute la famille innocente & paisible prend plaisir à chanter tous les soirs en attendant le doux sommeil; elle prépare des fromages, des chataignes, & des fruits conservez dans la même fraîcheur que si on venoit de les cueillir.

Le Berger revient avec sa flûte, & chante à la famille assemblée les nouvelles chansons qu'il a apprises dans les hameaux voisins. Le Laboureur rentre avec sa charue: & ses bœufs fatiguez marchent, le cou panché, d'un pas lent & tardif, malgré l'aiguillon qui les presse. Tous les maux du travail finissent avec la journée. Les pavots que le sommeil par l'ordre des Dieux répand sur la terre, appaisent tous les noirs soucis par leurs charmes, & tiennent toute la nature dans un doux enchantement ; chacun s'endort sans prévoir les peines du lendemain. Heureux ces hommes sans ambition, sans
défiance,

défiance, sans artifice, pourvû que les Dieux leur donnent un bon Roi qui ne trouble point leur joïe innocente ! Mais quelle horrible inhumanité que de leur arracher par des desseins pleins de faste & d'ambition les doux fruits de la terre, qu'ils ne tiennent que de la liberale nature & de la sueur de leur front ! La nature seule tireroit de son sein fécond tout ce qu'il faudroit pour un nombre infini d'hommes modérez & laborieux ; mais c'est l'orgueil & la molesse de certains hommes qui en mettent tant d'autres dans une affreuse pauvreté.

Que ferai-je, disoit Idomenée, si ces peuples que je répandrai dans ces fertiles campagnes, négligent de la cultiver ? Faites, lui répondit Mentor, tout le contraire de ce qu'on fait communément. Les Princes avides & sans prévoyance ne songent qu'à charger d'impôts ceux d'entre leurs sujets qui sont les plus vigilans & les plus industrieux pour faire valoir leurs biens : c'est qu'ils esperent en être payez plus facilement ; en même tems ils chargent moins ceux que la nature rend plus misérables. Renversez ce mauvais ordre qui accable les bons, qui récompense le vice, & qui introduit une négligence aussi funeste au Roi même qu'à tout l'Etat. Mettez des taxes, des amandes, & même, s'il le faut, d'autres peines rigoureuses sur ceux qui négligent leurs champs, comme vous puniriez des soldats qui abandonneroient leur poste dans la guerre. Au contraire, donnez des graces & des exemptions aux familles qui se multiplient ; augmentez à proportion la culture
de

de leur terre. Bientôt leurs familles se multiplieront, & tout le monde s'animera au travail ; il deviendra même honorable. La profession de Laboureur ne sera plus méprisée, n'étant plus accablée de tant de maux. On reverra en honneur la charue maniée par des mains victorieuses qui auront défendu la patrie. Il ne sera pas moins beau de cultiver l'héritage de ses ancêtres pendant une heureuse paix, que de l'avoir défendu généreusement pendant les troubles de la guerre ; toute la campagne refleurira. Cerès se couronnera d'épics dorez. Bacchus foulant à ses pieds les raisins, fera couler du panchant des montagnes des ruisseaux de vin plus doux que le nectar. Les creux valons retentiront des concerts des Bergers, qui le long des clairs ruisseaux joindront leurs voix avec leurs flûtes, pendant que leurs troupeaux bondissans paîtront sur l'herbe & parmi les fleurs, sans craindre les loups.

Ne serez-vous pas trop heureux, ô Idomenée, d'être la source de tant de biens, & de faire vivre à l'ombre de votre nom tant de peuples dans un si aimable repos ? Cette gloire n'est-elle pas plus touchante que celle de ravager la terre, de répandre par tout, & presque autant chez soi, au milieu même des victoires, que chez les étrangers vaincus, le carnage, le trouble, l'horreur, la langueur, la consternation, la cruelle faim, & le desespoir ?

O heureux le Roi assez aimé des Dieux & d'un cœur assez grand, pour entreprendre d'être ainsi les délices des peuples, & de

montrer

montrer à tous les siecles dans son regne un si charmant spectacle ! La terre entiere, loin de se défendre de sa puissance par des combats, viendroit à ses pieds le prier de regner sur elle.

Idomenée lui répondit : Mais quand les peuples seront ainsi dans la paix & dans l'abondance, les délices les corrompront, & ils tourneront contre moi les forces que je leur aurai données. Ne craignez point, dit Mentor, cet inconvenient. C'est un prétexte qu'on allegue toujours pour flater les Princes prodigues, qui veulent accabler leurs peuples d'impôts : le remede est facile. Les loix que nous venons d'établir pour l'agriculture, rendront leur vie laborieuse; & dans leur abondance ils n'auront que le nécessaire, parce que nous retranchons tous les arts qui fournissent le superflu. Cette abondance même sera diminuée par la facilité des mariages, & par la grande multiplication des familles. Chaque famille étant nombreuse & ayant peu de terre, aura besoin de la cultiver par un travail sans relâche. C'est la molesse & l'oisiveté, qui rendent les peuples insolens & rebelles. Ils auront du pain à la vérité & assez largement ; mais ils n'auront que du pain, & des fruits de leur propre terre gagnez à la sueur de leur visage.

Pour tenir votre peuple dans cette modération, il faut regler dès-à-present l'étendue de terre que chaque famille pourra posseder. Vous savez que nous avons divisé tout votre peuple en sept classes suivant leurs différentes conditions : il ne faut permettre à chaque famille, dans chaque classe de pouvoir

voir posséder que l'étendue de terre absolument nécessaire pour nourrir le nombre de personnes dont elle sera composée. Cette regle étant inviolable, les nobles ne pourront faire d'acquisitions sur les pauvres : tous auront des terres ; mais chacun en aura fort peu, & sera excité par là à la bien cultiver. Si dans une longue suite de tems les terres manquoient ici, on feroit des Colonies qui augmenteroient cet Etat.

Je croi même que vous devez prendre garde à ne laisser jamais le vin devenir trop commun dans votre Royaume. Si on a planté trop de vignes, il faut qu'on les arrache ; le vin est la source des plus grands maux parmi les peuples : il cause les maladies, les querelles, les séditions, l'oisiveté, le dégoût du travail, le desordre des familles. Que le vin soit donc conservé comme une espece de remede, ou comme une liqueur très-rare, qui n'est employée que pour les Sacrifices, ou pour les Fêtes extraordinaires : mais n'espérez point de faire observer une regle si importante, si vous n'en donnez vous-même l'exemple. D'ailleurs il faut faire garder inviolablement les loix de Minos pour l'éducation des enfans. Il faut établir des écoles publiques, où l'on enseigne la crainte des Dieux, l'amour de la patrie, le respect des loix, la préférence de l'honneur aux plaisirs & à la vie même.

Il faut avoir des Magistrats qui veillent sur les familles & sur les mœurs des particuliers. Veillez, vous-même, vous qui n'êtes Roi, c'est-à-dire Pasteur du peuple, que pour veiller nuit & jour sur votre troupeau. Par là vous préviendrez un nombre infini de désordres & de crimes. Ceux que vous ne pourrez prévenir, punissez-les d'abord sévérement. C'est une clémence que de faire d'abord des exemples qui arrêtent le cours de l'iniquité. Par un peu de sang répandu à propos, on en épargne beaucoup, & on se met en état d'être craint sans user souvent de rigueur. Mais quelle détestable maxime de ne croire trouver sa sûreté que dans l'oppression des peuples ! Ne les point faire instruire, ne les point conduire à la vertu, ne s'en faire jamais aimer, les pousser par la terreur jusqu'au desespoir, les mettre dans l'affreuse nécessité, ou de ne pouvoir jamais respirer librement, ou de secouer le joug de votre tyrannique domination. Est-ce là le vrai moyen de regner sans trouble ? Est-ce là le vrai chemin qui mene à la gloire ?

Souvenez-vous que les païs où la domination du Souverain est plus absolue, sont ceux où les Souverains sont moins puissans. Ils prennent, ils ruinent tout, ils possedent seuls tout l'Etat ; mais aussi tout l'Etat languit, les campagnes sont en friche & presque désertes. Les villes diminuent chaque jour, le commerce tarit. Le Roi qui ne peut être Roi tout seul, & qui n'est grand que par ses peuples, s'anéantit lui-même peu à peu par l'anéantissement insensible des peuples dont il tire ses richesses & sa puissance. Son Etat s'épuise d'argent & d'hommes : cette derniere perte est la plus grande & la plus irréparable ; son pouvoir absolu fait autant d'esclaves qu'il a de sujets. On le flate, on fait semblant de l'adorer, on tremble au moindre de de ses regards. Mais attendez la moindre révolution, cette Puissance monstrueuse poussée jusqu'à un excès trop violent, ne sauroit durer : elle n'a aucune ressource dans les cœurs des peuples ; elle a lassé & irrité tous les corps de l'Etat : elle contraint tous les membres de ce corps de soûpirer après un changement. Au premier coup qu'on lui porte, l'idole se renverse, se brise, & est foulée aux pieds. Le mépris, la haine, la crainte, le ressentiment, la défiance ; en un mot toutes les passions se réunissent contre une autorité si odieuse. Le Roi qui dans sa vaine prospérité ne trouvoit pas un seul homme assez hardi pour lui dire la vérité, ne trouvera dans son malheur aucun homme qui daigne ni l'excuser, ni le défendre contre ses ennemis.

Après ce discours Idomenée persuadé par Mentor se hâta de distribuer les terres vacantes, de les remplir de tous les artisans inutiles, & d'executer tout ce qui avoit été résolu. Il réserva seulement pour les maçons les terres qu'il leur avoit destinées, & qu'ils ne pouvoient cultiver qu'après la fin de leurs travaux dans la ville.

Fin du douzième Livre.

www.ingramcontent.com/pod-product-compliance
Lightning Source LLC
Chambersburg PA
CBHW060511170426
43199CB00011B/1404